rowohlt
BERLIN

ULI FRANZ

Die Asche meines Vaters

Eine Reise zu Pferd durch Tibet

Rowohlt · Berlin

1. Auflage September 2009

Satz aus der DTL Documenta PostScript (InDesign)
bei Pinkuin Satz und Datentechnik, Berlin
Druck und Bindung CPI – Clausen und Bosse, Leck
Printed in Germany
ISBN 978 3 87134 595 1

«Alles, was nicht erfahrbar ist,
existiert lediglich als Begriff.»
Lama Anagarika Govinda

Für Hans und Gerhard

Inhalt

Vabanque

Als mein Vater aus dem Leben schied, kam ich zu spät, um ihm Lebewohl zu sagen. Auch wenn er in hohem Alter und in Frieden starb, schmerzt mich mein Versäumnis noch immer. Wie gern hätte ich noch einmal seine Hände berührt und gehalten. Miteinander versöhnt und ohne viele Worte hätten wir uns für immer getrennt. Ich meine, dass der letzte Abschied in seiner Endgültigkeit uns viel tiefer berührt als jede noch so offene und versöhnliche Aussprache zu Lebzeiten.

Weil ich die Stunde des Abschieds nur knapp verpasst hatte, fand ich seinen Körper noch menschlich, aber reglos zu Hause auf dem Bett vor. Zwar hatte mich die Verwandtschaft rechtzeitig über das nahe Ende informiert, doch auf der Fahrt in die Heimat vertraute ich der Empfehlung des Verkehrsfunks mehr als meinem Gefühl. Nach kurzem Überlegen entschied ich mich, einen Stau wie empfohlen zu umfahren. Durch den Umweg hoffte ich, schneller ans Ziel zu gelangen.

Ich kam zu spät, um nicht mal eine Stunde. Mein Vater war verschieden, ohne dass er mir hätte Lebewohl sagen können.

Ein daumengroßes Schweizer Taschenmesser und ein solides Aktienpaket waren nicht das ganze Erbe. Ich war wie vom Blitz gerührt, als ich seinen Letzten Willen las. Mein Vater hatte mir seine Asche anvertraut, damit ich sie nach Tibet bringe. Nach Tibet! Aufs Dach der Welt! Konnte es nicht komplizierter sein? Fraglos hätte mir dieser Wunsch bei seinem älteren Bruder eingeleuchtet. Nicht aber bei ihm. Bei ihm um nichts auf der Welt.

Dem Äußeren nach hätte man meinen Vater und meinen

Onkel leicht verwechseln können, so stark ähnelten sie einander. Bis zum Tod des Onkels wohnten sie sogar Tür an Tür. Was aber Lebensstil und Wesen anging, waren sie grundverschieden. Nie hatte sich mein Vater für Tibet und den Buddhismus interessiert. Dagegen entdeckte mein Onkel schon früh den Buddha-Weg für sich und geleitete auch mich dorthin. Überzeugt arbeitete er als selbständiger Drogist, aber sein Herz schlug für seine Bücher. Am liebsten studierte und dozierte er über das Für und Wider der Weltreligionen, der Alchimie und der Mystik. In langen Gesprächen in seiner Privatbibliothek war er über die Jahre zu meinem Mentor und väterlichen Ratgeber geworden. Mit seiner finanziellen und spirituellen Unterstützung war ich bereits einmal nach Tibet gereist.

Die Tatsache, dass nicht er, sondern mein Vater mich mit der Tibetmission beauftragt hatte, verwirrte mich anfangs sehr und schmälerte meine Freude, erneut aufs Dach der Welt reisen zu dürfen. Schließlich fragte ich mich: Warum um alles in der Welt hat es des Todes bedurft, um Vater und Sohn zueinanderzubringen? Als ich endlich die Tragweite seines Letzten Willens begriff, tat mir mein Zuspätkommen doch außerordentlich leid. Hätte ich das Versöhnungsangebot, das Zeichen meines Vaters, dass er mir vertraute, in seiner ganzen Größe begriffen, ich hätte mich über mein Vertrauen ins Radio mehr als geärgert, ich hätte mich geschämt.

Im Augenblick ärgere ich mich allerdings über das Testament. Sein Letzter Wille hat mir das Behagliche der gepolsterten Alltäglichkeit geraubt und mich in eisige Höhen gelenkt. Aufs Dach der Welt.

Im Herzen von Tibet finde ich mich wieder in einer frostigen Menschenleere. Mitten in der Felswand überfällt sie mich, ich bin mutterseelenallein. Auf die Fersen hocke ich mich und mache mich klein. Gleich wird der Angriff erfolgen. Mir fehlen Brille und Handschuhe. Über dem schnellen Aufbruch habe ich beides vergessen. An mir nagt die Kälte. Während meines Aufstiegs hat sich die Luft schockartig abgekühlt. Schon spannt sich die Haut über den Wangen, und die Nase tröpfelt wie bei einem alten Mann. Ich friere, vor allem an den Fingerspitzen. Vergebens balle ich die Fäuste und hauche hinein. Aber auch in den feuchten Bergstiefeln krümmen sich die Zehen vor Kälte. Ich fühle es bereits am ganzen Körper, die Temperatur wird gleich unter null stürzen. Eine fahle Sonne verlischt über mir, und von überall her bemächtigen sich schwarze Wolken des leeren Raums. Die Luft über den Felsen knistert und beginnt zu tosen. Schon weichen Windböen einem brüllenden Orkan, und eine Hagelfront stürzt auf mich herab, als wäre ich ein Eindringling in dieser himmelsnahen Welt. Der Hagel zwingt mich zum Unterbrechen meiner Mission, zum Niederkauern auf fatalen 4547 Metern.

Jetzt bin ich achtundfünfzig Jahre alt, und mein Körper trägt entsprechend viele Jahresringe. In der Bilanz meines Lebens kommt zur verlorenen Jugend hinzu, dass ich über Jahre ein heroisches Single-Dasein führte. Im reiferen Alter neigen Männer dazu, ihrer verflossenen Jugend wie einer verpatzten Romanze nachzutrauern. Zugegeben, auch ich bemitleide mich gerne. Aber bei mir kommt noch hinzu, dass ich viel Kraft damit verschleuderte, mich an meinem Vater zu reiben. Zweifellos schlug ich als junger Mann über die Stränge und machte es ihm mit all meinen Spinnereien nicht leicht. Doch unserer Beziehung haftete etwas Tragisches an: Keiner verstand die Wertmaßstäbe des anderen. Nicht selten ließ er mich spüren, dass ihm an mir nichts gut genug sei. Er pflegte zu sagen: «Junge, mach was, damit was g'schieht.» Mit anderen Worten, er erzog mich zur Rastlosigkeit und zu sinnentleertem Handeln. So flippte ich durchs Leben, nur um Lob und Anerkennung zu bekommen. Irgendwann rächte ich mich und rebellierte gegen diese Art von zwanghaftem Tun.

War der Abend fortgeschritten und das zweite Glas geleert, loggte ich mich bei mindestens zwei Partnerbörsen und einer Lust und Liebe versprechenden Suchmaschine ein. Im Chat begegneten mir hübsche Frauen und Frauen mit hübschen Versprechungen. Beide Gattungen ließen mich die Abende über delikaten und noch delikateren Rotweinen vergessen. Zeiten der Zweisamkeit brachen an. Doch zu einer längeren Bindung reichte es nie. Verschämt gebe ich zu, ewig hat es gedauert, bis ich begriff: Nach zwei gescheiterten Ehen kannst du dein Schicksal auch nicht im Chat erzwingen.

An einem Morgen danach fasse ich einen Entschluss. Nach vielen verplauderten Verabredungen und windigen Ausreden werde ich von nun an den Fokus meiner Partnersuche auf den eher sportlichen Aspekt der Urlaubs- und Freizeitbekanntschaften richten. Eine Kontaktanzeige zwecks gemeinsamen Bergwanderns, meines bevorzugten Hobbys, weckt Neugierde. Ich werde aktiv.

Mein Entschluss erweist sich als richtig, nach dem ersten Wirtshaustreffen gehen Traudel und ich in den Bayerischen Alpen wandern. Auch wenn es mit uns nichts werden sollte, gibt Traudel mir doch Steighilfe bei den Vorbereitungen zu meiner Mission. Mein Vater, wäre er noch am Leben, würde es ihr danken. Ob er das bayerische Prachtexemplar gemocht hätte? Mit Traudels handfester Hilfe finde ich zum Verein Cavallo e.V., der eine Reithalle mit fünfzehn Schulpferden unterhält. Kurz nach Neujahr fahre ich erstmals mit der U-Bahn und einem Bus in einen Münchner Vorort, wo Häuschen und Villen des mittleren Wohlstands aufeinanderhocken. Aufgeweichte Wiesen, von Gattern umzäunt, und eine dampfende Wintermiste habe ich schon passiert, als ich nach Jahren wieder einen Stall betrete.

Keine Menschenseele ist zu sehen – weder in der Stallgasse noch in den Boxen. Und trotzdem höre ich ein Schnaufen, Schnauben und geschäftiges Werken. Geräusche, als würde jemand Hand an sich legen und dabei mächtig atmen. Vier Monate später, in Tibet, sollte ich wieder diese Geräusche von meinen Pferden hören, die sich stehend im Schlaf ganz sachte bewegten.

Leise trete ich an die erstbeste Box heran und – erschrecke. Trotz Anschleichens hat mich das Pferd bemerkt. Mit einem Ruck hebt es den Kopf über den hohen Holzverhau. Nicht die hastige Bewegung erschreckt mich, sondern die Höhe, aus der der Pferdekopf so unvermittelt auf mich herabschaut. Den Arm müsste ich ganz ausstrecken, wollte ich seine hohe Stirn berühren. Ein Blick aus samtig braunen, langbewimperten Augen und ein Horchen mit vorgedrehten Ohren ist alles, was ich an Beachtung von diesem Großpferd westfälischer Zucht ernte. Kaum hat es seine Neugier gestillt, zieht es den Kopf über die Bretterwand zurück und werkt dahinter weiter, während ich auf leisen Sohlen der Stallgasse folge, um mir die anderen Schulpferde anzuschauen.

Meine erste Reitstunde unter einem geliehenen Kappenhelm, in alten Jeans und neuen, knirschenden Bergstiefeln bringt Ernüchterung. Ich werde durchgerüttelt, als lenkte ich einen Leiterwagen über Kopfsteinpflaster. Verspannt, wie der Ungeübte eben ist, gelingt es mir nur selten, auf die Bewegungen des Pferdes einzugehen. Die Stöße aufs Kreuz tun zunehmend weh. Ich beiße die Zähne zusammen, offenbar kennen auch Reittiere Rache, vor allem, wenn ihnen ein Mensch wie ein Holzklotz im Nacken sitzt. Schon übertragen sich meine Unentschlossenheit und meine zögerlichen Kommandos auf das Tier, und statt mir zu gehorchen, stakst es gegen Ende der Stunde immer wieder zum Reitlehrer hin. Nach vierzig Minuten komme ich mir vor wie eine ausgediente Marionette. Ich spüre, dass in mir die Wut zu köcheln und gleich zu kochen beginnt. Wieder «klopfe ich an», doch diesmal nicht als

Tierschützer, sondern richtig scharf. Wie im Reflex macht die Stute zwei bockige Sprünge aus den Vorderläufen heraus. Sie will mir signalisieren: So etwas tut der Anfänger nicht! Hätte ich mich nicht an einem behelfsmäßigen Sattelknaufriemen festgehalten, hätte sie mich über die Mähne in hohem Bogen abgeworfen. Dank des kurzen Haltegriffs bleibe ich zwar im Sattel, doch in meinem rechten Arm explodiert ein stechender Schmerz. Ich könnte schreien, brüllen, aber dieses Eingeständnis würde meine ganze erbärmliche Unfähigkeit offenbaren. Verstockt presse ich die Lippen zusammen. Schweiß bricht mir aus allen Poren. Plötzlich ist das Bild wieder da: ich, am Boden liegend, nach einem gewaltigen Aufprall und einer Schlitterfahrt über den feuchten Asphalt. Das Helmvisier zerkratzt, die Regenkombi am Arm zerfetzt, gefühllos der rechte Daumen. Von der Handwurzel zuckt ein Schmerz bis zur Schulter hinauf und pocht noch lange. Benommen komme ich wieder auf die Beine, pelle den aufgescheuerten Lederhandschuh ab und sehe, dass meine Daumenkuppe schief neben dem Daumenstumpf der rechten Hand steht. Gebrochen, ist der erste Gedanke im Schock.

Drei Stunden später rückt die Ambulanz im Innsbrucker Hospital den Daumen mit einem raschen Griff wieder an seinen Platz und entlässt mich zur Weiterfahrt gen Süden.

Der Motorradunfall, so glimpflich er auch ausgegangen war, wurde mir zur Offenbarung. Zukünftig würde ich mich zurücknehmen und meine Ziele langsamer angehen. Statt auf mörderische 134 PS wollte ich bei meiner Tibetreise auf eine einzige Pferdestärke setzen.

Im Freundeskreis hielten sich die Meinungen über dieses Vorhaben die Waage. Die Nesthocker unter meinen deutschen Freunden zuckten mit den Schultern, schüttelten den Kopf oder runzelten die Stirn, als wollten sie sagen: Jetzt spinnt der total! Dafür bestätigten mich die Weltenbummler in meinem Plan. Ich fühlte mich wie vor vierzig Jahren, als ich aus dem

Schwäbischen mit einer von meiner Freundin genähten Stofftasche aufbrach, um per Autostopp die Sahara zu durchqueren. Zu weitaus weniger Verständnis neigten meine chinesischen Freunde, die ich nun auch schon zwanzig Jahre kenne. «In Tibet», mailte mir mein Freund Lu, «kennt man auch Autos! Warum reist du so altmodisch?» Und meine Freundin Yang, die in der Weltliteratur bewandert ist, sagte am Telefon: «Du bist wohl ein moderner Don Quichote!» Auch wenn mich diese Meinungen eher zum Schmunzeln als zum Nachdenken brachten, nahm ich sie doch ernst. Immerhin würde ich schon bald ihre Hilfe aus Peking erbitten müssen, da ich für mein Vorhaben ein Geschäftsvisum der Kategorie F für einen fünfmonatigen China-Aufenthalt benötigte.

Noch stand das Reitenlernen im Mittelpunkt meiner Reisevorbereitungen. Nach dieser ernüchternden ersten Reitstunde übte ich anfangs an der Longe weiter, später dann eigenständig im Sattel. Mit beiden Händen fest am Zügel. Mit jeder Lehreinheit begriff ich besser, dass ein Pferd eine Maschine und doch keine Maschine ist. Es will gelenkt werden und klare Anweisungen erhalten, mit Indifferenzen kann es nichts anfangen. Aber es hat auch eine Seele, ein Eigenleben, das chaotische Reaktionen gebiert. Sowohl verstocktes Maultiergehabe als auch hochfahrendes Mustang-Gebaren. Ein Zuchtpferd will dienen, gewiss, aber nur bis zu einem gewissen Grad. Bei zu großer Belastung verweigert es sich der Dominanz und stellt sich stur. Erst im Umgang mit tibetischen Pferden sollte mir wirklich klarwerden, dass unseren Stallpferden der letzte Rest Wildheit ausgetrieben worden ist. Zuchtpferde werden in unseren Reitställen mit dreifachen Anti-Hohlkreuzleinen, maßgeschneiderten Kehlriemen, Hufglocken und reflektierenden Gamaschen für die Gelenke versorgt. Und wofür all dieser Schnickschnack? Dafür, dass der verbliebene Rest Fluchtmentalität für das kaskoversicherte Freizeitvergnügen des Reiters kalkulierbar wird.

Die Zeit der Vorbereitung bis zu meinem Abflug nach Hongkong verflog, aber noch immer war ich nicht so sattelfest, wie ich es mir für meine Tibetdurchquerung gewünscht hätte. An einem reitfreien Nachmittag ging ich in eine esoterische Buchhandlung, wo ich unter der Decke eine Girlande tibetischer Gebetsfahnen entdeckte. Ich schaute genauer hin und sah auf einem roten Wimpel ein kleines, ungemein zart anmutendes Pferd. Erst in Tibet sollte ich erfahren, dass sie es Lungta, Windpferd, nennen. In vollendeter Harmonie hob es die Vorder- und die Hinterhand der einen Körperseite, während die Beine der anderen Seite auf dem Boden standen, und vermittelte so eine Leichtigkeit, die mir sehr gefiel. Neugierig und irgendwie berührt, nahm ich mir vor, am Tag darauf der Sache nachzugehen.

Bevor die Unterrichtsstunde begann, beschrieb ich meinem rotbackigen Reitlehrer das Windpferd und dessen Sprunggang auf der Gebetsfahne. Er zuckte nur mit den Schultern und ließ wie beiläufig ein Wort fallen, das ich noch nie gehört hatte: «Klar, das Tier läuft im Pass!»

Ich musste ihn sehr verwundert angeschaut haben, denn er fügte hinzu: «Passen nennt man diese Gangart, die bei uns vor allem die Isländer beherrschen. So, jetzt aber rauf aufs Pferd und nicht länger alles hinterfragt, junger Mann!»

Immer saß ihm die Zeit im Nacken, und so drängte er mich auch diesmal schon wieder zur Eile. Die erste Lehrstunde nach längerer Pause begann überstürzt und endete prompt mit einem Desaster.

«Alles verlernt!», rief er mir barsch von der Hallenmitte aus zu.

«Zügel zu lang!»

«Nur mit den Unterschenkeln Druck geben! Das funktioniert so nicht!»

«Anklopfen! Schon vergessen?»

«Keine Kraft in den Schenkeln! Mann! Mann! Mann!»

«So bringt das alles nichts. Wieder an die Longe!»

Jetzt hatte ich genug. Ich kochte. Wütend sprang ich ab. Zerrte mein Schulpferd aus der Halle. Drängte mich an Mädchen mit Zahnspangen, die ihre bulimischen Körper unter himmelblauen Steppwesten versteckten, vorbei durch die Boxengasse. Vergaß zu rufen: «Gasse frei.» Sattelte hastig ab. Versäumte in meinem stillen Zorn, die Gelenkmanschetten abzuzippen. Schob die Stute an ihren Kraftfuttertrog. Endlich konnte ich ins Freie hasten. Nur noch raus! Raus aus dieser Pferdewirtschaftsanstalt.

In den kommenden Tagen erfuhr ich am eigenen Leib, dass das Aufgeben von Gewohntem nur kurz verunsichert, schon bald aber ungemein mobilisiert. Vorausgesetzt, man ängstigt sich nicht vor dem Unbekannten. Die Suche nach dem Passgänger, die ich mit Hilfe einer virtuellen Suchmaschine fortgeführt hatte, lenkte mein Augenmerk auf die Höhen der Schwäbischen Alb. Über den Niederungen, auf altem Kulturland, hält ein pensionierter Deutschlehrer Mongolenhengste auf der einen und Mongolenstuten auf der anderen Talseite. Sind die Stuten rossig, bekommen sie Besuch von der gegenüberliegenden Seite und elf Monate später Nachwuchs. So läuft das Geschäft, mit dem er seine Pension aufbessert. Nur einen Tag bevor ich mich auf die Alb eingeladen hatte, war der neunundzwanzigjährige Tumurbaatar aus der fernen Mongolei angereist, um den Nachwuchs einzureiten. Dieser Sohn der mongolischen Steppe sollte für die nächste Zeit mein Reitlehrer werden. Tumurbaatar, der Eisenheld, und ich verständigten uns mit Blicken und Gesten. Durch Lachen, Nicken und Schulterklopfen.

Tag für Tag ritten wir schweigend, er oft singend, durch die verschneiten Wälder auf den Hochlagen der Schwäbischen Alb. Noch immer rieche ich den süßlich sauren Schweiß, wie er mir aus der Mähne, dem eisverklumpten Schweif und den nassen Fellwirbeln nach einem scharfen Ritt in der Nase stand.

Der beizende Geruch von Pferden, die im Freien überwintern und sich gegen Tätscheln und Verzärteln genauso wehren wie gegen Mähnenglanzsprays, sollte schon bald wie ein Lockstoff auf meinen eigenen Ausdünstungen haften. Die Tage mit Tumurbaatar nährten mein Verlangen, möglichst bald nach Tibet aufzubrechen. Nach vielen Ausritten trennten wir uns als Freunde, und als Auszeichnung empfand ich die Einladung in seine Jurte im mongolischen Gebirge des Altai.

Noch immer fehlte mir einiges an Wissen, vor allem, was die Pferde auf dem Dach der Welt angeht. So viel hatte ich herausgefunden: dass sie von den mongolischen Steppenpferden abstammten, aber im Wuchs um einiges höher als die kleinen Mongolen sind. Über ihren Charakter, ihre Fressgewohnheiten und insbesondere ihre Gangart, den Pass, musste ich noch mehr erfahren. Die Antworten und einige Extras bekam ich schon bald von einem galoppierenden Mundwerk. Ich bekam sie von Mike, einem Islandpferdezüchter im bayerischen Chiemgau.

«Der Pass», erklärte er geduldig, «ist eine sehr alte Gangart aus dem Orient. Vielleicht stammt er vom Dromedar oder gar vom Elefanten ab. Bei uns ist diese Urgangart erst im Mittelalter heimisch geworden. Er ist erheblich älter als der Trab, den deine tibetischen Pferde vermutlich gar nicht kennen.» – «Hängt der Pass mit der Größe der Isländer zusammen? Die sind ja um einiges kleiner als die herkömmlichen Pferde …», wollte ich wissen. «In gewissem Sinne ja. Nur bei den Großpferden wurde der Trab züchterisch hervorgeholt.» – «Weshalb?» – «Dahinter steckt die militärische Ausrichtung durch die Kavallerie. Großpferde, die traben, können besser in geschlossener Formation vorrücken. Auch wenn der Trab auf Kosten der Bequemlichkeit des Reiters geht.»

«Der Pass ist bequemer?» – «Im Pass schaufelt sich das Pferd abwechselnd mit der Vorder- und Hinterhand der einen und dann der anderen Körperseite vorwärts. Dadurch entsteht eine

Pendelbewegung nach rechts und links. Beim Trab geht die bestimmende Bewegung vor und zurück. Der Trab ist eigentlich ein andauernder Sprung. Aber für den Reiter, also für uns, ist der Pass viel sanfter. Die Beine des Tieres sind nämlich um einiges kürzer in der Luft. Nicht umsonst laufen traditionell die Pferde von Falknern im Pass. Ich könnte schwören, dass die tibetischen Pferde außer dem Galopp nur den schnellen Schritt kennen. Ruf mich auf jeden Fall an, wenn du zurück bist, das will ich genau wissen.»

Auch die Zeit mit Mike war alles andere als verschenkt. Er ließ mich mit geschlossenen Augen reiten und erklärte mir einige lebenswichtige Kniffe. «Wenn dein Pferd mit dir durchgehen sollte, dann lass die Zügel schießen, wirf dich auf die Mähne, umklammere seinen Hals und gib um Gottes willen die Schenkel frei. Dann sprichst du so lange mit Bauchstimme auf das Tier ein, bis es dir wieder seine Ohren zudreht.» Nach kurzer Pause fügte er hinzu: «Noch ein wichtiger Rat für den Kauf. Je abgemahlener der Biss der Frontzähne, desto älter ist der Gaul. Und wenn du Flecken von borstigem, weißem Haar im Fell entdeckst, hast du keinen Schecken vor dir, sondern ein Pferd, das sich mal wundgescheuert hat. Die Wunde mag schon Jahre verheilt sein, doch es ist und bleibt eine Schwachstelle. Vor allem im Sattelbereich ist das problematisch.»

Da ich vor Antritt meiner Reise natürlich Pferde würde kaufen müssen, war ich über seine echt guten Ratschläge mehr als froh.

Zweifelhaftes Geschäft

Die Maschine Hongkong–Chengdu war voll bis auf den letzten Platz. Entsprechend dick war die Luft in der Economy-Class nach den zwei Flugstunden. Vollgesogen vom beizenden Geruch weißer Mottenkugeln, die man bei uns nur noch in Pissoiren findet, und von saurem Schweiß, stand sie in der engstbestuhlten Kabine. Nachdem die Air China gelandet und die Passagiere ausgestiegen waren, hätte die Flughafenpolizei den Ausländer leicht ausspähen können. Sie hätte den Ankömmlingen nur flüchtig auf die Schuhe schauen müssen.

Chinesen, insbesondere Südchinesen, werden noch immer für untersetzt oder klein gehalten. Mit diesem Klischee gilt es aufzuräumen, längst erreicht die Generation der Postrevolutionäre westliche Körper- und Schuhmaße. Was mich von der mitreisenden Masse unterschied, war also nicht die Schuhgröße vierundvierzig, sondern die Art des Schuhwerks. Die meisten Männer trugen spitze, schwarze Slipper. Die Mehrzahl der Frauen bauschige Pantöffelchen und Puschen. Auch ich wäre gern gereist, wie man in Asien reist, eben so bequem wie möglich, doch ich war nach Tibet unterwegs und trug schwere Bergstiefel mit hoher Schnürung, um meine geduldeten neunundvierzig Kilo Übergepäck nicht unnötig zu überschreiten.

Keine Viertelstunde nachdem ich von einer Horde heimhastender Sichuan-Chinesen in Richtung Gepäckausgabe mitgerissen wurde, sehe ich endlich meine Schätze wieder – drei pralle, hüfthohe Expeditionssäcke. Während ich diese im Umfeld von bandagierten Plastiktaschen, Hartschalenkoffern und verschnürten Pappkartons recht auffälligen Gepäckstücke von der ratternden Bandschleife auf einen Buggy hieve, bricht mir feucht der Schweiß aus allen Poren. Nicht vom Muskelstress, auch nicht wegen der Schwüle im Hangar von Chengdu, sondern vor Aufregung, weil ich gleich alles werde auspacken müssen. Der Immigration und dem Zoll werde ich gleich Auskunft über das Wohin und das Warum meiner Reise erteilen müssen. Ein Funken Hoffnung bleibt. Ich habe in China gelebt und kenne das chinesische Wesen. Ich weiß, dass ein offenes Lächeln, ein freundliches *ni hao*, guten Tag, Wunder bewirken kann.

Jetzt trennen mich und mein Wägelchen nur noch wenige Meter von den kalt schimmernden Metalltischen des Zolls. Gelassenheit vortäuschend, stehe ich in der Schlange vor der Passkontrolle inmitten von plappernden Chinesen als Fremder unter einem großen schwarzen Hut. Angst stellt mir die Nackenhaare auf. Panik erzeugt ein Kribbeln in den Fingerspitzen, und der Puls klopft wie rasend. Schon sehe ich mich die schwarzroten Säcke öffnen und auf eine gebellte Anweisung hin den australischen Trekking-Sattel herausschälen. Würden die Uniformierten, vor allem die Frauen mit ihren gewaltigen Rahmenbrillen im Gesicht, diesen erst einmal Öse für Öse befingert haben, wäre die berüchtigte chinesische Gier auf alles Fremde geweckt. Ich müsste Trensen, Halfter, die recht großen Wurmkur-Spritzen und meine professionellen Rollfilme auf den Metalltischen ausbreiten. Ich müsste mich erklären und wüsste nicht, wie. Es gab ja nur eine Erklärung für den Inhalt meiner Expeditionssäcke: Ich will durch Tibet mit dem Pferd.

Vielleicht liegt ja diese Erklärung für die maskenhaft blickenden Beamten vollständig jenseits ihres Suchbilds. Ist unvereinbar mit ihrem Schnüffeln nach illegal importierter Elektronik und geschmuggelten Luxusgütern. Inständig hoffe ich, dass sie mich wie ein jenseitiges Geisterwesen aus alter Zeit an der Geistermauer vorbei ins Reich der Mitte lassen.

Mein Vater und meine Mutter haben dafür gesorgt, dass ich im Sternzeichen Widder geboren wurde. Als Aprilgeborener handle ich oftmals so spontan, dass manche mein Tun eher für reflexartig als für reflektierend halten. In gewissem Sinne mag das zutreffen. Doch ich schieße nicht durchweg aus der Hüfte. So habe ich mich auf diese Reise so gründlich vorbereitet wie noch auf keine meiner Tibetreisen zuvor. Im Übrigen wusste ich, dass sich der chinesische Zoll an den Körper eines *lao wai*, eines Ausländers, nicht herantraut. Deshalb hütete ich unter zwei Jacken und einem khakifarbenen Hemd meine eigentlichen Schätze: eine handtellergroße Digitalkamera, meinen safrangelben buddhistischen Ausweis, achttausend Euro, entsprechend achtzigtausend Yuan, und ein smaragdgrünes Döschen mit einem Inhalt, der um nichts in der Welt den Behörden in die Hände fallen durfte. Die durchscheinende Jadekostbarkeit hatte ich vor dreißig Jahren in der Pekinger Antiquitätengasse gekauft und ohne Bestimmung aufbewahrt. Über die Jahrzehnte hatte der kleine, runde Tiegel daheim in meiner Schmuckvitrine geschlummert, bis er, kostbar gefüllt, nun die Heimreise nach China antreten durfte.

Die Passkontrolle, bei gültigem Visum reine Routine, steht an. Gleich muss ich durchs Nadelöhr. In diesem Augenblick fällt der starkgepuderten Chinesin vor mir die Kamera aus der Hand und knallt scheppernd auf den Metalltisch. Ein Sturm bricht los, Gezeter und Geschrei aus ihrem Mund. Gewiss ist es ein japanischer Apparat, in Hongkong zollfrei nach langem Feilschen erworben. Der Chinese vor ihr dreht sich um und beginnt, laut zu fluchen und die Frau zu beschimpfen. Augenblicklich bricht sie in Tränen aus. Um das Unglück zu begaffen, laufen alle Zollbeamten zusammen.

Meinen Entry-Stempel habe ich bereits kassiert. Jetzt sehe ich meine Chance gekommen. Teilnahmsvoll nickend, schiebe ich mein eierndes Wägelchen an der Weinenden, ihrem erbosten Ehemann und den Gaffern vorbei. Kaum ebbt der Lärm in meinem Rücken ab, will ich nichts als loslaufen. Bleib ruhig, Alter, gleich hast du's geschafft, beschwöre ich den Widder in mir. Ich unterdrücke den Fluchtimpuls, und schon küsst mich das Glück. Kein barscher Befehl, kein «Stopp!» ertönt in meinem Rücken. Ich lache in mich hinein, habe ich doch gerade mein verräterisches Expeditionsgepäck wie ein Federgewicht über die Chinesische Mauer gehievt. Die Einreise in das Land, das gezwungenermaßen zur Volksrepublik China gehört, würde mir nach diesem Streich auch gelingen, davon war ich überzeugt. Wie vermutet, meine Glückssträhne hielt an. Vielleicht, weil ich Buddhas Worte beherzigte: Es gibt keinen Weg zum Glück, das Glück ist der Weg.

Im Garden City Hotel, das seinen Namen einem haushohen Blumenbild an der Fassade verdankt, steckte mir ein Chinese mit dem glückverheißenden Namen Sunrise Lee, dass ich in ein Hotel nahe dem Busbahnhof gehen müsste. Dort, nur dort, fände ich das Mauseloch, um als Einzelreisender nach Tibet hineinzuwitschen. Zu absolut, zu raffiniert sei die Abschirmung dieser sensiblen Zone durch die Behörden. Ich hörte genau zu und prägte mir seine Worte ein. Und schon bald sollte «sensitive zone» mir zum Synonym für Tibet werden.

Zu Fuß lief ich durch die staubige Millionenstadt im Südwesten, die jetzt im März förmlich nach Wasser schrie, weil sie den ganzen Winter über keinen Tropfen Regen abbekommen hatte. Mitten im brüllenden Verkehr überquerte ich ein Brackwasser und fand besagtes Hotel. Von den drei dort ansässigen Agenturen, die die Armseligkeit ihrer Büros mit Postern vom Potala-Palast und von Pandabären kaschierten, wählte ich jenen Verschlag, aus dem mich ein hübsches Porzellangesicht anstrahlte. Das schwarze Haar mit Gel zu einer Hochfrisur getrimmt, wiegte sich eine vor sich hin summende Chinesin hinter einem roten Tastentelefon, das alle zwei Minuten klingelte.

Kaum hatte sie geflötet: «Hello, I am Lisa!», erklärte ich ihr, was ich wollte, und händigte ihr ohne viele Worte meinen Reisepass aus. Mit wiegender Wespentaille kam sie hinter dem Minitisch hervor und stöckelte an mir, der sie mit wachsender Begeisterung beobachtete, vorbei zum Shop um die Ecke. Dort zog sie eine Fotokopie aus der Maschine. Zirpend kam sie gleich wieder zurück, und mit einem Hüftschwung à la Shanghai verschwanden ihre atemberaubend schönen Beine unter dem Tisch. Wenn ich eine Expressgebühr bezahlte, lockte sie, bekäme ich das Entry-Permit für Tibet schon in vier Tagen. Dann erklärte sie mir lächelnd, dass ihre Agentur stets zu Diensten sei. Ob ich zum Zeitvertreib nicht einen Ausflug zum Pandareservat oder zu einem Folkdance mit anschließendem Dinner buchen möchte? Ich verneinte, und sie lächelte und zirpte schon wieder: «Klein Wang» – dabei deutete sie auf einen pickligen Jungen, der aus der Nachbaragentur herübergekommen war – «wird gleich die Kopien von Pass und Visum auf der Faxmaschine nach Lhasa schicken.»

«Nach Lhasa schicken? Warum nach Lhasa?», wollte ich wissen.

«Dort wird über Ihre Reise entschieden. Dort ist die Ausländerabteilung des Touristenbüros der Regierung, das alle Tibetreisen von Ausländern mit Siegel genehmigt. Diese Abteilung stempelt also den Antrag ab und sendet ihn mit der Faxmaschine wieder nach hierher», erklärte sie in zweifelhaftem, aber reizendem Englisch. «Mit dem Okay aus Lhasa kann Klein Wang zum Chengduer Public Security Bureau gehen und Ihr Permit abholen.»

«Viele Arbeit wegen der Security Police», seufzte der Laufbursche in noch zweifelhafterem Englisch, «darum ist das so teuer!»

Um für mich alles ganz schnell hinzubekommen, müsse Klein Wang Expressgebühr kalkulieren, erklärte Lisa nun erstaunlich kühl. Mein Blick eilte zwischen beiden hin und her.

An seinem gequälten Lächeln konnte ich ablesen, dass Klein Wang um alles in der Welt das Wort «Schmiergeld» vermeiden wollte. Mit einem Nicken willigte ich ein, weil ich endlich meine tibetische Mission angehen wollte. Auch hatte Chengdu außer einem geschäftigen Tibeterviertel entlang zweier Straßen und einigen Outdoor-Läden nur blechbesetzte Straßenschluchten zu bieten.

Wie ich wenig später ziellos durch die Innenstadt lief, gehetzt vom Lärm aller möglichen Motoren, kam mir in den Sinn, eine Herde Pferde wäre doch weitaus praktischer als diese Horde Autos. Pferde brauchen weniger Platz, sind genügsamer und viel billiger, und das, was hinten rauskommt, dient auch noch einem guten Zweck. Ich sah mir die Großstadt mit den Augen eines Durchreisenden an. Die Menschenflut riss mich mit sich, und ich stemmte mich nicht dagegen. Wie die Leute hier die Kunst beherrschten, zu so vielen auf so engem Raum gelassen mit ihresgleichen auszukommen! Diese urbanen Chinesen haben besser als ich gelernt, mit der Droge Reizüberflutung umzugehen. Wie machen sie das bloß?, fragte ich mich. Sie gliedern sich in Gruppen und Grüppchen, sie entwickeln den «kleinen Kanal», kleben Zettel an Straßenlaternen und an Ampeln («Suche Wohnung», «Suche Beziehung, «Suche Garage», «Suche Putzstelle»), und formen so einen kleinen, quasi familiären Kosmos im großen. In den Tagen des Wartens entdeckte ich als Stadtwanderer viele liebenswerte Facetten in diesem urbanen Meer, wo nur selten einer ertrinkt.

Die letzte Märzwoche brach bereits an, und ich vertrödelte noch immer meine Zeit mitten in Chinas Reisschale, wo sich die Berge im fernen Dunst versteckten und sich die wintermüden Flüsse auf geringer Höhe dahinschleppten. Nach vier Tagen ging ich wieder über den stinkenden Fluss, eingezwängt zwischen Taxis und Motorrädern, Karren und Lastwagen, die mir jede Lücke zwischen den Blechkarossen streitig machten. Selten begegnete mir jene aussterbende Spezies, die noch vor gar nicht so langer Zeit die Straßen von Peking flutete: die Gattung der Pedalisten. Wenn ich jetzt einen erspähte, dann trug er einen weißen Schutzmull über Mund und Nase, dass ich zunächst glaubte, einen radelnden Sanitäter vor mir zu haben. Nach mehreren Umwegen und Ablenkungen traf ich verschwitzt und abgekämpft im Reisebüro ein.

Wie schade. Die reizende Lisa saß nicht mehr im Neonlicht vor dem roten Telefon. Dafür wartete mein zweiseitiges Permit mit lackroten Amtsstempeln und der Routenbestimmung Chengdu–Lhasa–Chengdu auf mich. Ich frohlockte und blätterte von der ersten auf die zweite Seite. Recht mager mutete das zweite, angeheftete Papier an. Es handelte sich um ein schwarzliniertes Blatt mit der Überschrift «Members of Group». Auf der ersten Linie stand mein voller Name, dahinter meine Nationalität und meine Passnummer. Diagonal über die darunter aufgereihten Linien, dreißig an der Zahl, lief ein Linealstrich, der keine weiteren Einträge zuließ. Speziell dieses angetackerte Beiblatt ließ mich triumphieren, denn ich, unverwechselbar ein Individuum, wurde als Einmanngruppe definiert. Normalerweise dient das Beiblatt zur Registrierung aller Gruppenmitglieder, denn nur Gruppen von mindestens drei Personen dürfen nach Tibet einreisen. Den Vorschriften nach kann ein ausländischer Tourist kein Einzelvisum für Tibet bekommen. Aber ich würde durch das Mauseloch, auf das mich Sunrise Lee aufmerksam gemacht hatte, nach Tibet gelangen. Mit dem amtlichen Dokument in den Händen sollte dem innerchinesischen Grenzübertritt in die Autonome Region Tibet nichts mehr im Wege stehen. Allerdings ahnte ich noch nichts von den massiven, ja bedrohlichen Schwierigkeiten, die mich sieben Wochen später erwarten würden.

Zum Abschied grüßte ich nicht den Chinesen, der mir, ohne von seinem Papierstapel aufzusehen, das Dokument wie ein Kündigungsschreiben hinhielt. Ich grüßte den Potala, den Winterpalast des Dalai Lama, auf dem Poster an der Wand mir gegenüber. Aus dem winzigen Büro hastete ich in den schummrigen, nach feuchter Wäsche riechenden Hotelflur, hinüber zum Souvenirshop, wo ich mir aus dem Kühlschrank eine eiskalte Dose Cola griff. Nichts hielt mich mehr in der ausgedörrten Stadt, in deren staubigen Straßen und engen Quartieren sich Millionen drängten.

Der Überlandbus brachte mich klimatisiert weiter nach Westen. Viel wichtiger noch: weiter nach oben. Mit jeder Serpentine, die der beginnende Anstieg zum Tibetplateau erforderte, wuchsen meine Erwartungen. In wenigen Stunden würde ich in den Bergen, am Zusammenfluss von Dar und Tse, im Trubel einkaufswütig bepackter Chinesen im tibetischen Dartsedo aussteigen, einem Ort, den ich nur aus der Lektüre kannte. Aus Büchern wusste ich, dass Dartsedo seinen Namen und seinen Reichtum dem VI. Dalai Lama verdankte. Im Jahr 1696 autorisierte Seine Heiligkeit das Bergdorf, mit dem chinesischen Kaiserreich Handel zu treiben. Fortan schleppten chinesische Kulis für eine Rauchration Opium und einige Schalen Reis vor allem Ziegeltee in Marschkolonnen aus dem Roten Becken von Sichuan hinauf nach Dartsedo. Jeder der Träger beugte seinen ausgemergelten Rücken unter einem grobgezimmerten Holzgestell, das er spätestens nach zweihundert Meter Wegstrecke auf einem Holzstock abstellen musste. Auf dem Gestell türmte sich, bis weit über seinen Kopf hinaus und über hundert Pfund schwer, gepresster Schwarztee, eingeflochten in Köcher aus Schilfrohr. Auch wenn der Ziegeltee heutzutage mit Lastwagen angeliefert wird, kann man ihn noch immer gepresst und in Schilfblätter eingeflochten in den Krämerläden in ganz Tibet kaufen. Lange eingekocht und mit einer Prise Salz und Soda gewürzt, ergibt er den schwarzbraunen Sud für das Nationalgetränk der Tibeter. Für den Buttertee.

In Dartsedo kamen noch vor siebzig Jahren die Yakkarawanen vom Hochland an. Da der Ort nur auf einer Höhe von 2550 Metern liegt, verloren die an dünnere Luft gewöhnten Yaks sehr schnell die Contenance, also wurde nach der Ankunft unverzüglich umgepackt: die Teestangen vom Kulirücken auf den Yakrücken und die Yakhautsäcke mit Fellen, Borax, Wolle, Yakschwänzen, Türkisen und Korallen vom Yakrücken auf den Kulirücken. Um den angelieferten Ziegeltee gegen die tibetische Hochlandwitterung zu schützen, wurde er in gegerbte Häute eingeschlagen und anschließend mit Stricken auf Lastensätteln festgezurrt.

Bis in die Neuzeit vollzog sich der Tauschhandel zur Zufriedenheit beider Seiten. Bis Straßen für Karren aufkamen und die Sklavenarbeit und mit ihr das Kaiserreich abgeschafft wurden. Doch gerechter und menschenwürdiger wurden die Zeiten nicht. Tibets Ostgrenze, die einst an der eisernen Kettenbrücke bei Chakzam begann, wurde durch Angriffe chinesischer Warlords nach Westen zurückversetzt, und aus Dartsedo wurde Kangding. Heute ein chinesischer Luftkurort mit schwindender tibetischer Bevölkerung.

Gegen Abend, wenn ein Lüftchen die Hänge herabgeschlendert kommt, streben junge Männer mit suchenden Blicken dem Marktplatz zu. In ihren Haarzopf, den sie um den Kopf gewunden tragen, ist eine Quaste eingeflochten. Das Signalrot dieser Quaste verstärkt den warmen Glanz, der in den dunklen Gesichtern liegt. Mit dem roten Schmuck im blauschwarzen Haar geben sie sich nicht einfach als Tibeter, sondern als tibetische Khampa zu erkennen. So geschmückt, finden sich die jungen Männer auf dem Marktplatz ein.

Chinesinnen in kurzen, aufreizenden Faltenröcken und Tibeterinnen in bodenlangen Gewändern, über denen lindgrün, gelb und pink gestreifte Schürzen straff gespannt liegen, gehen aufeinander zu, um miteinander zu tanzen. Die Khampa tanzen nicht minder geschickt als die Frauen. Mit ihresgleichen oder mit den Frauen drehen sie sich im Kreis. In der Dämmerung verwandelt sich der Marktplatz von Kangding in einen Tanzboden, auf dem sich ein bunter Zirkel zu Folkpop bewegt. Chinesische Vortänzer, die einen Ghettoblaster mitgebracht haben, sorgen dafür, dass der Reigen der Völkerfamilie nie ins Stocken gerät. Wie ich verhalten zuschaue, erscheint mir das sich gemächlich drehende Rad des Tanzes frei von Eifersucht, Hass und Krieg. Bei weitem angenehmer als das buddhistische Lebensrad, das vor allem an das Leid des menschlichen Daseins erinnert. Schon bald kann ich dem Locken der Tanzenden nicht mehr widerstehen. Ich trete in den Menschenkreis. Und wie ich mich, die Augen geschlossen, im Tanz zwischen Chinesen und Tibetern wiege, bricht eine langgehegte Sehnsucht über mich herein, und unter meinen Lidern formt sich die Wehmut in Tränen. Diese Wehmut, die ich oft in den Bergen verspüre, trägt mich fort gen Westen. Hinauf auf das Hochplateau von Kham – und weiter. Weiter nach Lhasa.

Die einstige Teehandelsmetropole Dartsedo lag viele hundert Kilometer vor dem Ausgangspunkt meines geplanten Ritts. Auf meiner Route nach Westen maß die Strecke von hier bis in die tibetische Hauptstadt Lhasa immerhin tausendsechshundert Kilometer. Dieser Ort hatte für mich eher logistischen Wert. Kangding diente mir als Basislager. Hier hoffte ich einen Guide für den Ritt zu finden. Die Hilfe einer Agentur zog ich erst gar nicht in Betracht, denn eine Reise zu Pferd durch Tibet findet sich in keinem Katalog. Und auch in keinem Prospekt. Die Suche nach einem fähigen Führer sollte mich viel Zeit kosten. Eine ganze Woche. Gewissenhaft und auf eigene Faust ging ich ans Werk.

Als Erste bot sich eine tibetische Studentin an. Sportlich elegant, kam sie in Lederstiefeln, Jeans und einer blumenbestickten Bluse auf mich zu, als ich auf dem Vorplatz der Sichuan Provincial Tibetan School wartete. Unter dem Torbogen der

Provinzschule hatten wir uns per Handy verabredet. Pünktlich stand ich bereit. Schon beim Näherkommen gefielen mir die Wachheit in ihren tiefliegenden Augen und die Kraft ihres Schritts.

«Hello! Mein Name ist Pasang Lamo, ich würde es begrüßen, mit Ihnen als Ihr Guide zu reisen», meinte sie in einem Englisch, das einen Hauch von Strebsamkeit vermuten ließ. «Auch reiten kann ich. Ich kann auch mit Pferden umgehen.» Um die Schultern trug sie ein Wolltuch, gelbschwarz gesprenkelt wie ein Tigerfell, das auf mich sehr tibetisch wirkte und mir außerordentlich gefiel. In den hautengen Jeans waren ihre stämmigen Beine nicht zu übersehen, und ich hätte schwören können, sie stammte aus einer Nomadenfamilie vom hohen Grasland von Kham. Vor meinem geistigen Auge sah ich sie bereits auf einem Pferd vorauspreschen. Die Hände hatte sie in die Hüfte gestemmt, das durchgedrückte Kreuz und ein entschlossener Blick signalisierten, dass sie nicht faselte. In ihrer männlich angehauchten Weiblichkeit wirkte sie so überzeugend, sie hätte sich als des Dalai Lama Tochter ausgeben können – ich hätte nicht gewagt zu protestieren. Doch im Verlauf unserer kurzen Unterhaltung wurde schnell klar: Die Ausbildung ging ihr über alles. Sie könne unmöglich drei Monate im Unterricht fehlen, meinte sie schon bald mit einem wortreichen Bedauern.

Nach ihrer Absage musste ich notgedrungen weitersuchen. Immerhin lernte ich so die tibetische Kommunität von Kangding kennen. In einem Nudelimbiss traf ich Dorje. Leider hatte ich auch mit Dorje, dem Langzopftibeter, Pech. Er lachte immer, und wenn er mal nicht lachte, lächelte er wie ein gesäugtes und frischgewindeltes Baby. Wenn er mit seinen eins fünfundneunzig und seinem rückenlangen Zopf mit mir durch Kangding schlenderte, spinksten die Chinesenmädels nicht mir, sondern ihm hinterher. Doch sein überaus zögerliches, schon träges Gebaren ließ mich nach zwei Mittagessen erkennen, dass wir nicht zusammenpassten. Ein Nomadensohn vom hochgelegenen Tagong-Grasland war Joseph. Mit seinem wallenden Haar und großen samtbraunen Augen ebenfalls ein ansehnlicher Tibeter. Doch in der Vorbesprechung erwies er sich als Plaudertasche mit einer gehörigen Portion Grün hinter den Ohren. Dreist verlangte er auch noch das Doppelte des gebotenen Honorars. Die ortsansässigen Tibeter, Jahua und Jula, an ihren fabrikfrischen North-Face-Jacken unschwer als Guides zu erkennen, hätten besser in die Polstersitze eines Jeeps als auf Pferdesättel gepasst. So fragte ich mich nach diesen vier Begegnungen: Brauchst du überhaupt einen Guide? Kannst du nicht alleine losziehen, zumal du Tibet schon von früher kennst? Nein und nochmals nein!, lautete die Antwort nach stundenlangem, zermürbendem Abwägen. Selbst wenn mein Ohr die Melodie des Hochtibetischen, dieser mal mit kleiner Zunge stimmlos gezischelten, mal mit großer Zunge stimmhaft gebrummten Sprache, hätte erfassen können, ohne die Hilfe eines Tibeters, für den das Englische kein Buch mit sieben Siegeln war, würde ich unterwegs kläglich scheitern. Schon eine Woche später, beim Pferdekauf, sollte es mir wie Schuppen von den Augen fallen: Als Fremder kam ich nicht nur aus dem fernen Westen. Ich kam auch aus der Moderne und besuchte ein Land, dessen Menschen sich erst anschickten, ihre späte Mittelalterlichkeit und jene gern zitierte «edle Wildheit» hinter sich zu lassen. Auf den Hochebenen der Nomaden und in den Bauernfamilien, die uns später Quartier boten, wurden mein Wortgedrechsel auf Tibetisch, meine stummen Gesten und gestammelten Ausrufe oft nicht kapiert oder sogar missverstanden. Und auch die Einheimischen konnten sich mir nicht verständlich machen. Eine Sprache ist eben mehr als stimmhaft oder stimmlos gesprochene Wörter. Sie transportiert das sich tausendfach brechende Echo von Anschauungen und Weltansichten. So geschah es oft, dass Schulkinder auf mich zugestürmt kamen und mich hüpfend umzingelten. Wild mit den Armen fuchtelnd, riefen sie mir aus nächster

Nähe «Hellau!» ins Gesicht. Anfangs, als ich die Bedeutung ihres «Hellau» noch nicht kannte, antwortete ich in besänftigendem Ton: «Hello», während die Horde ihr «Hellau» nur so herausschrie und mich umtanzte. Später sollte mich mein Guide aufklären, dass das Geschrei der kleinen Dreckspatzen einem Warnruf gleichkam. Die Kindermünder stießen einen Alarm aus wie in unseren Wäldern der Eichelhäher. Natürlich war mir klar, dass ihrem Rufen und Schreien das englische «Hello» zugrunde lag. Doch mit der Verballhornung hatte sich auch der Wortsinn weg vom lockeren Gruß, hin zum warnenden Ausruf «Achtung, ein Mensch von außen!» verändert. Erst nachdem ich von meinem tibetischen Führer aufgeklärt worden war, begegnete ich ihnen weniger onkelhaft.

In meinem Abwägen pro und contra Guide malte ich mir das Schlimmste aus, sah mich bereits ausgeraubt, womöglich gar getötet, würde ich auf einen Einheimischen verzichten. Allein auf mich gestellt, erginge es mir womöglich wie Albert Shelton, dem amerikanischen Missionar. Im Jahr 1922 wollte er ohne Führer, nur mit einem Stetson-Karabiner bewaffnet, auf einem Muli von Batang nach Lhasa reiten. In einem öden Waldstück geriet er in einen Hinterhalt und wurde meuchlings ermordet.

Nun holte mich die Geschichte ein, weil die Kleinstadt Batang an meiner Strecke lag. In Batang ist noch heute der Grabstein des von Banditen ermordeten Missionars in den Trümmern einer christlichen Gräberstätte zu finden. Ich erreichte Batang recht bequem und unversehrt. Aber nur, weil ich mich in die Obhut des regulär verkehrenden Überlandbusses begeben hatte. Die Leute von Batang begaben sich bereits zur Ruhe, und ich wollte mich gerade der Zahnpflege widmen, als es an der Tür zu meinem Hotelzimmer klopfte und eine heisere Stimme um Einlass bat. Misstrauisch schlich ich zur Tür und öffnete sie einen Spalt. Erst als ich das Gesicht erkannte, zog ich sie am Drehgriff ganz auf und trat einen Schritt zurück. Noch außer Atem, wuchtete ein junger Tibeter einen kofferartigen Rucksack, der ihm vom Boden bis zur Hüfte reichte, vom Hotelflur in das Zweibettzimmer. Wie wir uns anschauten, huschte ein Grinsen über sein breites Gesicht, und ich glaubte zu hören: Na, du Ausländer! Bin ich nicht ein guter Guide? Ich musste schmunzeln, denn nach diesem Auftritt war klar, dass der junge Tibeter gewiss der richtige Mann für eine Expedition auf unbekanntem Terrain war. Eigenständig hatte er die Leistung vollbracht, mit nur zwei Stunden Verspätung die gewaltige, von hohen Pässen blockierte Strecke von Kangding nach Batang zurückzulegen. Mein Überlandbus war im Dunkel des frühen Morgens ausgebucht abgefahren und hatte in vierzehn Stunden die Distanz von fünfhundertachtzig Kilometern mit kurzen Pausen überwunden. Als er am Kangdinger Busbahnhof erlebte, wie der zweite Überlandbus, für den er ein Billett besaß, mangels Masse aus dem Fahrplan gestrichen wurde, hat mein Tibeter improvisiert und nicht resigniert. Auf sich gestellt, hat er sofort eine Mitfahrgelegenheit organisiert und ist mir in verschiedenen Minibussen hinterhergefahren. Zwei Tage vor dieser Aufholjagd war ich ihm begegnet – gewiss nicht zufällig, wie es mir im Nachhinein erscheint.

Draußen herrschen Finsternis und Regen, drinnen ist es kalt, und auf die Tischplatten stanzen tief hängende Lampenschirme so grelle Kreise, dass die nussbraunen Gesichter der tibetischen Gäste wirken wie mit einem Puderquast bestäubt. So scharfkantig ist das Licht gebündelt, dass die Decke und die Wände der Teestube im Dunkeln zerfließen. Allein sitze ich hier. Zurückgelehnt, um nicht geblendet zu werden. Ab und an erlaube ich mir, am eierbechergroßen Glas zu nippen, in welches ein Tibeter mir nach jedem Schluck beflissen nachschenkt. In Zwiesprache mit einem Liter süßem chinesischem Bier warte ich auf meine Verabredung. Seit fünf Minuten ist sie überfällig. Den Ankömmling im Schatten bemerke ich erst, als er in voller Größe vor mir steht. Meine Überraschung notdürftig verbergend, erhebe ich mich, um ihn mit kurzem Gruß in Augenschein zu nehmen. Wie wir so nahe beieinanderstehen, entdecke ich, dass er nicht solo gekommen ist. Halb verborgen hinter seinem Rücken steht eine junge Frau mit erstaunlich hellem Gesicht. Sie scheint unter der Kälte zu leiden. Sie trägt eine rote Ohrenkappe, die ihr stark gepudertes Gesicht eng umschließt. Unter dem taillierten Wintermantel in stechendem Orange lässt sich eine zierliche Figur erahnen. Mit vorgestreckter Hand tritt sie auf mich zu und stellt sich als Catherine aus Australien vor. Für alle Fälle sei sie als Dolmetscherin mitgekommen. Weich spricht sie diese bescheidenen Worte. Als ich nicke, öffnen sich ihre Lippen zu einem kehligen Lachen. Eigentlich spreche er – dabei legt sie ihm die Hand vertraut auf den Arm – ein durchaus passables Englisch. Ich biete beiden einen Platz an meinem Tisch an, während ich den Mann verstohlen taxiere. Würde er als Führer taugen? Jünger als sie schien er zu sein, so um die fünfundzwanzig. Doch im Alter täuscht man sich bei den Tibetern wie bei allen Asiaten. Man schätzt sie gerne drei bis fünf Jahre zu jung. Catherine unterbricht meine Gedanken. «Das ist Yama. Er würde gerne mit dir gehen.»

Im Gegensatz zu ihr bekennt sich Yama voller Stolz zu seiner Haarpracht. Keine Kappe, kein geflochtener Zopf. Helmartig trägt er das Schwarzhaar des Tibeters. Es muss frisch gewaschen sein, so locker fließt es vom Scheitel bis zu den Schultern. Mehr noch als das glatte, blauschwarze Haar verrät das Gesicht, dessen dunkle Haut wie Altbronze schimmert, die tief in Hautschlitzen liegenden Augen und eine vom starken Schwung der Flügel betonte Nase die tibetische Herkunft des jungen Mannes. Diese scheint ihm sehr wichtig zu sein, denn er kleidet sich traditionell. Den schmalen Oberkörper bedeckt ein unter dem Arm geknüpfter, traditioneller Stehkragenblouson. Über dessen buntem Tuch trägt er an einem Schulterriemen eine ziselierte Silberscheide, aus der der Holzgriff eines Schwertmessers ragt. Wie er mir Wochen später gesteht, liebt er Messer mit langen Klingen – je länger, desto besser. Der Blick auf die Beinkleider belegt, dass seine Liebe zur tibetischen Tradition auch Grenzen kennt. So endet der bestickte Blouson am Gürtel und nicht über den Waden. Nein, er trägt kein knöchellanges Gewand mit langen, über die Fingerspitzen hinausragenden, weiten Ärmeln. Keine tibetische Chupa. Er trägt die Billigkopie von US-Jeans im Vintage-Look. Unterwegs werde ich von seiner Begeisterung für meine Goretex-Hose mit seitlichen Reißverschlüssen zum Regulieren der Luftzufuhr erfahren. Yama könnte für Tibets Jugend auf den Laufsteg gehen. Sein Outfit signalisiert sowohl Patriotismus als auch ein Faible für die sportliche Mode des Westens. Diese Mischung – schulterlanges Haar, ein blinkender Ohrring, der Blouson und die verwaschenen Jeans – lässt auf eine liberale und weltoffene Haltung schließen. Der erste Eindruck nimmt mich für ihn ein. Noch am Abend entscheide ich, diesen Studenten im letzten Semester als Guide zu engagieren. Gegen Ende der Begegnung kommt es noch zu einem eher harmlosen Geschacher um das vertraglich zu fixierende Honorar. Ich habe umgerechnet fünfzehn Euro pro Tag bei freier Kost und Unterkunft geboten. Bei den zu erwartenden Entbehrungen erscheint ihm diese Summe zu gering. Freundlich, aber bestimmt verlangt er fünf Euro mehr. Wir einigen uns auf zweihundert Yuan oder zwanzig Euro pro Tag und darauf, dass die Ausrüstung verrechnet wird. Außerdem seine Rückreise mit der Eisenbahn von Lhasa nach Chengdu. Über meine eigentliche Mission, die mich über Lhasa hinausführen wird, schweige ich vorerst.

Gleich am nächsten Morgen kaufen wir im örtlichen Outdoor-Laden ein weinrotes Kuppelzelt. Gegen geringen Aufpreis entscheiden wir uns für das größere Modell für zwei Personen, obwohl Yama es alleine bewohnen wird. Weiterhin für einen Schlafsack mit einer zusätzlichen, anknüpfbaren Daunendecke für besonders frostige Nächte, mit denen wir im

April und Mai noch rechnen müssen. Zu guter Letzt braucht er noch einen Anorak. Auf seinen Wunsch hin nehmen wir das Sonderangebot einer chinesischen Marke.

Mit dieser Ausrüstung im Kofferrucksack stand Yama also am Tag nach dem Einkauf im chinesischen Hotel von Batang in meiner Tür und freute sich mit mir, dass bei der Aufholjagd über immerhin fünfhundertachtzig Kilometer alles geklappt hatte.

Unser erstes gemeinsames Schlafquartier befand sich im Betonklotz eines Vier-Sterne-Hotels. Von der gähnend leeren Lobby mit einem Megaleuchter und Wandmalereien voll Landschaftskitsch führten mit roten Teppichen ausgelegte Flure zu nummerierten Zimmern, in denen die Leere zu wohnen schien. Im Grandhotel von Batang kam ich mir so verlassen vor, dass ich mir das Tropfen der Wasserhähne und das Rinnen der Klospülung als menschliche Regung vorzustellen begann. Die Busfahrt, das Warten auf meinen Guide, die Angst vor dem anstehenden Ritt, das alles hinderte mich am Einschlafen. Ich lag noch lange wach und hörte, wie Yamas Atem immer ruhiger floss. Er glitt in den Schlaf hinüber. Gerade als sein Atmen auch mich zu beruhigen begann, riss er mich mit einem Seufzer, gefolgt von erbärmlichem Stöhnen, in den Wachzustand zurück. Ich schreckte von der Matratze hoch. In nächster Nähe fing eine Stimme an zu brabbeln. Schon ertönten scharfe Kommandos. Wie ich mich zum separaten, auf Armlänge entfernten Bett hinüberdrehte, saß mein schlafender Zimmergefährte stocksteif im Bett und redete in tibetischem Stakkato auf die leere Wand ein. Unheimlich war mir der Seelenausbruch dieses Fremden. Hatte ich einen labilen Charakter angeheuert? Keine fünf Sekunden später war alles ausgestanden. Endlich konnte auch ich einschlafen.

Vom Dämmern des neuen Tages bekamen wir wenig mit. Nicht etwa ein Brokatvorhang sperrte hier das Licht des jungen

Tages aus, sondern eine schwarze Gummiplane. Und trotzdem erwachte ich für Batanger Verhältnisse früh. Voller Erwartung weckte ich Yama. Von wegen! Yama sprang nicht aus dem Bett, wie ich erwartet hatte, sondern ging unbeeindruckt wieder in die stabile Seitenlage. Noch ahnte ich nicht, dass mein Guide wie alle Tibeter das späte Zubettgehen und das Aufstehen zu vorgerückter Stunde liebte. Tibeter können ungemein genießen, und Schlafen ist für sie der reinste Genuss. Wer schläft, so sagen sie, befindet sich in der Lage des Ruhenden Löwen, immerhin des Löwen.

Gewollt oder ungewollt – die chinesischen Kommunisten fördern das Morgenmuffeln der Tibeter. Göttergleich erkoren sie für den riesigen Raum ihres Herrschaftsgebiets eine einzige Zeit zur Staatszeit, und zwar die Zeit der Hauptstadt Peking. In einem Akt unglaublicher Anmaßung stellten sie die biologische Uhr vieler Millionen Menschen in ganz Westchina vor. Lhasa liegt nahe dem 91. Grad östlicher Länge und Peking nahe dem 116. Grad. Die räumliche Differenz von fünfundzwanzig Graden entspricht einer Zeitdifferenz von einer Stunde und vierzig Minuten. Somit ist es in Lhasa noch finstere Nacht, exakt 4 Uhr 20, wenn im zweitausendachthundert Kilometer östlicher gelegenen Peking die Sonne um 6 Uhr aufgeht. Aber nach der willkürlichen «Beijing Time» müssen die Uhren in Lhasa dieselbe Zeit wie die Uhren in Peking anzeigen. Nach dem Zeitdiktat hat also der Sonnenaufgang von Lhasa im Sommer zwischen sieben und acht zu erfolgen. Die Tibeter in den Städten haben sich mit dieser Form von Willkür abgefunden. So frönen sie ihrer lieben Gewohnheit, gehen spät ins Bett und bleiben länger liegen. Außerhalb der Städte besitzen die wenigsten Tibeter überhaupt einen Wecker oder eine Armbanduhr, deshalb tangiert sie die Zeitwillkür nur am Rande. Wie in alter Zeit stehen die Bauern und Nomaden mit der Sonne auf und gehen mit ihr schlafen. Da wir uns am Beginn einer Reise in eine absurde Zeitzone befanden, stand ich prompt viel zu früh auf, denn meine innere Uhr ließ sich nicht so leicht manipulieren.

Bekanntlich sind Zeit und Raum ein Paar. Nicht nur als theoretische Größen gehören sie zusammen, sondern auch im praktischen Leben. Also ist Vorsicht geboten, wenn jemand die Zeit manipuliert. Warum sollte er seine Gelüste nicht auch in Bezug auf den Raum ausleben? Da ich vor Reiseantritt in Archiven historische Dokumente studiert hatte, wusste ich über den tibetischen Raum und die historischen Veränderungen der Grenzen zwischen Tibet und China Bescheid. Aber erst jetzt, auf dieser Reise, hatte ich erfahren, dass Grenzlinien Herrschaftslinien sind, die nicht nur Völker verletzen können, sondern auch Mutter Erde. Allein in den letzten zweihundert Jahren änderten sich die Grenzen in der Region von Osttibet so viele Male, dass die Zahl der Marksteine in die Hunderte geht. Zu Zeiten, da das chinesische Kaiserreich schwächelte, reichten tibetische Grenzziehungen bis weit nach Osten vor und schnitten in das Fleisch der chinesischen Provinz Sichuan. Immerhin sechshundertzehn Kilometer östlich von Batang begrenzten sie das Territorium eines starken Kirchenstaats und örtlicher buddhistischer Königreiche. Waren die tibetischen Reiche hingegen schwach, schoben die chinesischen Kaiser die Grenzlinie nach Westen vor, sodass sie von 1727 bis 1910 dort verlief, wo sie heute verläuft: am Westufer des Yangtse, des zweitlängsten Wasserlaufs der Erde. Über diesen majestätischen Fluss spannt sich gleich hinter Batang eine Stahlbetonbrücke mit Wachtürmen an beiden Ufern. Der rot-weiße Schlagbaum des Checkpoints markiert die Grenze zwischen der Provinz Sichuan und der Autonomen Region Tibet (TAR). Bis hierher kann jeder Ausländer ohne Permit reisen. Bis hierher hatte ich ohne Kontrolle den Überlandbus Kangding–Batang benutzt, während Yama sich mittels diverser Minibusse an meine Fersen geheftet hatte.

«Bekommst du in Druparong am Checkpoint Probleme,

dann geh zwanzig Kilometer flussabwärts. Dort findest du eine Fähre, die die Chinesen nicht kontrollieren», hatte mir ein tibetischer Asylant in einer Münchner Wohnung zwei Monate zuvor verraten. «Und wenn das nicht geht», hatte er hinzugefügt, «dann lauf noch weiter den Fluss hinab bis zu einer Furt, wo Pferde hinüberkönnen. Pass am Checkpoint verdammt gut auf, das ist das Nadelöhr. Danach geht alles leichter.»

Als Yama und ich auf dem Batanger Markt inmitten einer Flotte von wartenden Autos hin und her liefen, um einen willigen Fahrer für unsere nächste Etappe zu finden, wurde ich zusehends aufgeregter. Alle Chauffeure winkten ab. «Einen Ausländer darf kein Taxi hinüberbringen», meinten sie und sogen mit einer gewissen Bestimmtheit an ihren Zigaretten. Auch wenn all diese Männer kniffen, fanden wir doch irgendwann einen mit einem Minibus. Sein kleines Gefährt glänzte so nagelneu, dass es vermutlich noch der Bank gehörte. Der Kreditnehmer brauchte also Geld. Leise unterhielt er sich mit meinem Guide, während ich herumstand. Die beiden Tibeter kicherten und lachten schon bald, anscheinend waren sie handelseinig geworden. Wie ich später beim Bier erfuhr, ging es dem Fahrer nicht nur ums Geld, sondern auch darum, den chinesischen Grenzern ein Schnippchen zu schlagen. Vom Markt fuhren wir zum Hotel. Dort hielten wir kurz an und ließen noch einen Tibeter zusteigen. Rasch luden acht Hände das Gepäck in den Wagen, dann nahm ich auf dem Rücksitz Platz und hüllte mich in Schweigen.

Die braungetönte UV-Folie auf den Seitenfenstern kommt meinem Versteckspiel sehr entgegen. Tief sinke ich in die fabrikneuen Polster. Allmählich gewinne ich die Ruhe zurück. Wir fahren los. Vom Rücksitz aus erhasche ich von der Landschaft, von halmgrünen Gerstenfeldern und weißen Blütenbäuschen auf Walnuss-, Apfel- und Mandelbäumen, nur flüchtige Eindrücke. Aus Vorsicht habe ich die Scheibe bloß einen

Spalt heruntergekurbelt. Aber der Spalt genügt mir, um mich am spritzigen Duft des Frühlingserwachens zu erfrischen. Schon holpert unser Gefährt durch die Kuhlen der Fahrpiste polternd und schaukelnd auf die Grenzbrücke zu. Als der erste Wachturm bedrohlich vor uns aufragt, kurbele ich das Fenster ganz hoch und verriegle die Schiebetür. Um nicht entdeckt zu werden, sitze ich hinten. Hinter Yama, auf dessen Rückenlehne ich nun meinen Kopf ablege. Unter dem in den Nacken geschobenen Filzhut werde ich mich bei einer etwaigen Kontrolle schlafend stellen und niemals, das schwöre ich mir, die Verriegelung der Schiebetür öffnen. Vor uns brummen im Leerlauf zwei Fünfachser mit Doppelbereifung. Mammutlaster, speziell für die tibetischen Pisten und Pässe konstruiert. Die tibetischen Fahrer strecken ihre Köpfe weit aus der Kabine und gestikulieren von oben hinab. Die chinesischen Grenzer vor dem Schlagbaum recken die Köpfe. Der Lärm der Dieselmotoren verschluckt jedes Wort. Die weißen Frachtpapiere werden von den Uniformträgern hin und her gewendet und lange inspiziert. Beide Laster sind so überbordend mit Armiereisen beladen, dass die gebündelten Eisenstangen wie ein Strauß welker Blumen über das Ende der Ladefläche ragen. Geraten sie ins Schwingen, müssen sie die Piste streifen, so tief hängen sie hinten herab. Unser knuffiges Gefährt, randvoll mit drei Tibetern und einem «Hellau» sowie den Expeditionssäcken und Yamas Rucksack, kommt eine Fußlänge vor den Eisenstangen zum Stehen. Wird der Ausländer bei der Kontrolle entdeckt? Wird seine Mission bereits in Batang kläglich scheitern?

Schweißnass sind meine Hände, die Fingerspitzen kribbeln. Mein Magen zwickt, als müsste er Reißnägel verdauen. Die Wartezeit hinter den Trucks dehnt sich. Minuten tröpfeln wie Stunden. Schon glaube ich ein Klopfen an der Scheibe zu hören, da heulen die Motoren der Laster auf, die Eisenbündel beginnen zu tanzen, und unser Taxi ruckt an. Haben wir die Durchfahrt wirklich ohne Kontrolle geschafft? Ich kann mir das Spinksen nicht verkneifen und schaue just in dem Moment nach draußen, als sich zwei Grüntöne begegnen: das Moosgrün der Uniform des Soldaten und das Smaragdgrün des drängenden Yangtse.

Wir werden durchgewinkt. Nun rückt der zweite Wachturm, bestückt mit Suchscheinwerfern, heran. Ich erspähe einen Soldaten auf der Plattform des Turms. Vor seiner Brust hängt eine Kalaschnikow, deren matt glänzender Lauf in den Himmel zeigt. Ohne Halt passieren wir den Brückenkopf. Ich atme auf. Yama lacht. Übermütig ballt er die zum Gruß erhobene Hand zur Faust. Sicher erreichen wir das andere Ufer. Wir erreichen Tibet – oder besser, das Restterritorium, das vom ursprünglichen Tibet übrig geblieben ist. Die Wortwahl «Restterritorium» mag irreführend klingen, bedenkt man, dass die Autonome Region Tibet mit 1,23 Millionen Quadratkilometern noch immer zweimal die Fläche von Frankreich misst. Doch wer die ältere Geschichte kennt, weiß, dass die Ausmaße des historischen Tibet 2,1 Millionen Quadratkilometer umfassten, was der sechsfachen Größe von Deutschland entspricht.

Der Staub, den die Monsterlaster aufwirbeln, raubt uns die Sicht auf den Smaragdfluss, der mit jeder überwundenen Haarnadelkurve tiefer sinkt. Beim Überholen der Tieflader in einer steilen Kehre wirbelt auch unser Wägelchen gelbe Pudererde auf. Ein für alle Mal lässt es die Wachtürme im Staub verschwinden. Kaum dass uns die Piste aus der Schlucht heraus auf ein windiges Plateau lenkt, versucht uns eine Wand zu stoppen. Aber der Fahrer lässt sich nicht beirren. Das Lenkrad fest im Griff, hält er auf sie zu. Auch wenn wir für Sekunden erblinden, fahren wir doch unbeschadet durch die Staubwolken hindurch, und schnurrend klettert unser blaues Büschen mit zwei singenden Tibetern auf den Vordersitzen und einem hustenden «Hellau» auf dem Rücksitz durch eine zweite Schlucht bergauf, der untergehenden Sonne entgegen.

In dünner Luft

Nehmen wir mal an, bloß so als Gedankenspiel, ein tibetisches Dorf namens Markham ließe sich in die Schweizer Alpen verpflanzen. In die vertrauten Berge versetzt, läge es hier auf nacktem, freudlosem Fels. Keine 450 Höhenmeter unterhalb der Spitze des Matterhorns. In dieser Höhe diente es allenfalls als Wettersturz-Refugium für angeseilte Alpinisten, nicht aber als Heimstatt für Almbauern. Das wirkliche Markham räkelt sich auf 4000 Meter Höhe in einem offenen Tal, umarmt von Buchweizen- und Gerstenfeldern. Wer wie wir aus der Provinz Sichuan heraufkommt und nach Lhasa will, muss einen zweiten Checkpoint in Markham, dem Osttor von Tibet, passieren. Auch wir wollten in die tibetische Hauptstadt, den Checkpoint allerdings, den umgingen wir in Camouflage. Doch dazu später.

Markham ist ein Straßendorf aus altem Lehm und bröckelndem Beton, dessen Klima ganzjährig unter einer ungleichen Verteilung der Kräfte leidet. Die chinesische Ladenzeile auf der einen saugt der tibetischen auf der anderen Straßenseite das Blut aus. Auch wenn es vor allem Tibeter sind, die auf beiden Seiten für Umsatz sorgen. Üppig bis zum Überfluss drängen sich auf der Seite der Zugereisten Esslokale mit scharfen, ölfrittierten Sichuan-Speisen, Apotheken mit Vitrinen voll westlicher Medizin, getarnte Friseursalons mit sündigem Angebot, Kaufläden, randvoll mit Seilen, Schaufeln und allerlei bäuerlichen Gerätschaften, und Läden für Elektro- und Haushaltsgeräte, in denen der Küchenmixer für die Zubereitung des Buttertees den aktuellen Renner bildet. Auf der Tibeterseite hingegen herrscht Armseligkeit. Zwischen Teestuben mit blinden Scheiben und Esshäusern mit zerbrochenen Schemeln vor der Tür lassen sich zwei, drei höhlenartige Werkstätten für Zweiräder und Karren ausfindig machen. Auch eine Handvoll Fleisch- und Yakbutterstände sowie eine Verkaufsstelle für Getreide finden sich hier, gerahmt von einstöckigen Klötzen mit schief hängenden Rollläden. Lieblos errichtet und über die Zeit vergessen, betteln einen diese Garagenhäuser an.

Gezwungenermaßen schauten wir uns zuerst in den Läden der Chinesen um. Wir brauchten noch allerlei, vor allem für Yama einen Sattel. Gegenüber dem roten Ortstempel stapelten sich lederne Militärsättel und buntes Zaumzeug unter der Markise eines Ladens. Da uns das Sortiment üppig erschien, übten wir uns in Geduld, entsprechend der Devise: Bevor man Schonbezüge für die Autositze kauft, kauft man das Auto. Wir stellten also den Sattelkauf zurück, denn zuallererst brauchten wir drei Pferde. Zwei zum Reiten und eines für das Gepäck. Eigentlich hätten wir bei der Menge an Utensilien ein viertes gebraucht, doch wie sollten wir diese kleine Herde zähmen? Wir waren auf vier Rädern nach Markham gekommen, weil mir alle, auch Exiltibeter in Deutschland, geraten hatten, erst auf tibetischem Terrain Pferde zu kaufen. Hier gäbe es Tiere zuhauf. Pferde in Scharen stünden an der Dorfstraße angepflockt. Auch Hufschmiede gäbe es hier und Pferdeheiler – und überhaupt alles rund ums Pferd.

Weit gefehlt! Anscheinend schöpften meine Informanten ihr Wissen aus längst verflossenen Zeiten. Tibet wird allerorts überschwemmt von Gütern und Waren «made in China». Bei dieser Warenflut kann sich jeder, der einen Bankkredit bekommt oder Geld besitzt, dem Konsum nur durch Verzicht widersetzen. Aber ein Pferd kauft niemand auf Kredit. Im Gegenteil: Pferde sind vom Aussterben bedroht. Nicht wegen unverantwortlicher Jagdgelüste, sondern weil sie als unmodern, als altmodisch und rückständig gelten. Wer modern sein will und auf der Höhe der Zeit ist, besitzt einen fahrbaren Untersatz mit zehn bis fünfzehn Pferdestärken. Die chinesischen Motorräder brachten in den vergangenen Jahren das Aus für das liebste Stück Vieh. Nur was lärmt und auf Straßen und Pisten Tempo verspricht und, wenn auch im Stottergang, Pässe überwindet, hebt Status und Prestige. Für die Gegenwart mag diese Viertaktmobilität genügen und fashionable sein, aber in der Zukunft? In zwei bis drei Jahren, spätestens wenn auch hier die Spritpreise explodieren und die Spritsubvention des Staates fällt, wird die nachwachsende Generation wieder die Ausdauer und Genügsamkeit des Equiden zu schätzen lernen.

So parkten in Markham und anderswo auf der Tibeterseite der Dorfstraße, insbesondere vor den öltriefenden Reparaturschuppen, ganze Pulks von kränkelnden Maschinen. Mit Schmuck und Zierrat am Chassis gebärdeten sie sich, als ginge es zum Rodeo. Vorn und hinten glänzten Zusatzlampen, heilige Aufkleber schmückten die Windschutzscheiben, ein flauschiger Teppich wärmte den Plastikbezug der Sitzbank, bunte Fransen am Gashebel und an der Kupplung verwandelten die Lenkergriffe in Zügel. Die Piloten dieser schmucken Gefährte waren sparsame Menschen. Mit abgestelltem Motor kamen sie von den Höhen herabgerollt. Oft handelte es sich um junge Nomaden, die noch in den Zelten bei ihren Eltern lebten. Sie kamen, um in den abgedunkelten Trink- und Teestuben oder in den vor Lärm vibrierenden Videohöhlen Geselligkeit und Abwechslung zu finden. Sie kamen schon früh am Morgen und blieben bis spät in die Nacht. Sie liebten das Trinken und auch das Kartenspiel. Dort, wo sie ihre Motorräder parkten, sprachen wir sie an. Im grünen Tal von Markham und in den umliegenden Weilern, versicherten sie uns, gebe es keine Pferde. Nur oben bei ihren Zelten, in der Abgeschiedenheit der Höhe, würden wir fündig. Wie sehr wir hofften, dass die Auskunft stimmte! Bereits zwei Tage hatte Yama schon gesucht und sein

Hinterteil sogar auf den Sozius eines mal jaulenden, mal hustenden Vehikels geklemmt, um auch in entfernten Siedlungen Pferde aufzuspüren.

Wie einen Tulku, einen erleuchteten Jungen, pflegten versprengte Bauernhöfe einen jungen Hengst zu halten. Einmal im Jahr musste er ein Pferderennen bestreiten, ansonsten hatte er Urlaub. Die meiste Zeit durfte das Luxusgeschöpf mit den Yaks, den Ziegen und Schafen sowie den Milchkühen, Dzomo, die spärliche Grasnarbe teilen. Anfang April, als Yama bei mehreren Haltern vorbeischaute, waren die verwöhnten Zöglinge nirgendwo zugeritten. Kam er ihnen zu nahe, schlugen sie aus und vertrieben ihn augenblicklich. Aus den meisten Gehöften, die wir gemeinsam aufsuchten, waren die Pferde verschwunden. Dafür standen verwaiste, traurig vor sich hin rostende Motorräder und zweirädrige Handtraktoren mit Lenkern wie Insektenfühler im hintersten Winkel des Hofes herum. Wegen eines Plattfußes, ihres blinden Chroms oder ihrer abgeknickten Lampen schienen sie sich schamhaft zu verstecken. Was für ein Jammer! Einst galt das Pferd als sakrales Wesen und wurde hoch verehrt. Als Pferd des Windes schmückt es die Ikonographie und trägt die Atemseele des Menschen, aber auch die Idee der buddhistischen Lehre in die Sphären hinaus. Unvorstellbar, dass ein leichtes Motorrad diese Bürde schultern könnte.

Am dritten Tag nach unserer Ankunft traten wir in aller Frühe auf die verschneite Dorfstraße hinaus. Augenblicklich fuhr die Kälte des jungen Aprilmorgens so zupackend in meine Lungen, dass ein Hustenanfall den Rest Schlaftrunkenheit verscheuchte. Nach unserer zweiten Nacht im Doppelzimmer eines verklinkerten Betonhotels mit Eisblumen an den Scheiben brauchten wir diesen Kälteschock, um unser Vorhandensein zu spüren. Wie wir so auf der Straße standen, trug ich den australischen Wildhüterhut und darunter – das hatte ich von den Tibetern abgeguckt – ein Halstuch eng über den Ohren. Das bunte Tuch diente mir als Schutz gegen den Wind, unseren anhänglichen, aber ungewollten Gefährten. Yama hatte sein schwarzes, schulterlanges Haar mit einem gewaltigen Cowboyhut aus schwarz glänzendem Kunststoff bedeckt, in dessen Krempe eine Plastikkordel gefädelt war. Für ein Accessoire an diesem Hut gehörte ihm meine Bewunderung. Am Abend hatte er bei Kerzenschein Nieten, die von einem Pferdehalfter stammten, rund um den Hutaufsatz befestigt. Dieser Hutschmuck bestätigte meine Vermutung, dass der Tibeter der Tibeterin in nichts nachsteht, wenn es ums Herausputzen geht. Unbedingt wollte ich das von meinem Tibeter lernen, um auch meinem Äußeren eine gewisse Verwegenheit zu geben. Yamas Hände steckten in den tiefen Taschen des neuen roten Anoraks, während ich einen Tagesrucksack in der behandschuhten Rechten hielt. Drei Liter Wasser, zwei Aluflaschen voll, trug ich darin als Vorrat mit. Von früheren Touren wusste ich, mit Trinken lässt sich das Hämmern hinter den Schläfen mildern und dem Höhenkoller begegnen.

Ortskundige hatten uns am Vorabend gegen ein paar Gläser Bier den nächsten Weg zu den Nomaden verraten. Für die ersten zehn Kilometer talwärts Richtung Süden hatten wir noch spät am Abend eine Taxifahrt organisiert. Zwar stand das Dorftaxi am Morgen schon abfahrbereit vor dem Hotel. Aber was nützt die ganze Pünktlichkeit, wenn das Wetter nicht mitspielt? Uns neckte der tibetische Himmel mit seiner ganzen Unberechenbarkeit. Hinter den Lehmhäusern am Ortsausgang, wo die Steinmauern der Felder begannen, fiel ein so heftiger Hagelschauer über uns her, dass das bleiche Gesicht des chinesischen Fahrers den Rest an Farbe verlor und kränklich grau von der weiß bombardierten Frontscheibe abstach. Gegen den Hagelschlag auf das Autodach drehte das Graugesicht die Radiomusik auf höchste Stufe. Auch die Scheibenwischer stellte der Fahrer auf maximal, dass sie nur so hin- und herflippten.

Der Hagel von Tibet ist berüchtigt. Da über der bergigen und hochgelegenen Landschaft Luftturbulenzen und Aufwinde gang und gäbe sind, kann sich das Wetter aufführen wie eine hin- und herschlagende Pendeltür. Man ahnt ja nicht, dass sich Bataillone von Hagelkörnern in düsteren Regenwolken hinterhältig verstecken. Diese Körner sind nichts anderes als schockgefrorene Regentropfen, die durch Luftverwirbelungen wie Zuckerwatte zu Fäden aus Milliarden von Eiskristallen angewachsen sind.

Bedachtsam setzte der Chinese die Fahrt auf der Schotterpiste im Kriechgang fort. Während er sich im ersten Gang durch Schlammpfützen und Hagelfurchen mühte, klarte der Himmel schon wieder auf. Alsbald fegten Windböen um Windböen den Raum über dem Talboden frei und verscheuchten die Trübsal aus unseren Gedanken. Eine halbe Stunde später, an einem gefrorenen Bachlauf im empfohlenen Weiler, entlohnten wir unseren Fahrer und begannen in Begleitung eines Bauernmädchens unverzüglich mit dem Aufstieg zur Hochweide der Nomaden. Yama scherzte schon bald mit dem Mädchen, während mir der rasche Anstieg auf dem Yakpfad den Atem raubte. Noch keine 300 Höhenmeter hatten wir geschafft, da schnappte und japste ich bereits wie ein Ertrinkender. Die Freude an den Bergen und den Spaß am Bergsteigen habe ich von meinem Vater gelernt. Immer sonntags, wenn sein Geschäft geschlossen hatte, fuhren wir ins Allgäu und stiegen auf einen Berg, der mir als Sechsjährigem mächtig hoch vorkam. Gesprochen wurde bei diesen Ausflügen nicht viel, dafür umso strammer marschiert. Am Gipfel saßen wir dann zufrieden, mein Bruder und ich und unser Vater zwischen uns beiden, und mampften Butterbrote. Wir Buben fühlten uns groß und waren stolz, weil uns der Wind der Erwachsenenwelt um die Nase wehte.

Mein an die süddeutschen Erhebungen gewöhnter Organismus stand noch ganz am Anfang. Am Anfang in seinem Kampf mit der dünnen Luft. Beharrlich zog sich der Weg einen

Grashang entlang. Nicht sonderlich steil, doch höher und höher. Der Luftdruck sank ganz langsam. Die Zahlen des Höhenmessers am Handgelenk hingegen stiegen an. Schon ergaben sie 4100. Nur noch 400 Meter, dann stünde ich auf einer Höhe, die dem Gipfel des Matterhorns entspricht.

Tiefe Trittmulden hatten die Yakherden, die erst vor kurzem zu den Sommerweiden hinaufgetrieben worden waren, in dem morastigen Hang hinterlassen. Den frischen Spuren dieser bis zu sechs Zentner schweren Felltiere folgten drei Fußgänger. Ich, gefangen in lähmender Erschöpfung und mit bleiernen Schritten, die unaufhaltsam schwerer wurden. Der ganze Mann kam zum Einsatz. Der Körper flehte alle paar Tritte um eine Spende. Der Mund hätte doppelt so groß sein müssen, um den Bedarf an Atemfülle zu erhaschen. Der ganze Körper war süchtig nach immer mehr Luft. Mein Bedarf an Atemluft musste irrsinnig angewachsen sein, das bildete ich mir zumindest ein. Dabei war meine Nachfrage nach dem Lebenselixier gleich geblieben. Genauso wie die 21 Prozent Sauerstoff im Gasgemisch der Luft. Was sich jedoch dramatisch verändert hatte, war der Druck, mit dem die Luft in meine Lungen einströmte.

Seit 1648, seit Blaise Pascals Forschungswanderungen, weiß die akademische Welt, dass mit zunehmender Höhe das Gewicht der Luftsäule auf die Erde abnimmt. Dadurch vermindert sich zwangsläufig der Druck des einströmenden Gemischs der Atemluft. Dass mein Körper mit der Verringerung des sogenannten Sauerstoffpartialdrucks fertigwürde, war keine Frage. Aber nur sehr, sehr langsam würde er das schaffen. In einer Phase von mehreren Tagen. Es dauert so lange, weil sich der Organismus eine bessere Verwertung der vermindert einströmenden Luft aus eigener Kraft organisieren muss, was er durch vermehrte Produktion roter Blutkörperchen erreicht. Die Bildung dieser Sauerstofftransporteure darf auf keinen Fall durch zu schnelles Aufsteigen forciert werden. Leicht wird der rote Lebenssaft zu dick, und es kann zu einem Schlaganfall kommen.

Für das Fortkommen auf dem Yakpfad musste ich den Takt meines Pulsschlags möglichst niedrig halten, indem ich Schritt auf Schritt in großen Etappen setzte. Wehe, wenn man die Schrittfolge nur kurz, nur wenige Atemzüge unterbricht. Sofort gerät man unter einen Zwang, der zu einer zweiten, einer dritten, einer vierten Unterbrechung in immer kürzeren Abständen führt. Jeder Stillstand wirft einen zurück, denn im Stand schnellt der Puls kurz nach oben. Vorbei ist es mit dem ruhigen Atmen. Schon setzt ein Hecheln ein. Schon schießt Adrenalin in die Blutbahn ein. Augenblicklich erteilt das Gehirn das Signal: Alarm, Stressatmung anfachen! Folglich beginnt das Herz zu rasen. Panik springt einem an die Gurgel, es wird einem schwindlig. Im Handumdrehen steht man auf dem sich schneller und schneller drehenden Karussell. Noch mehr japsen. Noch verzweifelter nach Luft schnappen. Panische Angst vor einem Lungenödem oder einem Herzinfarkt besetzt die Gedanken. Schon mancher ist in solchen Momenten vor Verzweiflung durchgedreht. Selbst jetzt, da ich mechanisch langsam voranschritt, drückte mir bereits das Herz, als wäre es zu groß für das Rippengefängnis.

Das nasse Gras unter meinen Bergstiefeln hatte sich zwar von der Schneedecke des Winters befreit, doch sein Saftgrün noch nicht gefunden. Bastbraun zog sich eine zertrampelte Wildwiese bis zu einem Gratwäldchen aus struppigen, alten Kiefern und Büscheln von Heidekraut und Azaleen hinauf. Erst am Grat und keinen Schritt früher werde ich wieder trinken. Erst oben werde ich anhalten. Das nahm ich mir fest vor, diesen Befehl hämmerte ich mir ein. Disziplin und Ausdauer am Berg, das hatte schon der Vater dem kleinen Uli auf Wanderungen im Allgäu gepredigt und vorexerziert. Damals habe ich gelernt, mich durchzubeißen, heute kann ich diese Erfahrung gut brauchen.

Yama und das Bauernmädchen, mehr Kind als Frau, liefen voraus und ließen sich durch mein Zurückfallen nicht beirren. Anfangs bewunderte ich sie noch. Doch mit der Zeit durchschaute ich ihre Gehtechnik, und diese kam mir nicht mehr überlegen vor. Im Grunde nutzen alle Tibeter die Kraft ihrer Beine explosiv. Sie rennen los, um nach nicht allzu langer Zeit anzuhalten und zu rasten. Nach diesem Stop-and-go-Prinzip können sie zwar große Strecken zurücklegen, jedoch nur unwesentlich schneller und effektiver als bedächtige, aber stetige Geher. Ich als Bewohner eines niederen Landes setzte auf Schritte hartnäckiger Gleichförmigkeit und erreichte den windigen Grat kurz nach meinen Vorläufern. Hier zeigte der Höhenmesser 4480 Meter.

Der Rundblick verwirrte mich, denn alles wirkte so vertraut, beinahe glaubte ich, auf den Höhen einer lieblichen Hügellandschaft angekommen zu sein. Nirgendwo Felsen, Abrisse und Schroffen, was in den Alpen auf dieser beachtlichen Höhe zu erwarten wäre. Vielmehr kam es mir vor, als wäre eine Heidi-Landschaft um 3000 Meter angehoben und auf alpiner Gipfelhöhe platziert worden. Hügel an Hügel, aufgereiht wie im Angebot, formten eine Landschaft, die sich wölbte wie unter einer streichelnden Hand. Welkbraunes Weideland, in dessen Rücken sich Strauchinseln verkrallt hatten, zog sich hin bis zu den himalayischen Kordilleren. Eine Schneedecke lag um diese Jahreszeit nur noch auf den Steilhängen der fernen Weltgipfel. Gleißend schimmerten sie im Dunst. Für einen verwirrenden Augenblick glichen ihre Spitzen einer Regatta der imposantesten Segler der Weltmeere.

Am windigen Grat begrub ich schnell alle Erwartungen, mein Ziel rasch erreichen zu können. Überhaupt sollte sich für die weitere Reise das Aufgeben hoher Erwartungen als förderlich und entspannend erweisen. Zwar fiel der Grashang des Pfads hinter dem Grat wieder ab, aber nur, um in Sichtweite wieder anzusteigen und dem Horizont entgegenzuwachsen.

Beim Anstieg zum zweiten Grat kam uns auf einem Geröllfeld ein einsamer Reiter entgegen. Er unterbrach seinen Ritt und begann vom Pferd herab eine Unterhaltung mit meinen Begleitern. Ihr Innehalten nutzte ich zum Trinken und Verschnaufen. Entsetzlich, wie mir beim Aufdrehen der Flasche die Hände zitterten. Und beim Trinken auch noch die Lippen dazu. Noch immer litt ich unter Herzdrücken, jetzt bildete ich mir sogar ein, mein Herzgefäß sei im Rippengefängnis weiter angeschwollen.

Nur zum Trinken und Verschnaufen gönnte ich mir diese Pause. Das Fotografieren ließ ich sein. Als der Reiter mich erblickte, erstarrte er für einen Augenaufschlag vor Schreck. War ich der erste Fremde mit heller Haut, der in seine Abgeschiedenheit vorgedrungen war? Er musste zu den Nomaden gehören; so herrisch bewaffnet mit Lasso und Lendenschwert, die Schultern von einem Pelz umhüllt, saß kein Bauer auf dem Pferd. Einen so lebhaften Blick sandten seine nerzbraunen Augen zu mir herab, dass ich kurz glaubte, einen Tibeter in mittleren Jahren vor mir zu haben. Doch die Kerben in der Haut seiner Wangen und in den knochigen Handrücken verrieten ein langes Leben unter erbarmungsloser Sonne. Das breite Antlitz war umrahmt von einem schwarzen, mit der roten Kordel der Khampa verlängerten Zopf. Er trug Ohrringe, gefasste Türkise, und die dunkle Haut strahlte wie bronziert. Mit geradem Rücken saß der Nomade auf einem winzigen Holzsattel, über den er einen bunten Wollteppich geworfen hatte. Aus dem Sattel heraus herrschte er von der ersten bis zur letzten Sekunde über unsere Begegnung. Derweil verharrte sein Pferd geschult. Selbst als ich näher trat und es einschmeichelnd am Hals berührte. Zu gern hätte ich an der Würde des alten Nomaden partizipiert. Doch im Moment konnte ich diese königliche Erscheinung nur neidisch bewundern. Noch fehlte mir ein Pferd, das mir zumindest einen Anflug von Erhabenheit verliehen hätte. Vor lauter Pragmatismus steckte ich in der olivgrünen, plumpen Pelle einer skandinavischen Jägeruniform. Die Pelle mochte zwar winddicht, lichtecht und atmungsaktiv sein, doch sie machte wenig her, war mehr Tarnung als Schmuck. Wie ich so dastand und zu dem alten Khampa aufschaute, fühlte ich mich ziemlich elend. Minuten des Schauens verstrichen. Irgendwann streifte ich die Missgunst ab und gestattete mir, ihn vorbehaltlos zu bewundern. Sofort war ich versöhnt, und es ging mir besser. Meine Begleiter standen noch so lange herum, bis er sein Pferd mit einem peitschenartigen *tschu* anlaufen ließ. Er war es, der bestimmte, wann wir uns in Bewegung zu setzen hatten. Kaum dass er dieses «Los» ausgerufen hatte, verabschiedeten sie sich mit einem überstürzten *demo*. Bergauf setzten wir unseren Weg fort, während er dem Tal entgegenritt.

Endlich, nach einem mühsamen Aufstieg zum zweiten Grat, erblickte ich hinter der Kuppe ein Hochtal mit Nomadenzelten. Winzig, schwarzbraun, wie kleine Termitenhügel drängten sie sich aneinander. Und sie waren zu Fuß erreichbar. Es gab sie wirklich, in echt, sie waren kein Gespinst eines höhenkranken Hirns. Auf dem Grat hätte ich auf die Knie sinken mögen, nicht aus Dankbarkeit, sondern vor Erschöpfung. Der Höhenmesser, den ich mühsam unter meinem Jackenärmel hervorpulte und aktivierte, kletterte auf 4780 Höhenmeter. Gerade wollte ich mich auf die Fersen hocken und verschnaufen, da ertönte ein Jauchzer. Winkend munterten mich meine Begleiter auf, ihnen augenblicklich zu folgen. Übermütig wie Kinder rannten sie bereits in Schleifen den Grashang hinab. Ich folgte ihnen gezwungenermaßen, fand aber schwerlich Spaß an diesem Spiel. Als wir ein gutes Stück bergab gelaufen waren, stockte plötzlich mein Schritt. Ich musste zweimal hinsehen. Zwischen grünen Laubbüschen tummelten sich Pferde. Weiße, braune, graue und zwei Rappen. In einer Herde grasten sie am Hang unter den schütteren Kronen alter Eichen und ließen sich nicht stören. Sie hörten uns nicht kommen, denn der Wind ging in unsere Richtung. Erst als die Yaks Witterung aufnahmen, hoben auch sie die Köpfe und blickten zu uns herauf. Vor lauter Aufregung rannten wir schneller, schneller ihnen entgegen. Aber auf mehr als fünfzig Meter ließen sie uns nicht heran, augenblicklich brachen sie seitwärts aus. Haut nur ab, dachte ich, unten bei den Zelten finden wir ganze Herden von euch Schlawinern.

Wir liefen schneller dem Talboden entgegen. Doch auch die Zelte schienen sich zu bewegen. Auf unerklärliche Weise rückten sie immer wieder von uns weg. Nach kurzem Überlegen dämmerte mir, dass dies an der klaren Höhenluft liegen musste. Man glaubt, das Ziel sei nahe, doch es ist noch weit entfernt, weil die reine Atmosphäre das Auge täuscht. Ein Schafhirte trieb uns eine Herde mit hopsenden Lämmchen entgegen. Noch aus der Ferne rief er in barschem Ton dem Bauernmädchen etwas zu. Die Maid nickte kurz. Quer über den Hang lief sie augenblicklich zu ihm hin. Wenig später wurde mir klar, was er von ihr wollte. Sie sollte seine Schafe hüten. Er gesellte sich zu uns und übernahm die Führung. Ich fragte mich, ob sich die beiden kannten? Hatte doch das Mädchen wie selbstverständlich gehorcht.

Der Hirte ging mit Yama auf dem aufgewühlten rotbraunen Talboden voraus, und ich, mit wenig Haar gesegnet, konnte seine Haarpracht aus nächster Nähe bewundern. Wie geöltes Ebenholz glänzte das schwere Bündel vom Scheitel bis zum Nacken in der Sonne, die inzwischen den Zenit erklommen hatte. Ein Hund schlug an, ein zweiter tat es ihm gleich, und ein dritter bellte so wütend, dass es mir vorkam, als hasste er sich in seiner vierbeinigen Existenz. Ein Kind fing an zu weinen, gewiss hatte es sich durch das Gebell erschreckt. Wir bogen um einen Zaun aus aufgeschichteten Brennholzscheiten und standen vor der Armut.

Drei Yakhaarzelte gruppierten sich um einen windschiefen

Unterstand aus grobbehauenen Kiefernbalken, unter dessen Dachsparren Schlachtfleisch – Lungen, Gedärme und entbeinte Hüftkeulen – zum Trocknen hing. Darunter lag ein schwarzer Yak, an einem kurzen Strick angepflockt, auf dem Boden. Um den Hals trug er ein Gestell, das einem hölzernen Schraubstock glich. Wie ich später erfuhr, hatte er sich bei einem Sturz zwei Halswirbel gebrochen und wurde mit dem klobigen Holzgestell geschient. Ein zweiter Yak lag wie ein schwarzgrauer Wollhaufen in den Fladen seiner Scheiße und röchelte matt. Vor ihm kniete eine junge, erschreckend abgearbeitete Frau, die ein Neugeborenes auf dem Rücken festgebunden trug. Voller Hingabe tränkte sie das hingestreckte Tier mit einem Eimer aus faltiger Yakhaut. Mein Guide, der aus einer Nomadenfamilie kam, erkannte sofort, dass der Yak im Sterben lag. Ich hatte es geahnt. Ich schwieg und beobachtete in stiller Ehrfurcht, wie sich das Tier anschickte, ins Jenseits hinüberzuwechseln, während die Frau mit dem Neugeborenen auf dem Rücken es ein letztes Mal tränkte. Das Zusammentreffen von Fortgang und Ins-Leben-Drängen sollte mir noch öfters begegnen. Allerdings erst später, erst als sich die einzelnen Reisetage wie Schritte zu einem Marsch zu formen begannen, fing ich an zu verstehen, dass Leben und Tod nicht zufällig aufeinandertrafen. Wie mir heute erscheint, existiert von Natur aus eine Balance zwischen beiden. Auch wenn sie uns beim flüchtigen Hingucken als Zufall erscheint, existiert sie doch gesetzmäßig und andauernd. Mit dem Tod meines Vaters und der damit verbundenen Reise, die mich tief ins Leben der Tibeter und zugleich zu mir selbst führen sollte, sah es nicht anders aus. Abends, in der Zeit der Tagebuchnotizen, erlangte ich irgendwann die Gewissheit, dass die Mission, zu der mich der Vatertod verpflichtet hatte, nichts anderes war als eine Herausforderung an die Kraft, das Leben zu bestreiten.

Nach der Gnadentränkung nahm die Frau den Ledereimer auf und schritt uns voran durch einen Schlitz in der Zeltwand.

Kaum war ich hinter ihrem Rücken durch den Spalt getreten, stand ich wieder im Freien, denn die weit geöffnete Kuppel des Zeltdachs bildete einen kreisrunden Durchlass zum Himmel und ließ das Sonnenlicht herein. Im Inneren qualmte ein verrußter Aluminiumkessel auf einem gemauerten Lehmherd, der den Mittelpunkt des Zeltlebens ausmachte und viel Raum einnahm. Mit einer Geste bot uns die junge Nomadenfrau an, auf schmierigen Fellen am Boden Platz zu nehmen. Rasch rieb sie zwei Trinkschalen mit einem vor Dreck starrenden Lappen aus und stellte die Schalen vor uns auf die nackte Erde. Während sie von dem bereits länger köchelnden Buttertee eingoss, konnte ich mich ungeniert umsehen. Entlang der Zeltwände stapelten sich verbeulte Metallkisten, eingerollte Decken und Säcke aus Hanf, auf denen Streifen von Fleisch wie Handtücher zum Trocknen ausgebreitet lagen. Das Zeltdach mit seiner aufgeklappten Kuppel ruhte auf zwei Holzstangen, von denen die eine als Garderobenstange und die andere als Kosmetikstange diente. Zwischen der Zeltwand und der Garderobenstange spannte sich ein Seil, über das die gesamte Familiengarderobe, Jacken, Hosen, Hemden und Schürzen, in mehreren Lagen hing. An der Kosmetikstange hingen ein Spiegel und drei rostige Blechbüchsen, aus denen zwei Zahnbürsten, ein Kamm und einige ausgedrückte Tuben hervorschauten. Darunter an einem groben Nagel ein Handtuch, dessen Frühlingsfarben nur noch zu erahnen waren. Mein Blick fiel auf ein gerahmtes Foto über der Hygienegarnitur. Es zeigte den «Großen Ozean», dessen mongolischen Namen Dalai Lama hier keiner kennt, denn auf Tibetisch nennen sie ihn Gjawa Rinpoche. Trotz Verbots hing das Konterfei des lächelnden Gjawa in der Zeltbehausung an höchster Stelle, um den gläubigen Bewohnern Schutz und ein segensreiches Wohnen zu gewähren.

Obwohl das Zeltdach offen stand, roch es auf unseren Plätzen am Herd bitter nach Feuerholz und süßlich nach luftgetrocknetem Fleisch. Als Beigabe zum Buttertee stellte uns die

Frau eine Blechschüssel hin, in der ein Rippenbogen vom Yak lag. An den grauen Knochen hing Trockenfleisch, das grünlich schimmerte. Mich ekelte und Yama auch. Mein Tibeter verzog das Gesicht und rührte nicht einmal den Tee an.

Von meiner Umrundung des heiligen Berges Amnye Machen wusste ich, dass Nomaden gern angegorenes, sauer riechendes Fleisch essen. Um dem Fleisch diesen Hautgout zu verpassen, vergraben sie es in einem Sack in der Erde. Angewidert vom Anblick des muffigen Fleischs und vom käsigen Geruch der grünlich gelben Brühe, nippte ich mehr aus Durst als aus Höflichkeit an der hölzernen Trinkschale. Längst waren unsere Wasservorräte aufgebraucht. Meine Kehle brannte, und der Gaumen fühlte sich an, als wäre er mit einem Wattebausch verpfropft. Wie ich so matt am Boden hing, fragte ich mich, wo sich wohl der Rest der Familie herumtrieb? Ich drängte Yama, der sich gerade in die Lage des Ruhenden Löwen begeben wollte, unser Vorhaben nicht zu vergessen. Abermals schlug der Kettenhund an. Wir richteten uns beide aus unserer Seitenlage auf und schauten gespannt zum Spalt in der Zeltwand. Aber wir blieben auf den Fellen liegen. Dafür raffte die Frau ihr langes Gewand, strich die Schürze glatt und trat an den Herd. Durch den hellen Schlitz im schwarzen Yakhaar musste gleich jemand eintreten, denn draußen wurde es laut.

Ein bärtiger Tibeter, der ein Bein nachzog, schob sich durch den Schlitz in der Zeltwand und ließ sich stöhnend auf eines der Dreckfelle am Lehmherd sinken. Als wäre sie seine Sklavin, hastete die Frau mit einer vollen Schale Tee an sein Lager und reichte sie ihm kniend. So grußlos, wie er hereingekommen war, so ohne Dank nahm er den Buttertee entgegen. Nach drei, vier Schlucken begannen er und mein Begleiter eine lange Unterhaltung, gespickt mit Gesten, Ausrufen und Grimassen, die mich zwar erheiterten, aber ich verstand keine Silbe. Zweimal drehte Yama den Kopf in meine Richtung und murmelte: «Nicht gut, gar nicht gut.»

Nach gut einer halben Stunde stand der Zeltherr auf und humpelte wortlos davon. Mein Guide blieb mit umwölkter Stirn am Boden sitzen, und wie ein verstocktes Kind stieß er ein Stöckchen in die Erde. «Was ist passiert? Was hat er gesagt?», fragte ich ihn.

«Stupid man», brummte Yama wie eingeschnappt. Ärgerte er sich über mich, über mein dreistes Fragen? Oder über den Humpler? Der erste kritische Moment unserer Expedition schien sich bereits an Tag drei anzubahnen. Ernsthaft fragte ich mich, was für Gefühlsausbrüche hier auf mich zukamen.

Abgehackt, beinahe stotternd, sagte Yama: «Er hat keine Pferde zum Verkauf.»

«Unmöglich! Aber wir haben am Hang doch Pferde gesehen. Sechs, vielleicht acht. Was ist mit denen?»

«Die verkaufen sie nicht, die sind noch zu jung, die sind nicht mal zugeritten. Hast du nicht gesehen» – dabei huschte ein Anflug von Spott über sein dunkles Gesicht –, «die trugen alle keine Halfter! Wie soll er die so schnell einfangen? Mit seinem kaputten Bein. Aber» – jetzt schmunzelte Yama schelmisch –, «ich habe ihm befohlen, zwei oder drei eingerittene zu besorgen. Und zwar nicht zu langsam. Er versprach mir, in die nächste Siedlung zu reiten und gute Pferde mitzubringen. Wir müssen uns nur gedulden.»

«Okay, dann warten wir eben», entgegnete ich versöhnlich und machte es mir auf dem Fell unterhalb der Ausdünstungen des Trockenfleischs bequem.

Die Mittagssonne stand noch immer über dem runden Loch im Zeltdach und schickte wie ein Scheinwerfer grelles Licht auf den Lehmofen und den Platz mit den Matten und Fellen. Am unteren Rand des Dachs, im Schatten, stapelten sich die Vorräte und versperrten uns den kühlen Platz. So blieb uns nichts anderes übrig, als in der Sonne auszuharren. Ich schluckte. Mein Magen verkrampfte sich, als ich meine müden Knochen auf der über und über mit fettigen Dreckspuren besudelten Matte ausstreckte. Aber die Erschöpfung siegte über den Ekel. Um mich abzulenken, stellte ich mir vor, wie begeistert Kleinkinder in Matschepampe spielen. Schon bald musste ich in der Hitze eingenickt sein, denn als ich aufwachte, hatte sich der Sonnenstand merklich verändert. Unverändert saß die hagere junge Frau hinter dem Lehmherd und starrte aus tiefliegenden Augen zu mir herüber. Ob sie Mitgefühl angesichts meiner Schwäche empfand? Oder einfach das Bild eines Fremden in sich aufsog? Eines Fremden mit bleicher Haut und hoher Nase, der nicht im Fernsehen, sondern in natura erschienen war. Nie würde ich ihre Absicht erfahren, denn ihr Mann kam ins Zelt gehumpelt und winkte uns lachend nach draußen.

Angebunden am Gatter, beugte sich der Jammer unter der Last des Alters. Ein struppiger Schimmel und ein Grauer mit versprengten weißen Flecken hinter dem Widerrist ließen ihre Köpfe hängen, als erwarteten sie des Schlächters Todesstoß. Beide sahen aus, als hätten sie den harten Winter um ein Haar nicht überlebt. Abgemagert zum Skelett, würden sie nach einem Tagesritt unter Reiter und Gepäck zusammenbrechen. Zu meinem Erstaunen ließen mich die beiden Hungerleider anstandslos an sich heran. Vorsichtig näherte ich mich. Sie rührten sich immer noch nicht. Alles Zahme an ihnen konnte nur von ihrer erbärmlichen Schwäche herrühren. Als ich ganz dicht herantrat, glaubte ich Angst in ihren großen, vorgewölbten Augen zu entdecken. Behutsam versuchte ich dem Schimmel an den Beinsehnen entlangzustreichen, um den Zustand seines Laufwerks zu examinieren. Doch abrupt wehrte er sich und trat mit der Vorderhand aus. Wie ich mich nun dem Grauen zuwandte, scheute auch er und machte einen Satz zur Seite. Da merkte ich, dass etwas mit seiner Hinterhand nicht stimmte. Ich deutete dem Humpler an, den Grauen zu besteigen und eine Runde auf dem Grasboden vor den Zelten zu reiten. Ohne Sattel schwang er sich auf den niedrigen Rücken und trat dem Tier harsch in die Flanken. Es machte einen Satz und galoppierte an.

O weh! Deutlich sah ich die Bescherung – der alte Gaul hinkte wie sein Herr. Nie und nimmer würden wir mit diesen Mähren Lhasa erreichen. Ich hätte auf der Stelle in Tränen ausbrechen können. Wofür hatten wir uns hierherbemüht und über zwei Stunden ausgeharrt? Um solch eine Ernüchterung zu erleben? Nein! Mein Kopf glühte, hinter den Schläfen hämmerte es wie unter Dampf, und der Gaumen fühlte sich an wie in einem Gebläse getrocknet. Mir tat der Magen weh, als hätte ich ihn verätzt. Wie anfällig ich doch gegen unkalkulierbare Vorkommnisse war, wie dünnhäutig ich einer Nichtigkeit begegnete. Ich erschrak über diese alte Schwäche. Mit Mimosenhaftigkeit würde ich die echten Probleme, die mich erwarteten, schwerlich meistern können. Wie ich mir das eingestand, vernahm ich ein Rauschen über dem Kopf und blickte nach oben.

Wolken, die am Morgen noch luftigen Sonnensegeln geglichen hatten, schoben sich nun wie grimmige Himmelswächter mit tiefhängenden Wasserbäuchen über das Firmament. Würde es gleich wie aus Eimern schütten, blitzen, donnern, schneien, hageln? Da entdeckte ich einen Vogel, einen Vogel, so groß, wie ich noch keinen gesehen hatte. Flügelschlag, Segeln, Flügelschlag, Innehalten und Segeln – in diesem Rhythmus zog er Kreise in so niedriger Höhe, dass ich den krummen Schnabel und die Federkrause um den rosaroten, nackten Hals erkennen konnte. Ein Bartgeier musste das sein. Einer jener Vögel, die auf den Leichenäckern das Fleisch der Toten so sauber abfressen, dass nur noch ein blankes Skelett liegen bleibt. Die Spannweite eines Adlers reicht bei weitem nicht an die eines Bartgeiers heran, der ganze Lämmer mit seinen Krallen in die Luft heben und mit ihnen wegfliegen kann. Der Riesenvogel segelte ungemein prächtig daher und zerschnitt die Lüfte mit seinen Schwingen so beruhigend, dass meine Ängste augenblicklich verflogen. Hätte er nur eine einzige Feder von seiner grausamen Schönheit den beiden elenden Kreaturen abgetreten, ich hätte diese anstandslos und überteuert gekauft. Wie ich, meinen Kopf weit zurückgebogen, dem Geier nachsah, fragte ich mich, ob ihn womöglich der sterbende Yak angelockt hatte?

Unerwartet hörte ich in meinem Rücken eine Stimme, die ich noch nicht kannte. Ein weiterer Nomade hatte sich zu uns gesellt und rief aus nächster Nähe marktschreierisch: «Gute Pferde, sehr gute Pferde, nicht älter als sechs Jahre. Ja, ihr könnt sie günstig haben.» Was für ein dreister Kerl! Für wie dumm hielt der uns? Yama stand nur da und grinste, als ich anfing, das lahmende Pferd mit dem hängenden Kopf zu imitieren, und über den holprigen Boden lief, als führte ich einen Todestanz wie der in Öl gesiedete heilige Veit auf. Ich tanzte nicht zur Erheiterung der Runde, obwohl sich diese amüsierte, sondern aus Verzweiflung und Wut. Ich musste mich abreagieren, auch wenn mich das Gliederzucken und das Umhergehopse restlos erschöpften. «Was tun?», fragte ich atemlos meinen Guide, der mich noch immer mit weit aufgerissenen Augen anstarrte.

«Beruhige dich, wir haben keine Wahl. Wir müssen zurück!», brummte er und wandte sich grußlos dem Aufstieg zum Grat hinauf zu. Mehr aus Verzweiflung als aus Wut packte ich mit beiden Händen mein Fliegengewicht von Tagesrucksack und stolperte ihm hinterher, allerdings nicht ohne den zusammengelaufenen Nomadenfamilien zum Abschied zu winken.

Die rotbraunen Erdklumpen pappten wie Kleber an meinen Sohlen, so kam es mir jedenfalls vor, als ich über den sumpfigen Talgrund stapfte. Ein Zentnergewicht schien mich in den Boden zu pressen. Ich kannte das Gefühl von Alpenüberquerungen und wusste, dass es noch härter kommen würde. Vor allem in dieser extremen Höhe und ohne Trinkwasser. Keine Viertelstunde später gesellte sich wortlos die Bauerntochter zu uns. Irgendwie verändert kam sie mir vor. Ich zermarterte mir das Hirn und nutzte das als Ablenkungsmanöver, um den bohrenden Gedanken an Trinkwasser zu verdrängen. Meinem Gehirn erging es nicht besser als meinen Füßen, stumpfsinnig absolvierte es seine Pflicht. Das Mädchen stieg mit Yama voran. Da ich sehr langsam aufstieg, sah ich nur ihren schmalen Rücken. Ich kam nicht drauf, was an ihr anders war. Wieder passierten wir die Yaks, an denen ich mich so tumb vorbeiquälte, dass sie nicht mal ihr Fressen unterbrachen und ein paar Tritte zur Seite taten. Nach den jungen Pferden schaute ich mich erst gar nicht mehr um. Ich zwang mich, nur auf den winterbraunen Grasboden vor meinen Schuhspitzen zu schauen. Bewusst vermied ich jeden sehnsüchtigen Blick in Richtung Grat. Ich schaffte zehn, zwanzig Schritte, ohne aufzusehen. Ich versuchte den inneren Schweinehund zu dressieren: Setze Schritt auf Schritt. Verdammt. Schau nicht nach oben, nicht den Hang hinauf. Schau nach unten, dahin, wo du als Nächstes hintrittst. Vertieft in mein autogenes Training, fiel es mir plötzlich wie Schuppen von den Augen. Das Bauernmädchen hatte beim Schafehüten ihr Haar gezähmt und sich Zöpfe geflochten. Warum fiel mir das erst jetzt auf? War mein Hirn bereits so dehydriert?

Die Himmelskräfte hatten sich versöhnt. Erneut erstrahlte der Himmel in Tibetblau. In einem Blau von Kobalt mit einem Tupfer Schwarz. Die Sonne beschien die Sphäre über uns und ließ meine Erschöpfung noch anwachsen. Eine qualvolle Stunde schleppte ich mich bergauf, schlurfte über die kahle Kuppe, stolperte und schwankte zwischen Latschengestrüpp bergab und glaubte am zweiten Grat scheitern zu müssen. Aber tief in jedem von uns schlummert eine ungeahnte Kraft, die sich erst unter größter Anstrengung zeigt. Nur derjenige, der sich seinen Grenzen stellt, lernt diese Kraft kennen. Noch heute frage ich mich, ob das die instinktive Lebenskraft ist, die den Tod abwendet. Und ob diese Kraft animalischer oder göttlicher Herkunft ist.

Als wir den zweiten Grat überschritten hatten, sank die Sonne bereits den Westbergen entgegen. Mochte die Schneewohnung, wie der Himalaya wörtlich übersetzt heißt, auch fern im Süden emporragen, die kristallklare Luft nährte die Illusion, ihre Eisriesen reisten dicht neben uns als unsere Begleiter mit. In einigen Monaten würde ich ihnen ganz nahe sein. Was bislang nur vage geplant war, reifte in diesem Moment zum Entschluss. Wieder einmal erlag ich Tibets Zauber: dem tibetischen Himmelslicht. In seiner Klarheit besitzt es eine ganz eigene Magie, die die Tiefe des Raums grenzenlos erscheinen lässt.

Kaum hatte sich das letzte Sonnenlicht davongestohlen, wurde es schlagartig eisig kalt, und in der heraufziehenden Dämmerung bekamen wir Mühe mit den Kuhlen im abschüssigen Trampelpfad. Zu meiner Erleichterung tauchten die ersten Bauernhöfe auf. Im trockenen Bachbett stolperte ich auf das Haus des Bauernmädchens zu. Anders als ich wirkte Yama ausgesprochen munter. Er schien etwas gewittert zu haben. Während wir im Haus ihrer Familie heißen Buttertee in uns hineinkippten und ich langsam zu Kräften kam, dachte er schon wieder an Aufbruch. «Lass uns noch einmal zurückgehen ...»

«Zurück? Are you crazy?»

«Nur den Bach ein Stück bergauf. Dort habe ich vorhin Pferde gesehen, drei oder vier, die sahen gut genährt aus.»

Ich lag auf dem Ofenbett und wäre am liebsten erst am nächsten Morgen wieder aufgestanden, so ausgelaugt fühlte ich mich in meinen durchgeschwitzten Kleidern. Doch wir brauchten Pferde. Dafür hatten wir diese Strapazen auf uns genommen. Noch vor Einbruch der Nacht mühten wir uns nochmals im ausgetrockneten Bachbett bergan. Diesmal aber nur bis zu den reichen Gehöften zwischen den Weiden. Am ersten Hof klopfte Yama an das Bohlentor in einer Mauer aus Lehmziegeln. Er klopfte nochmals, und lange warteten wir.

Der Eingang zu Haus und Hof ist dem Tibeter heilig. Über der Schwelle hängt zur Abwehr dämonischer Geister ein geweihter Marder oder das Gehörn eines Wildschafs. Innerhalb der Mauern gelten noch immer die alten Clan-Gesetze, an denen selbst die Zwangskollektivierung durch die chinesischen Kommunisten gescheitert ist. Seit jenen Zeiten des Schreckens öffnet sich das Hoftor dem Fremden nur nach Bitten und Zureden durch die Ritzen der hölzernen Pforte. Unter geiferndem Hundegebell meldete sich nach schier endlosem Klopfen von innen eine kalte Stimme: «Was willst du? Wir brauchen nichts.»

«Aber wir brauchen etwas von euch.»

«Was brauchst du?»

«Pferde!»

«Pferde?»

«Ja, Pferde!»

«Willst du Pferde kaufen?»

«Ja, kaufen.»

Endlich, nach diesem nicht gerade herzlichen Hin und Her unter Landsleuten, wurde der Riegel zurückgeschoben und uns Einlass gewährt. Kaum trat ich hinter Yama über die Schwelle, sah ich in den Augen der Bäuerin, die sich hinter ihrem Mann verschanzt hielt, Erschrecken und Befremden über mein gebirgiges Gesicht. Als ich sie anlächelte, schlug sie die Augen nieder. Fühlte sie sich ertappt? Mein Herz machte einen Satz vor Freude. Ich hatte die Tiere im Hof erblickt. Zum Greifen nah, kauten zwei Pferde am Stroh und schauten uns an, als hätten sie uns schon erwartet. Yama stieß mich mit dem Ellbogen in die Seite und flüsterte: «Die taugen für unseren Zweck, die müssen wir um jeden Preis kaufen.» Sofort schlug er einen kumpelhaften Ton an, um bei dem Bauern gut Wetter zu machen. Währenddessen umkreiste ich die Objekte unseres Begehrens. Das Fell des einen glänzte rundum silbergrau, das des anderen glänzte an der Kruppe und den

Seiten beige. Am Unterbauch und an den Flanken flockte es in Büscheln in einem Braun von Milchkaffee aus. Ich ging in die Knie und schaute ihnen zwischen die Hinterläufe. O nein! Bitte nicht!, hätte ich beinahe laut gerufen. Vier Hoden und zwei Gemächte! Hengste im Doppelpack, nein, danke! Warum waren diese prächtigen Burschen Hengste und keine Wallache? Wie sehr hätte ich mir Wallache gewünscht. Nun ja, wenn sie sich vertragen ... Bei dem Pferdenotstand durften wir nicht zu wählerisch sein. Obwohl ein harter Winter gerade hinter ihnen lag, standen beide kräftiger im Futter als alles Vierbeinige, was uns bisher untergekommen war. In ihre bodenlangen Schweife waren gelbe, rote, weiße, grüne und blaue Bänder eingewoben. Erlesene Farben, die die fünf tibetischen Elemente – Erde, Feuer, Wasser, Luft und leerer Raum – symbolisieren. Der Schweifschmuck zierte die Tiere nicht nur. Er wies sie als geweihte Wesen aus. Gewiss waren sie noch nie von Menschenhand gequält worden und mussten gut zu handhaben sein. Geliebte Tiere kennen bekanntlich weniger Scheu als ungeliebte. Die Schmuckbänder gaben den stämmigen, gedrungenen Körpern etwas Heiteres und wirkten vorteilhaft, denn die geneigten Köpfe waren grob und saßen plump auf kräftigen Hälsen. Der Rumpf erschien mir sympathisch niedrig. Bei weitem niedriger als der eines deutschen Großpferds holsteinischer Zucht. Er war allerdings höher als beim Amdo-Pony oder beim wild lebenden Przewalski-Pferd aus der Mongolei. Von der Größe her passten sie am ehesten zum Südtiroler Haflinger. Der Widerrist reichte mir nicht einmal bis zur Schulter. Aus dieser Höhe abgeworfen zu werden, würde mich nicht umbringen, dachte ich, während ich dem Beigen mit der flachen Hand auf den Hals klopfte. Ihm schien diese herbe Zuwendung zu gefallen. Wache, kastanienbraune Augen schauten mich an. Langsam strich ich mit der Hand den struppigen Rücken entlang. Ich suchte auf dieser sensiblen Partie nach Druckstellen. Doch das Tier hielt beruhigend still. Sein Rückgrat würde mich ohne Probleme tragen. Als Nächstes fasste ich an den Oberschenkel der rechten Vorderhand, wiederum bedächtig und ohne Ruck. Immer mit einem Huftritt rechnend, strich ich das zierliche Bein abwärts, die Sehnen entlang. Sie lagen mir prominent in der Hand, gewiss gesund, auf keinen Fall gallertig. Zum Abschluss trat ich von vorn dicht an das Bein heran, fasste es fest mit beiden Händen und bog den Huf nach oben, um den Hufboden zu prüfen. Keine Hufrehe, keine Verwachsungen. Der Beige strahlte rundum Gesundheit aus. Trotz seiner Magerkeit hatte ich ihn schnell ins Herz geschlossen. Seit dem ersten Augenkontakt war mir klar, dass wir zusammengehörten. Das schien der Silbergraue gespürt zu haben. Er scheute unter meiner Hand und stellte sich an wie eine Primadonna, als ich auch ihn zu untersuchen begann. Sein Hengstfeuer übertraf das des Beigen um ein Vielfaches. Ihn betastete ich mit größerem Respekt. Doch anfassen musste ich ihn, ich musste Bescheid wissen, bevor ich auch ihn kaufte. Yamas tibetische Seele war von den beiden Pferden längst angerührt, das spürte ich. Auf Englisch sagte er: «Sie wollen für jeden fünftausend Yuan.»

Die Summe war horrend. Ich zögerte. Alles, was im Zeitfenster vor mir erschien, erschien jenseits meines Willens, erschien ohne mein Zutun, ganz ohne Absicht. Mein Körper war einfach zu schwach, um Einspruch gegen diese Forderung und das Geschehen um mich herum anzumelden. Plötzlich wurde von der Gegenseite etwas forciert. Einer der dazugekommenen Bauern schleppte einen Holzsattel und viele bunte Decken herbei und sattelte den scheuenden Grauen mit groben Händen. Herrisch stemmte er sich in den Sattel und galoppierte über den Acker in die Dunkelheit hinein. Seine Lust am groben Spiel war mir nicht entgangen. Boshaft hatten seine Mundwinkel gezuckt. Ich fühlte mich schlecht. Es hätte dieses Beweises für das Zugerittensein nicht bedurft. Es hätte genügt, wenn er ja gesagt oder nur genickt hätte. In meiner Verfassung war ich längst zu allem bereit. Doch der Akt des Bezwingens empörte mich, und ich feilschte. Heiser rief ich: «Wir nehmen beide, aber wir wollen sie billiger. Viertausend Yuan für ein Tier.»

Nach kurzem Überlegen antwortete der Besitzer: «Viertausenddreihundert Yuan für jedes der beiden.»

«In Ordnung, viertausenddreihundert Yuan für jedes.»

Yama meldete sich zu Wort. Zu seinem Landsmann, der einen schwarzen Anorak mit dem Logo «Italy Adventure» trug, sagte er: «Wir brauchen noch ein drittes für unser Gepäck.»

Plötzlich fiel mir der Islandpferdezüchter aus dem Chiemgau ein. Mike hatte mir geraten, Pferde aus derselben Herde zu kaufen, und mir eingeschärft: «Wichtig ist, dass sie sich kennen, sonst hast du einen ewigen Kampf. Wer vorweggehen darf. Wer zuerst fressen darf. Wer bestimmt und, und, und ...» Ich nickte. Sofort verschwand einer der Umstehenden und kam keine fünf Minuten später wieder in den Hof gelaufen. An einem Strick führte er dicht hinter sich die Nummer drei, besser, das Nümmerlein drei. Kaum dass Herr und Pferd über die Schwelle stiegen, begann der Hofhund zu wüten. Wieder und wieder rannte er mit Schaum vor den Lefzen so selbstzerstörerisch in die Eisenkette, dass es seinen massigen Leib jedes Mal um eine ganze Körperlänge zurückwarf. Ich durfte nicht hingucken, so leid tat mir das Kettentier. Selbst wenn dieser Hund im letzten Leben ein Schwerverbrecher, ein Mörder, ein ganz schlimmer Mensch gewesen sein mochte, hatte er dieses Karma verdient? Noch vielen solcher Kreaturen sollte ich auf meiner Reise begegnen, und immer wieder blutete mir das Herz. Anfangs teilte ich den Tibetern noch meine Bedenken mit. Doch für mein Verständnis von artgerechter, sanfter Tierhaltung erntete ich nur Achselzucken. Selbst bei meinem Guide. Mit den Tagen und Wochen fragte ich mich, hielten die Tibeter Kettenhunde, weil sie selbst an der Kette lagen? Tut nicht jeder das, was ihm angetan wird? Jeder Haushalt, in dem wir übernachteten, hielt einen Hund von klein auf bis ins hohe Alter. Bis er an der Kette starb. Eingerollt und stumm verendend, als hätte er nie gebellt.

Das dritte Pferd wäre als Pony durchgegangen, so kleinwüchsig folgte es seinem Herrn in den Hof. Yama gegenüber versicherten die drei Bauern, es sei noch im Wachstum begriffen und werde schon bald so groß wie die beiden anderen sein. Diese Behauptung klang sehr nach einem Scherz, denn auch in Tibet wuchsen Pferde nicht schneller als anderswo. Nun gut, für das Gepäck reichte sein Stockmaß aus, und bei dem niedrigen Rücken wäre es angenehm leicht zu beladen, dachten wir uns. Erfreut nahmen wir zur Kenntnis, dass es von Milchkaffee und Silbergrau mit begeistertem Wiehern begrüßt wurde.

Mittlerweile hatte die Nacht uns umschlungen. Das Lichtgrau war einem dunklen Aschgrau gewichen, und das Treiben auf dem Hof ließ sich nur noch schemenhaft wahrnehmen. So schlugen wir rasch in den Handel ein. Der Preis von zweitausend Yuan für den Kleinen stimmte. Nach einer Anzahlung von fünfhundert Yuan vereinbarten wir die Übergabe aller drei am nächsten Morgen an der Dorfstraße von Markham, dort, wo die Route nach Lhasa abzweigt.

Die ersten Sterne blinkten bereits, als wir lachend den dunkel daliegenden Acker hinabliefen. Na gut, Yama lief, und ich humpelte, immerhin ausgelassen, hinterher. Der Mond – das weiß ich noch ganz genau – versteckte sich lange. Wir stellten uns schon darauf ein, die zehn Kilometer nach Markham im Finstern zurückmarschieren zu müssen, da tauchte aus der schwarzen Nacht der Lichtkegel eines starken Scheinwerfers auf. Je greller er uns von hinten attackierte, desto heftiger erklang ein fauchendes Putt-Putt-Putt. Minuten später stoppte ein Bauer den lärmenden Handtraktor und lud uns ein mitzufahren. Wir stiegen auf eine lange Deichsel, die den einachsigen Antrieb mit dem einachsigen Anhänger verband. Nun standen wir rechts und links neben dem Fahrer, der zwei lange

Lenker fest umklammert hielt und mit viel Muskelkraft den fauchenden, hüpfenden und dampfenden Antrieb durch die Schlaglöcher des Feldwegs lenkte. Wir hielten uns krampfhaft an einem Stahlseil fest, das die hochgetürmte Holzbeige auf dem Anhänger umspannte.

Was für ein Tag lag hinter uns! Am Morgen begonnen mit einer mühsamen Suche nach Reittieren, kam spät am Abend alles zu einem guten Schluss. Zum Mondschein fuhren zwei frischgekürte Pferdebesitzer unter Getöse in Markham ein, wohin ihnen keine zehn Stunden später drei Pferde geliefert werden sollten.

Säcke statt Kisten

Im Alltag lausche ich oft in mich hinein. Ob gleich etwas Schlimmes passiert. Ob dieses kalte Ziehen um das Ohr ein Hinweis auf einen Hirntumor ist. Und das Brennen im Oberschenkel der Vorbote einer Thrombose. Überhaupt horche ich viel nach meinem Herzen, das oftmals drückt und spannt. Ist diese Sensation nicht der Beleg für einen drohenden oder vielleicht auch einen stillen, bereits überstandenen Herzinfarkt? Auf dieser Reise habe ich mir vorgenommen, nicht hypochondrisch, sondern bewusst zu horchen – in mich hinein, aber auch auf die Geräusche der Natur, in der ich mich bewegte.

Als Christ hätte ich Christophorus, den Heiligen, der Jesulein geschultert hatte, zum Schutzpatron für meine Reise zu Pferd gewählt. Doch als Buddhist entschied ich mich für den Meister der Hunderttausend Gesänge, den Yogi Milarepa, der in den Jahren 1052 bis 1135 in Tibet lebte. Milarepa pflegte seine Hand um die Ohrmuschel zu legen. Nicht, weil er schlecht hörte, sondern weil er die Stille erlauschen wollte, den eigentlichen Klang des Seins. Diesen Milarepa kürte ich zum Beschützer meines Ritts, weil es mir um das richtige Hören und feine Horchen gehen sollte.

Am Morgen nach dem Pferdekauf erwachte ich schweißgebadet. Das Herz drückte. Vom Liegen brannten beide Schenkel, und der Magen zwickte. Ich rang nach Luft, als hätte ich bereits eine morgendliche Joggingrunde absolviert. Seltsam, lag ich doch noch reglos im Schlafsack auf einer in Plastik eingeschweißten Hotelmatratze. Als ich die Augen aufschlug und um mich blinzelte, dachte ich kurz, mein Guide wäre über Nacht getürmt. Noch bevor seine Reitkünste gefragt waren? Ich setzte mich auf und sah zum Nachbarbett hinüber, wo sich ein Deckenberg bauschte. Beim zweiten Hinsehen entdeckte ich seinen schwarzen Schopf auf der Unterlage eines schwarzen Pullis. Aha, doch nicht getürmt, nur vergraben. Wegen der lausigen Zimmertemperatur. Mein verschlafenes Gesicht tat vor Kälte weh. Als ich den Kopf zum Fenster drehte, sah ich, dass Schnee aus tief hängenden Wolken rieselte. Entmutigt sank ich zurück und schloss die Augen. Gedankenverloren lag ich eine Weile da. Plötzlich, wie ein Stromstoß, durchzuckte mich die Erinnerung an den Albtraum der letzten Nacht.

Daheim, wo jetzt die Krokusse blühten, hatte ich ein Baby getötet. An einer Ortsdurchfahrt, die ich in hohem Tempo durchfuhr, versagte das Bremspedal des Wagens, und ich musste qualvoll miterleben, wie ich das Neugeborene überfuhr. Wie absurd doch Träume sein können. Noch nie war mir Derartiges passiert! Aber damit nicht genug! Der Alb hielt mich weiter gefangen. Als ich noch einmal wegdämmerte, träumte ich, dass ich Pferde transportieren müsste. War mein Geist wirrer, als ich mir eingestand? Noch bevor es richtig losging, überfielen mich Zweifel an der Richtigkeit meines Tuns. Ernsthaft fragte ich mich: Ist der ganze Ritt nicht einfach die Spinnerei eines satten Großstadtmenschen? Diese Zweifel zermarterten nicht zum ersten Mal mein Hirn. Doch diesmal entwischte meinen Lippen ein so lautes Stöhnen, dass Yama erwachte. Leben kam in den Deckenberg, und ich hörte gedämpft seine Stimme: *«Om ah hum, base ngro pema sede hum.»* Yamas Morgenmantra.

Ich liebe Mantras, weil sie als innere Laute tiefe, schwer zugängliche Schichten der Wahrnehmung und des intuitiven Bewusstseins ansprechen. Eben nicht die logische Vernunft. Aus diesem Grund entziehen sie sich auch der Übersetzung. *Om!* Der bekannteste Laut hat einen weichen, massierenden Klang ohne eigentliche Bedeutung. *Om* gilt als Urlaut des Menschseins. Buddhisten vergleichen ihn mit einem weit reichenden Pfeil. Aufgelegt auf den Bogen des menschlichen Körpers, so sagt man, kann er das Dunkel der Unwissenheit durchbohren und die Sphäre des Lichts erreichen. Bereits der Begründer der abendländischen Tibetologie, der italienische Jesuit Ippolito Desideri (1684–1733), kam zu der Erkenntnis, dass *Om* kein Begriff mit Bedeutung, kein Termine significativo sei, sondern der Keimlaut einer magischen Formel. Yama blieb mit geschlossenen Augen liegen, während seine Lippen das Mantra rezitierten. Andächtig lauschte ich auf den beruhigenden Klang und blieb, vor mich hin dämmernd, liegen.

«Heute kriegen wir die Pferde!», rief er nach einer Weile heiter und setzte sich mit wirrem Haarschopf neben seinem Deckenberg auf. Mit einem Ruck zog ich mir mein Schlaftuch vom Kahlschädel und verscheuchte die schlimmen Bilder der Nacht. Ja, heute stürzen wir uns ins Abenteuer! Schon in einer Stunde nehmen wir unsere Pferdchen in Empfang. Wir lachten uns an, und jeder wollte als Erster aus dem Schlafsack sein.

Allerlei harmlose Tiere hatte ich schon besessen. Als ich klein war, ein Meerschweinchen, mehrere Hamster und Wellensittiche zum Spielen. Später dann einen Border Collie für die Eleganz. Aber ein echtes Pferd? Unvorstellbar, dieser Luxus! Mein Kaufmannsvater hätte die Anschaffung eines Reittiers als Verschwendung bezeichnet, und ich hätte ihm kleinlaut beipflichten müssen. In unserem Haushalt ging es protestantischer als protestantisch zu.

Angesichts der Kälte im Zimmer sprangen wir rasch in die Überhosen. Die langen Unterhosen trugen wir bereits am Leib. Aus Thermoskannen auf dem Flur holten wir heißes Wasser zum Trinken, zur Augenwäsche und zum Zähneputzen. Keine zehn Minuten später liefen wir auf die Dorfstraße hinaus und im Eilschritt zur Abzweigung nach Lhasa. Schon von weitem sahen wir unsere Tiere und die drei Bauern. Die Tibeter hockten auf den Fersen auf dem weißbestäubten Pflaster und rauchten gegen das Schneegestöber an. Die Pferde hatten sie an einem Strommast festgebunden. Zwei Haufen fester, fetter Äpfel dampften auf dem Pflaster. Nicht irgendwo, sondern knapp neben dem Eingang zu einem Nudelimbiss an der chinesischen Häuserzeile. Gewiss lag ein Anflug von Häme in meinem Grinsen, als ich die dampfende Ausscheidung unter die Lupe nahm. Doch viel wichtiger als die Genugtuung über den Schiss vor der chinesischen Haustür war meine Zufriedenheit über die gesunde Verdauung unserer neuen Begleiter.

Wir luden die drei Männer zu scharfen Frühstücksnudeln ein und machten den Handel komplett. Bis zum letzten Augenblick lauerte Zweifel in ihren Augen. Erst als jeder seinen Stapel 100-Yuan-Scheine in den Händen wog, machte sich auf ihren flächigen Gesichtern eine genüssliche Sattheit breit. Lachend und freudig nickend versprachen sie, uns beim Packen zu helfen. Sie kannten einen ruhigen Innenhof gleich neben unserer Unterkunft. Diskret konnten wir das Gepäck dorthin schaffen und abgeschirmt packen. Warum diskret? Warum abgeschirmt?

Auch wenn wir die Kontrolle am Yangtse unbehelligt überstanden hatten, befand ich mich seither auf einem Gebiet voller Restriktionen. Als Ausländer bewegte ich mich in der quasi verbotenen Region TAR – Tibet Autonomous Region. Neben dem einen Entry-Permit, das ich aus Chengdu hatte, bedurfte es korrekterweise drei weiterer Permits: eines vom Staatlichen Tourismusbüro in Lhasa, eines zweiten von der Ausländerpolizei, vom sogenannten Public Security Bureau (PSB), und eines dritten von der Volksbefreiungsarmee (VBA), denn die Lhasa-Route führt durch militärisches Sperrgebiet. Der Besitz des Entry-Permits legalisierte meinen Aufenthalt in der Autonomen Region noch lange nicht. Ich reiste illegal, das wusste ich von Anfang an. So war ich stets auf der Hut. Was nicht nur hieß, dass ich mein für hiesige Verhältnisse auffällig bergiges

Gesicht unter einem breitkrempigen Hut verbarg, sondern auch, dass ich öffentliche Orte und Checkpoints mied und meinem Guide den Vorrang ließ. Bereits in Markham musste ich damit rechnen, dass ein Beamter vom örtlichen PSB-Büro, ein Chinese oder Tibeter, in Zivil auftauchen und mich auffordern könnte: «Bitte zeigen Sie Ihre Permits und legitimieren Sie Ihren Aufenthalt in der Autonomen Region Tibet.»

Inzwischen verfügte ich nicht nur über einen Guide, sondern mir oblag auch Verantwortung gegenüber drei Pferden und jeder Menge Ausrüstung. Eine Kontrolle mit anschließender Verhaftung durch die Polizei hätte das Ende der Expedition bedeutet. Noch tragischer, das Ende meiner eigentlichen Mission. Also nahmen wir das Angebot gerne an, diskret hinter Lehmmauern die Pferde zu satteln und zu bepacken. In konspirativer Stimmung steckte ich Yama tausend Yuan zu, damit er besorge, was wir noch brauchten. Vor allem einen Sattel für ihn. Außerdem Satteldecken, ein weiteres Halfter und Proviant für eine Woche. Während ich mich unter Aufsicht der Bauern mit den Pferden vertraut machte, lief er zu den Dorfläden und kaufte ein. Erst nach einem zweiten Anlauf kam er mit einem chinesischen Militärsattel und bunten Webdecken zurück. Lange hatten wir auf ihn warten müssen. Statt die Zeit zu vertrödeln, passte ich den Trekkingsattel an den Rücken des Beigen an. Das dauerte seine Zeit, denn der mitgebrachte Sattel war auf den Leib eines Großpferds eingestellt, nicht aber auf einen Tibeter von Haflinger Maß. Wohl wissend, dass er nicht aus einem starren Holzgestell bestand, sondern in seiner Kammerweite wunderbar variabel war, hatte ich ihn den ganzen Weg aus Deutschland hergeschleppt.

Geschlagene vier Stunden dauerte es, bis der Haufen Gepäck und die Sättel auf den Pferden festgezurrt waren. Die ganze Aktion zog sich so lange hin, weil wir blutige Laien im Verstauen und Beladen waren. Unser Unvermögen spürten die Tiere und zeigten sich nicht sonderlich kooperativ. Gemessen an ihrer niedlichen Größe, gebärdeten sie sich ziemlich ruppig. Der Graue kam mir vor wie ein rebellischer Patriot, denn er verweigerte den chinesischen Sattel mit heftigem Ausschlagen, Kopfschütteln und Aufbäumen. Bei Milchkaffee stellte sich heraus, dass der mitgebrachte Schnurengurt zum Befestigen des Sattels wie ein zu großes Korsett um seinen mageren Bauch schlotterte. Niemals hätte ich gedacht, dass ein Tibeter so mickrig, so ohne Ranzen sein könnte. Wie sollte der Sattel fest sitzen, wenn zwischen Schnurengurt und Bauch mindestens vier übereinandergelegte Handflächen gepasst hätten? Unmöglich, mit diesem Gurt den Sattel festzuzurren! Schließlich kam Yama die rettende Idee, jede einzelne der zwanzig Schnüre durch Knoten zu verkürzen. Überhaupt, die Kunst des Knüpfens und Knotenschlingens, das Basteln von Schlaufen, das ich immerzu übte, aber nur leidlich begriff, sollten uns noch aus so manch misslicher Lage befreien.

Gegen Mittag, als das Schneegestöber nachließ und sich eine weiße Sonne schüchtern zeigte, machte sich im Hof Aufbruchstimmung breit. Die Kettenhunde gaben endlich Ruhe, dafür tollten vier kleine Radaubrüder zwischen den Beinen der zahlreichen Schaulustigen herum. Bewohner des Gehöfts samt Freunden und Verwandten standen in tibetischer Manier, was bei uns «auf Tuchfühlung» hieße, um die Pferde herum. Alle redeten durcheinander, gestikulierten und rüttelten am Gepäck und zogen diesen und jenen Riemen fester. Ein ganz Vorwitziger packte jedes Pferd der Reihe nach am Halfter, zog es zu sich heran und stülpte mit forscher Hand die Lefzen zurück, um einen Blick auf die Zähne zu werfen. Sein anerkennendes Nicken, ein hochgereckter Daumen und erneutes Palaver der Umstehenden waren mir, bei aller Nächstenliebe, dann doch zu viel. Ich drängte zum Aufbruch. Um Himmels willen! Wie sollten wir so auffällig, so vollbeladen den Checkpoint an der Lhasa-Straße passieren? Noch befanden wir uns hinter dem

Tor eines privaten Gehöfts, doch bereits hier fühlte ich mich wie ein Zirkuspferd vor vollen Rängen. Was würde uns erst in der Öffentlichkeit erwarten?

Gewiss erlebten die Jungen unter den Zuschauern einen Auszug mit Ross und ausländischem Reiter das erste Mal in ihrem Leben. Ich spürte die aufgeregte Anteilnahme der jungen Männer. Ihr Glühen für unsere Unternehmung. Vermutlich wäre der eine oder andere am liebsten auf der Stelle mitgekommen. Zwei Motorradfahrer in Yamas Alter erteilten uns von den Sitzbänken ihrer 15-PS-Vehikel herab Ratschläge. Yama hörte ihnen genau zu. Mit gesenkter Stimme rieten sie uns, wir sollten einzeln, zu Fuß, das Wächterhäuschen passieren. Am Checkpoint sollte ich meinen Hut tief ins Gesicht ziehen. Am besten sollte ich allein und als Erster gehen. In lockerem Abstand sollte Yama folgen und die drei Bauern mit den gesattelten und bepackten Pferden als Letzte. Erst außer Sichtweite der Chinesen sollten sie uns die Pferde übergeben. Ein guter Rat, den uns die jungen Piloten da gaben.

Als ich ihre Vehikel sah, fiel mir etwas Wichtiges ein. Wir brauchten Benzin. Am ersten Tag, als wir nach einem Schleichweg am Checkpoint vorbei Ausschau gehalten hatten, war mir gleich hinter dem Kontrollposten eine Tankstelle von Sinopec aufgefallen. An sie erinnerte ich mich jetzt, als mir einfiel, dass wir noch Kraftstoff für unseren Kocher brauchten. Wer weiß, wann wir wieder Benzin finden würden. «Geh du Gasoline kaufen», sagte ich zu Yama, «du hast ja noch Geld.»

«Was soll ich kaufen?»

Als Student vom Land besaß Yama keine großen Schätze. Schon gar nichts mit einem Benzinmotor. «Gasoline» kam in seinem Wortschatz einfach nicht vor. Noch während wir uns unterhielten, fragte ich mich, wo steckt bloß die Tankflasche? In welchem Sack haben wir den Kocher und den Benzintank verstaut? Von wegen alles Gepäck geordnet! Das ganze Gepäck durchforsteten wir nach der Aluminiumflasche. Eine gewisse

Hilfe bot die Checkliste meines Gepäcks, die ich bereits in Deutschland angefertigt hatte. Doch inzwischen herrschte das totale Chaos in den Säcken. Yamas neugekaufte Ausrüstung mischte sich mit meiner. Beim Gepäck hatten wir nicht übertrieben. Wir kamen mit zwei Säcken und zwei Rucksäcken zurecht und bedurften keiner sechzig Kisten.

In sechzig Holzkisten, geschleppt von fünfzig Mulis, transportierte die nazideutsche Tibetexpedition von 1938 ihre Ausrüstung. Die Deutschen Ernst Schäfer, Bruno Beger und Ernst Krause hatten neben Nützlichem ein Grammophon, eine Musiksammlung auf Schellackplatten, Balsenkekse in Blechkonserven, Gummistiefel, eine Schreibmaschine und jede Menge Wachsharz der Marke Negocoll für Kopfabformungen zur Erforschung der mongoliden Rasse dabei. Am Leib trug jedes Expeditionsmitglied einen Angorapulli, ein persönliches Geschenk von Heinrich Himmler, Reichsführer SS und Hauptorganisator der Endlösung der Judenfrage. Himmler hatte die Expedition persönlich gesponsert, weil er Tibet für das Stammland der Arier hielt, weil er hier Indizien für Platons verschollene Atlantis-Kultur zu finden hoffte.

Unter den Augen der Umstehenden mussten wieder Knoten gelöst, Stricke gelockert und zwei Säcke vom Lastensattel des Ponys gehievt werden. Nach vielen verplemperten Minuten zog ich die Tankflasche ans Licht. «Für Gasoline! Besorg einen Liter», sagte ich und drückte Yama die rote Flasche in die Hand. «Wir brauchen doch den Benzinkocher, und der braucht Gasoline», belehrte ich ihn, die Worte dehnend wie Gummitwist. Meine Nerven lagen blank inmitten des Getümmels. Am liebsten hätte ich noch ein «Kapiert?» hinterhergeschickt. Das erneute Verstauen der Säcke auf dem Packpferd wartete ich nicht ab. Meine Beine kommandierten: Los! Endlich den ersten Schritt gewagt, endlich den Widder freigelassen!

Mit jedem Meter, den ich dem Wachhäuschen und der rotweißen Schranke näher kam, wurde mir mulmiger. Lief ich schnurstracks in eine Falle? Die Schranke stand offen, schon die ganze Zeit. Die Straße nahm eine Steigung. Nun sah ich deutlich den mit Draht am rechten Ende der Schranke festgemachten klobigen Stein, der durch sein Gewicht das linke Ende schräg gen Himmel hob. Weiter ging ich, gleichmäßig schnell. Noch zehn Meter näher. Noch fünf ... Nichts regte sich, noch immer stand die Schranke offen. Noch immer lief ein gespanntes dünnes Seil vom hochgereckten Ende ins Innere des Wachhäuschens. Wer saß darin? Hinter dem Guckloch. Ein besonders scharfer Hund von Pekings Gnaden, der die Schranke erst im allerletzten Augenblick niederholen würde? Würde gleich die grüne Schildmütze eines Polizisten hervorschnellen? Auf den letzten Metern senkte ich den Blick. Die Straße nach Lhasa war unterhalb der Schranke so grob asphaltiert, dass ich die Steine hätte zählen können. Den schwarzen Filzhut tief ins Gesicht gezogen, marschierte ich unter dem Zugseil hindurch, ohne es zu berühren. Aus dem Guckloch kein Ruf, kein Laut. Womöglich hielt der Posten ein Nickerchen und träumte vom Winterende. Womöglich saß gar niemand in dem kleinen, roten Haus. Jetzt kam die Tankstelle von Sinopec in Sicht. Hoffentlich kauft Yama das Benzin mit der richtigen Oktanzahl, überlegte ich, sonst ist der Kocher gleich verrußt. Was soll's! Muss ich mir denn über jeden Furz den Kopf zerbrechen? An der vereinbarten Wegbiegung am Ende des dunkelgrauen Asphalts setzte ich mich auf ein Mäuerchen und gönnte mir eine Pause. Gewichte fielen von mir ab. Erleichtert und glücklich sog ich die würzige Luft des grünen Tals in mich ein. Mitten in mein wohliges Verweilen platzte Yama. Hochgereckt wie beim Staffellauf, hielt er die rote Benzinflasche in der Rechten und rief mir schon von weitem zu: «Die Chinesin an der Tankstation wusste Bescheid, sie hat mir Motorradbenzin in die Flasche gefüllt.» – «Sehr gut, dann kann es ja losgehen!» Auch die Pferde ließen nicht lange auf sich warten. Ein Tross wie aus mittelalterlichen Tagen schob sich das Asphaltband herauf. Die lenkenden Bauern ließen sich Zeit. Vermutlich trennten sie sich von ihren Schätzen nur ungern. Wie die drei Männer im Gleichtakt ihrer Schritte näher kamen, wirkten sie beinahe feierlich. Ernst und Trauer paarten sich auf ihren dunklen Gesichtern. Ehrlich gesagt, taten mir nicht die derben Mannsbilder leid, sondern der kleine Braune, denn er schwankte unter unserer Last wie ein Kamel.

Ein letztes Nicken, ein letztes *demo*, schon machten sie kehrt und überließen uns unserem Schicksal. Dieses führte uns geradewegs in die Felder, denn an der Straße vor uns hatte man einen weiteren Kontrollposten hingepflanzt, und dieser blockierte das stark verengte Tal. Anders als beim ziegelgemauerten Wärterhäuschen mit der offen stehenden Schranke, handelte es sich bei diesem grauen Betonblock um eine echte Bedrohung für unser Fortkommen. Hier hätte meine lächerliche Camouflage wenig ausgerichtet. Hier wurde jede Passage von Überwachungskameras, Sperrgittern, Betonbarrieren und kalten Augen hinter Panzerglas kontrolliert.

Die ersten Schritte runter vom schmierigen Asphalt führten uns auf einen Weg aus aufgewühlter Erde, der sich zwischen garagenartigen Treibhäusern entlangzog. Pferde können bekanntlich über Stock und Stein laufen, doch unsere konnten noch mehr. Ohne Zögern staksten sie durch schmatzenden Matsch, der wie Kleister an Profilsohlen haftete. Der Kontrollbunker zeigte uns schon bald seine Flanke. Langsam, aber ohne Gezerre kamen wir voran, ich mit dem Beigen vorneweg, gefolgt von Liliput, als Letzter Yama mit dem Silbergrauen, unserem ganzen Stolz. An einem kurzen und einem langen Strick führte ich unsere beiden Engel. Yama kümmerte sich als erfahrener Nomadensohn um unseren Bengel, dem der Chinesensattel mit dem zusätzlichen Gepäck über den Flanken nicht geheuer vorkam. Er scheute in einem fort und drohte auszubrechen. Mit zäher Muskelkraft musste ihn Yama zügeln.

Die Treibhäuser mit ihren blinden, vielfach zerfetzten und im Wind knatternden Plastikfolien blieben allmählich zurück. Unser Tross lief auf ein Patchwork von Feldern zu, das zwischen Steinmauern den Talboden belebte. «Das Gelände ist gut, lass uns reiten, dann wissen wir, was uns erwartet», schlug ich vor. «Du kannst ja in den Sattel, ich geh zu Fuß», antwortete Yama und hob den Arm mit der flachen, nach oben gedrehten Hand, als wollte er mir aufs Pferd helfen. Die Neugier stachelte mich an. Aber ich spürte auch Angst in mir aufsteigen. Immerhin führte ich zwei fremde Pferde hinter mir her. Selbst wenn ich es in den Sattel des Beigen geschafft hätte, hätte ich noch Liliput am Führstrick im Rücken. Zwei halbwild aufgewachsene Pferde zu lenken, hatten mir weder der Pferdewirtschaftsmeister noch Mike beigebracht. Doch der Stachel des Widders lockte: Was zauderst du, steig einfach auf, was soll schon groß passieren? Augenblicklich widersprach die Vernunft: Denk an deinen Sturz mit dem Motorrad, du kannst dir wieder was zerren, du kennst das Tier noch nicht. Und vergiss nicht das viele Gepäck! Nach kurzem Gedankengerangel hielt ich an und ordnete die Zügel am Sattelknauf. Ohne Hektik zog ich Liliput am Strick heran. Dicht neben dem Bug des Beigen stellte ich mich seitlich auf und murmelte «Sei lieb, sei lieb» wie ein beschwörendes Mantra in die gespitzten Ohren. Voll Bedacht hob ich den linken Fuß und schob die Stiefelspitze in den Steigbügel. Keine Bewegung geschah überstürzt. Erst als ich mein ganzes Körpergewicht in die Trittspange des Bügels legte, stieß ich mich mit Schwung vom Boden ab, weil ich befürchten musste, dass der Sattel unter einer länger andauernden einseitigen Belastung verrutschen würde. Prompt geschah genau das. Unter meinem Tritt rutschte er nach unten. Verdammt, er verrutschte total. Ich hatte den ersten Anfängerfehler begangen, ich hatte nicht nachgegurtet.

Schweiß trat mir auf die Stirn, und hinter den Schläfen waren Nadeln am Werk. Immerhin bewegten wir uns auf über viertausend Metern. Zum Glück hielt der Beige still, nur Liliput machte Sperenzchen. Damit er mir nicht entwischte, klemmte ich mir den Führstrick zwischen die Zähne. Jetzt waren die Hände frei, um die beiden Riemenschnallen am Bauchgurt um drei Löcher enger zu wuchten. Zu Beginn meiner Reitkünste hatte ich noch gedacht, ein strammgespannter Leibriemen engt das arme Tier ein und macht es unleidlich. Mike hatte mir eingetrichtert, dass ein berittenes Pferd, gleich welcher Rasse, beim Aufsatteln immer den Bauch aufbläht, um dem Druckschmerz zu begegnen. Deshalb sei Nachgurten ein absolutes Muss für jeden Reiter.

Demütig korrigierte ich den Anfängerfehler und wiederholte den Tritt in den Steigbügel. Vorschriftsmäßig blieben Sattelblätter und Sitz auf ihrem Platz, und ich kam anstandslos aufs Pferd. Nun saß ich das erste Mal in meinem Leben einem Tibeter im Nacken. Doch nichts geschah. Ich fühlte mich wie auf einem Karussellpferd. Mit angewinkelten Knien saß ich zwischen Himmel und Erde. Zugegeben, der Erde erheblich näher als dem Himmel. Erhaben fühlte ich mich keineswegs, denn der Tibeter stellte sich stur wie ein Esel. Gelernt ist gelernt: Ich klopfte an. Zuerst milde, bald energischer, schließlich ruppig. Gleichzeitig nahm ich die Zügel auf. Kurz und bestimmend. Hatte ich mit diesem Anflug von Unmut das Tier verschreckt? Aus heiterem Himmel machte es einen kurzen Satz nach vorn, der Strick in meiner Hand wurde heftig nach hinten gerissen und erschreckte den Kleinen derart, dass er einen gewaltigen Bocksprung zur Seite tat. Ich konnte nicht verhindern, dass mir das Führseil entglitt und zu Boden fiel. Seine Freiheit feierte der Kleine so übermütig, das der geknotete Bauchriemen des hölzernen Lastengestells riss und das Gepäck dumpf dröhnend zu Boden ging. Wiehernd warf der kleine Ausreißer die Flanken hoch und türmte.

Ein freies Pferd ist ein verlorenes Pferd, pflegen Tibeter zu sagen. Verdammt! Was gingen mich tibetische Spruchweisheiten an, ich hatte andere Tiere zu zähmen – den Widder in mir, der uns in diese missliche Lage gebracht hatte, und den Beigen unter mir, dem ebenfalls der Duft der Freiheit in den Nüstern stand. Gnadenlos zog ich den rechten Zügel an und lenkte meinen aufmüpfigen Gaul zur Beruhigung mehrmals im Kreis.

Schließlich wurschtelte ich erschöpft und ziemlich benommen, auch verschämt, meine Bergstiefel aus den Steigbügeln und schwang das rechte Bein über die Kruppe. Nun hing ich quer im Sattel und konnte in Bauchlage mit durchgestreckten Beinen vom Pferd herabrutschen. Kleinlaut kehrte ich zu Fuß zu dem Knäuel aus Säcken, Holzgestell, Stricken und Riemen zurück. Yama, der die Szene schweigend beobachtet hatte, schimpfte nicht mit mir, sondern fragte nur besorgt: «Hast du dich verletzt?» – «Nein, tut mir leid. Ich bin okay!» – «Ich fang den Kleinen ein. Bleib du hier und warte», sagte er. Kleinlaut nickte ich und hockte mich auf die feuchte Erde.

Am Abend lobte ich Yama für sein Geschick. Mit Anpirschen, sanftem Zureden und beruhigendem Klopfen auf den Hals hatte er den Ausreißer überlistet, den gerissenen Bauchgurt neu verknotet und uns sicher im Rücken des bedrohlichen Bollwerks von Checkpoint über den Talgrund geschleust. Leider holte uns bereits im ersten Weiler hinter Markham die Nacht ein. Knapp neben der Piste nach Lhasa schlugen wir auf wahrlich abgenagtem Weidegrund im Licht der Stirnlampe unsere Zelte auf. Die Pferde bugsierte der alte Bauer, der uns mit einer Thermoskanne Buttertee auf seinem Grund willkommen geheißen hatte, in den Innenhof seines Gehöfts. Hier erhielten sie eine Strohration und zwei Blechschalen voll Gerstenkörner.

Mitten in der Nacht erwachte ich, umhüllt von einer Stille, die mir so unwirklich vorkam, als hielte die Welt den Atem an, als wäre ich abgekapselt von jeglichem Leben. Nicht das schüchternste Geräusch vom Zeltnachbarn oder aus den umliegenden, von Kettenhunden bewachten Gehöften drang an mein Ohr. Selbst Tibets ewige Melodie, das Heulen des Windes, schien für immer verstummt. Die Stille, die mich umgab, musste jene Milarepa'sche Stille sein, die der Meister der Hunderttausend Gesänge als das Wesen allen Seins rühmt. Hatte er, der die Levitation, das Fliegen zu dem unglaublichen Schloss im Schatten der Augenbrauen, beherrscht haben soll, mich zu nachtschlafender Zeit geweckt? Hatte er mich geweckt, um mich zu belehren? Verängstigt setzte ich mich in meinen Daunenschichten auf und starrte gegen das in einem kalten Weiß erstrahlende Zeltdach. Ereignete sich gleich ein Mysterium tremendum, oder saßen wir bereits in der kommunistischen Falle? Hatten uns die Suchscheinwerfer der öffentlichen Sicherheit gestellt? Was in aller Welt ging draußen vor? Beängstigend wirkte die Paarung aus knochenbleichem Licht und Totenstille. Trotz des Federflaums, der mich in lockeren Schichten umhüllte, fror ich plötzlich, als läge ich nackt im Zelt. Ein Stadtmensch, der den größten Teil des Lebens und nahezu jede Nacht hinter Mauern verbringt, fühlt sich leicht von der Natur bedroht, wenn sie ihr kunterbuntes Rüschenkleidchen abstreift und sich ihm nackt und in ihrer ganzen Unmittelbarkeit in die Arme wirft.

Noch lange, nachdem mich Frau Luna so mächtig erschreckt hatte, lag ich wach und sah mich konfrontiert mit der Naturfurcht eines Stadtmenschen. Ich rang mit mir. Sollte ich den Reißverschluss am Zelteingang mit einem scharfen Ratsch aufziehen und mir das Leuchten des ungeheuerlichen Vollmonds ansehen oder mich wieder hinlegen und für die Strapazen des neuen Tages ausruhen? Die Vernunft siegte, ich sank zurück auf meine aufblasbare Isomatte. Bald darauf schlief ich ein und erwachte Stunden später unter blinkenden Eiskristallen am Zelthimmel. Sein Dottergelb machte Appetit auf ein herzhaftes Frühstück. Von draußen hörte ich ein Schnaufen, Schnauben und Scharren ganz dicht an meinem Ohr. Das mussten unsere Pferde sein. Kaum hatte ich diesen Gedanken gefasst, meldeten sich erste Bedenken: Stolpern die äsenden Pferde gleich über die Zeltschnüre? Trampeln sie mir meine Behausung nieder? Nichts wie ins Freie und nachgeschaut!

Erstaunlich viele Tiere teilten sich den umzäunten Campinggrund mit unseren Pferden. An die zehn junge Yaks mit roten Quasten an den Ohren und eine Herde Schafe. Weiß wie deren Winterpelz lag Raureif auf der Weide und auf den beiden Zelten. Ein fahler Himmel schaute teilnahmslos auf die erwachende Welt. Zwischen den Sparren der Dächer quoll weißgrauer Rauch aus den Bauernhäusern. Auch aus den Blechstutzen der kurzen Ofenrohre. Im Weiler verscheuchten die Menschen die Kälte der Vollmondnacht aus dem Innern ihrer Gehöfte. Nun zippte auch der verstrubbelte Yama den Verschluss seines Kuppelzelts auf und schaute nach dem Rechten. Er nickte zu mir herüber, als wollte er sagen: Das wird ein guter Tag.

Zwei Erfindungen sollten nun ihren Wert beweisen: einmal die Membranfunktion meiner atmungsaktiven Klamotten, dann die Hochdrucktechnik des Benzinkochers. Tatsächlich, fünf Schichten Funktionswäsche verscheuchten nach einigen Krabbelbewegungen die Kälte der Nacht. Und nach dem Einbau der richtigen Düse und nach zwanzig Pumpstößen am Druckventil des Flaschentanks verwandelte sich das stark rußende, flackernde Benzinfeuer unter Zischen in viele bläuliche Flämmchen am Brennerkopf. Jetzt konnte das Teekesselchen mit dem eiskalten Quellwasser und dem obenauf schwimmenden Teebällchen zum Einsatz kommen.

Kaum hatte er sein Haar gesträhnt, fand Yama Gefallen am Bedienen der Regelschraube der Benzinzufuhr und an der Zubereitung unseres Morgentees. So gewann ich Zeit, meinen Zeltinhalt zusammenzuräumen: eine Doppelsatteltasche mit Analog- und Digitalkameras, Notiz- und Malbüchern, Pass und Ausweisdokumenten in Kopie und im Original, eine Tibetkarte und das fette Geldbündel sowie eine Stirnlampe. Weiterhin Medikamentenbehälter, Kulturbeutel, Urinal, Trinkflasche, Sattel inklusive Steigbügel und als Ersatz ein Paar Turnschuhe. Die Thermoreithose packte ich nochmal weg. Auf Reserve. Sollte es knüppeldick kommen. O ja! Es sollte mehr als knüppeldick kommen. Mit der Faust stieß ich die Schlafsackpelle in den kleinen Sack, ließ die Luft aus der Matte und stapelte meine Utensilien vor dem Eingang des kleinen, dottergelben Expeditionszelts. Gerade als wir uns niederhockten und Yama Tee eingoss, kam ein älterer, breitschultriger Tibeter auf einem Schimmel herangesprengt. Jäh zügelte er sein Reittier vor den Zelten und lenkte es zweimal im Kreis. Von oben rief er zu uns herab: «Ein gutes Pferd, wollt ihr es haben? Ich verkaufe es euch.» Welch überraschende Offerte am frühen Morgen. «Was soll dein Tier uns kosten?» «Für zweitausend Yuan könnt ihr es haben.» Ich überlegte kurz und sagte zu Yama gewandt: «Frag ihn, ob er nicht tauschen will. Den Kleinen gegen seinen.» Lautstark rangen die beiden Khampa mit Worten, von denen ich nur *nangda* und *mare* und *minduh* verstand. Sie rangen wohl um einen Kompromiss, und tatsächlich ... «Er will nicht tauschen», übersetzte Yama, «der Braune ist für ihn noch ein Kind. Er verkauft seinen für tausendsechshundert und stellt unseren für zweihundert Yuan Futtergeld für zwei Monate in seinem Hof unter. Ich hole ihn dann später ab.»

Dieser Kompromiss ließ zwar mein Geldbündel weiter schrumpfen, doch dafür bekämen wir zu einem fairen Preis einen reifen Wallach. Gewiss ein geübtes, pflegeleichtes Lastentier. Sofort ließ ich den Gedanken wieder fallen, auch Liliput als Packpferd mitzunehmen. Obwohl wir viel Ausrüstung besaßen, vier Pferde wären weitaus schwerer zu zügeln als drei.

Bevor uns der Bauer beim Beladen zur Hand ging, nahm er dem Schimmel das Zaumzeug ab. Unter Tibetern herrscht das ungeschriebene Gesetz, dass mit dem Pferd zwar der Sattel samt Steigbügel und die Satteldecken verkauft werden dürfen, nicht aber das Kopfgestell, das zum Lenken und Zügeln dient. Dessen Stricke werden von Hand aus Yakhaar geflochten und mit Ornamenten kunstfertig verziert. Von Pferd zu Pferd, genauso wie vom Vater auf den Sohn, wird das Zaumzeug mit dem knotenlosen, gleich einem Wollstrumpf gewebten Halfter vererbt. Aus diesem Grund streifte auch unser Bauer seinem Schimmel das Flechtwerk ab und nahm es, ohne ein Wort zu verlieren, an sich. Wir protestierten nicht, denn wir hatten ein Halfter aus geflochtenem Polyester dabei, das wir im Tausch dem neuen Tier über die Schnauze zogen.

Letztendlich half uns der Wind aufs Pferd. Nicht dass er uns Beine gemacht oder den Steigbügel gehalten hätte, nein, er blies und pustete und fauchte, bis die dichte Wolkendecke in Bäusche zerfiel und die Sonne hervorbrach. In den quellenden Wolkenbäuschen entdeckte ich jede Menge Himmelstiere: fliegende Drachen, verknäulte Schlangen und bauchige Fischleiber. Während ich berührt in den Himmel guckte, schmolz der Raureif unter unseren Füßen. Die Wärme der Sonnenstrahlen lockte zum Aufbruch. Feuchte Zelte mit nassen Schnüren wiegen gut das Dreifache von trockenen und bringen zusätzlichen Ballast. Da wir aber schleunigst loswollten, konnten wir die Bahnen nicht zum Trocknen auslegen. Wir mussten ihr Nassgewicht dem Packpferd zumuten. Vom Kartenstudium wusste ich, dass es schon bald *ri sarbo*, steil bergauf, gehen würde. Natürlich hätten wir noch einen weiteren Tag campieren und die Tiere Kraft sammeln lassen können, bevor es auf die großen Höhen ging. Doch dem Weidegrund mangelte es Anfang April noch an jungem Gras, und die gewaltige Strecke von knapp tausend Kilometern bis Lhasa schwebte nach der dürftigen ersten Etappe wie ein Fallbeil über unserem Aufbruch.

Auf dem Dach der Welt werden Gäste wie Könige verabschiedet. Es gehört zur tibetischen Kultur, dass der Gastgeber und seine Familie die Pferde der Gäste satteln, das Gepäck aus dem Haus oder vom Zelt zu den Pferden tragen und diese auch beladen. Mochten Unterkunft, Essen und Verständigung auch noch so lausig gewesen sein, beim Abschied zeigen sich alle von ihrer besten Seite. Anfangs wetteiferten wir noch mit den Gastgebern, wer die schweren Säcke und die Sättel schleppt. Später standen wir nur noch am Rand des emsigen Geschehens und dankten, wenn der Gastgeber die Pferde hielt, damit wir leichter in den Sattel kämen. Die Gewohnheit, dass wildfremde Menschen die Tiere anfassten, machte sie zwar nicht zutraulicher, setzte aber unser Tagwerk leichter in Gang.

Mein Pferd trug hinter dem Sattel ein Paar mit Karabinern am Sitz befestigter Satteltaschen, die meine Schätze enthielten. Yamas Grauer kam nicht nur mit dem chinesischen Militärsattel davon, sondern wurde zwischen dem Hinterzwiesel des Sattels und der Kruppe noch rechts und links mit seinem Kofferrucksack und meinem 40-Liter-Rucksack behängt. Zu guter Letzt wurde aufgetrenst. Dafür mussten die Lefzen angehoben, die Gebissstange der Kandare von der flachen Hand ins Maul geschoben, das Kopfstück des Kehlstricks über die Ohren gehoben und dieser unter dem Kopf festgeschnallt werden. Bereits zu Beginn des Auftrensens waren die Zügel über der Mähne am Widerrist geordnet worden. Nochmals gurtete ich den Schnurengurt am Bauch nach und überprüfte die Steigbügel. Ja, die Riemenlänge reichte von den ausgestreckten Fingerspitzen bis zum Ellbogen. Die Steigbügellänge stimmte.

Zum letzten Mal – es war wohl das fünfte – zählte der Bauer das Bargeld für den Pferdehandel nach und nickte zufrieden. Wortlos ergriff er meinen Beigen am Halfter und deutete mir mit hochgerecktem Kinn an: Steig auf. Von links, knapp hinter dem Bug, trat ich an das Pferd heran, ergriff mit der linken Hand die leicht gespannten Zügel mitsamt dem Sattelriemen, hob den linken Fuß in den Steigbügel, brachte meine Körperlast auf das linke Bein und schwang das rechte mit Kraft über die Kruppe und die bepackten Flanken. Vor Aufregung war ich eine Idee zu kraftvoll aufgesessen. Prompt geriet mein Oberkörper in Vorlage. Doch mit einer blitzschnellen Rückenkrümmung in den Katzenbuckel federte ich den Überschwung ab. Nun saß ich lotrecht und solide im Sattel. Die Zügel klemmte ich zwischen die kleinen Finger und die Daumen und brachte eine sachte Spannung auf die beiden Führungsringe an der Kandare.

Erst wenn mein Guide im Sattel säße und das neue Packpferd an der Leine stünde, wollte ich losreiten. Doch der Graue bockte, und Yama entschied sich, ihn und das am Sattel festgebundene Packpferd erst einmal zu führen. Ein letztes *demo* riefen wir der zurückbleibenden Bauernfamilie zu, und unsere kleine Karawane fasste Tritt.

Gemächlich schwenkten wir auf eine Schotterpiste ein, die auf einen Lärchenwald mit nadellosen Skeletten zuführte. Stunden vergingen ohne Worte, die Pferde fielen in gemächlichen Trott, als es über Hänge mit braunen, versteppten Grasbuckeln immer höher ging. In langen Serpentinen zog sich die Piste den Hang hinauf und zerschnitt auch löchrige, teils apere Schneefelder. Ganz allmählich schob sich die höchste der Kuppen auf uns zu, ihre Gratlinie stand schwarz vor dem wolkigen Himmel. Ich sah mich in alle Richtungen um, spähte nach Tieren in freier Wildbahn, nach Wölfen, Gämsen und Adlern, die man am Paarflug erkennt. Doch nichts regte sich in der klaren Luft und am buschlosen Hang. Wir schienen die einzigen Lebewesen in dieser Einöde zu sein. Steil baute sich der Anstieg zur Passhöhe vor uns auf. Doch da die Piste noch immer in weitgeschwungenen Schleifen die beachtliche Steigung anging, empfand ich den Anstieg nicht als übermäßig kraftraubend. Nach dem regelmäßigen Schnaufen und ausgewogenen Tritt meines Pferdes zu urteilen, war es auch steileres Gelände gewohnt. Als sich vor uns ein zerfurchter, tiefer

Einschnitt im Hang, eine Art Canyon, auftat, stießen wir zu unserer Überraschung auf einen kleinen Sumpf. Erst als es die Pferde dorthin zog, kam mir in den Sinn, dass wir Wasser aufgespürt hatten. Nein, nicht wir, sondern die feinen Nasen der durstigen Tiere hatten eine Quelle entdeckt. Während sie die kaum merkliche Strömung des Rinnsals beschnupperten, um es anschließend durch die geblähten Nüstern einzusaugen, stieg ich ab und hockte mich nieder, um im Morast die Stelle zu finden, wo die Geburt des Wassers sichtbar wurde. Selbst in der unwirtlichsten Natur ist Leben möglich, dachte ich, bescheidenes Leben, das sich mit klarer, salziger Trockenheit zufriedengibt. Doch ich fand die Stelle nicht, wo das Wasser, im Tibetischen das weiße Element, das Tageslicht erblickte. Zu flächig quoll es ans Licht, zu unmittelbar vermischte es sich mit dem gelben Element der Erde. Noch in den Morgenstunden musste es gefroren gewesen sein, denn die Ränder der Tümpelchen knackten unter den Stiefeln. Für das Nachfüllen der Trinkflaschen war selbst der größte der Tümpel zu flach. Also marschierten wir weiter, mit neuen Kräften weiter bergauf. Die Entdeckung des weißen Elements beflügelte uns. Die Pferde hatten ihren Durst gestillt und schritten straffer. Yama fing an zu singen und überholte mich nach einigen hundert Metern. Ein Jauchzer, vergleichbar einem Jodler, entschlüpfte ihm, und freudestrahlend deutete er bergauf. Nun sah auch ich die braune Spitze eines Steinhaufens mit Stangen voll bunter Girlanden. Singend marschierte er, die Serpentinen einfach ignorierend, direttissimo darauf zu. Um meine Sangeskünste ist es weniger gut bestellt, so lauschte ich, ohnehin mit Atemholen beschäftigt, seiner Intonation, dem Wechsel von hellen Tönen der Kopfstimme mit dunklen Tönen, die aus der Tiefe seiner Bauchhöhle zu kommen schienen. Die langen Akkorde seines Gesangs zeugten von der Wehmut in der tibetischen Seele und einer uralten Inspiration durch Landschaften wie diese, die wir in aller Einsamkeit durchquerten.

Auf beiden Augen hätte ich blind sein können, und trotzdem hätte ich gewusst, das wir uns dem Scheitel des Gebirgszugs näherten. Das Gesicht, der ganze Körper gab Bescheid. Der Wind frischte auf. Mein Pferd drängte mit der Schnauze gegen meinen Unterarm, als wollte es sagen: Mensch, geh schneller! Gleich einem aufgerissenen Acker bedeckten Steinbrocken und windgeschliffene Kiesel den Grat. Wolkengebirge hingen so tief, dass sich der Weg in ihrem Grau verlor. Yama, der vorauslief, bückte sich mitten auf dem Steinacker, kurz bevor er den Pass erreichte, und griff sich einen faustgroßen Stein. Lauter, als der Wind zu heulen vermochte, rief er: *«Lha gyal-lo!»*, die Götter haben gesiegt! Im Vorbeigehen warf jeder von uns einen Stein zu den Tausenden von anderen Steinen auf den Haufen, den frühere Passgänger im Verlauf von Jahrhunderten aufgeschichtet hatten. Gewiss würde der kleine Berg eines Tages zu einer Himmelspyramide emporwachsen. Ich tat es ihm gleich und rief: *«So, so, so»*, wie ich es von Tibetern gelernt hatte.

Am Pass ließen wir nichts zurück. Weder abgetragenes Schuhwerk oder Kleider noch Scherben zerschlagener Schnapsflaschen oder Gebetsfahnen, wie viele Tibeter es zu tun pflegen. Wir passierten den Bergkamm in Demut. Eine Trinkpause wollten wir uns erst gönnen, wenn der Wind uns in Ruhe ließe. Doch das konnte noch dauern, denn die Piste schickte sich an, eine wolkenverhangene Senke zu durchqueren. So trotteten wir weiter, und die Pferde trotteten mit. Wie viele Stunden mochte das flache, karge Gelände uns noch umgeben? Nach wie vor zeigte der Höhenmesser eine Zahl mit zwei Vieren am Anfang.

Kaum merklich ließ das Schneegestöber nach, und das Grau des Weges wuchs sich zu einer goldenen Linie aus, die in helleren Wolkenzonen verschwand. Schon dachte ich ans Campieren, da schnaubten die Pferde und scheuten. Ihre spitzen Ohren zeigten nach vorn, und ihre Nüstern flatterten vor Aufregung. Sie unterbrachen den Trott und stemmten ihre Hufe in den Boden. Erst nach einem lauten *tschu* und einem noch lauteren *tschu, tschu* ließen sie sich widerwillig bewegen. Nach kurzer Gehzeit führte die Piste um einen Hügelkopf herum. Da sahen wir den Grund für die Aufregung der Tiere. Eine Gruppe von Fußgängern kam mit geschulterten Stangen auf uns zugelaufen. Die Pferde scheuten abermals, als der Trupp vorrückte. Ich wunderte mich, weil die Leute Stangen, aber kein Gepäck über den Schultern trugen. Noch fünfzig Schritte, und ich erkannte den Grund für die Furcht der Tiere. Die dunklen Gestalten kamen mit Schaufeln bewaffnet daher, denn sie arbeiteten als Straßenwächter, hielten die Piste über den Pass instand. Erst jetzt begriff ich, dass es hier auch Verkehr gab. Als sie an uns vorbeimarschierten, glotzten sie nur stumm. Ich hatte mit meinem Pferd alle Hände voll zu tun. Es wollte seitlich ausbrechen und wäre beinahe Hals über Kopf getürmt. In diesem und in weiteren Fällen sollte ein herzhafter Griff in die Zügel weitaus mehr nutzen als gutes Zureden.

Keine Fragen nach dem Woher und Wohin, kein Schwätzchen und keine Zigarettenpause. Mein Guide machte keine Anstalten, sich mit seinen Landsleuten auszutauschen. Grußlos schritt er an ihnen vorbei, als wären sie seiner nicht würdig. Ich folgte dicht hinter dem Grauen und dem Packpferd, die er beide kurzhielt. Seine Gleichgültigkeit wunderte mich. Von den Nomaden Westtibets kannte ich das herzhafte Palaver, das entwaffnende Herausstrecken der Zunge und das Schulterklopfen. Vermutlich lag es am Wesen der osttibetischen Khampa, denen ein Hang zum Kriegerischen nachgesagt wird. Oder lag es einfach daran, dass alle müde und abgekämpft waren und mit so geringem Aufwand wie möglich tieferen Regionen zustrebten?

Uns lenkte die Piste um eine steinige Kuppe herum, hinter der eine Belohnung auf uns wartete. Im Schein einer satten Sonne wölbte sich Hügel um Hügel, allesamt rötlich braun, bis weit in den Horizont hinein. Auch Yama schaute wie gebannt über das Land zu unseren Füßen. Offenbar bot sich selten solch ein klarer Blick. Wir mussten uns losreißen, denn die Sonne verlor bereits ihre wärmende Kraft. Guter Dinge schwangen wir uns in die Sättel und ritten, geblendet von diesem Shambala, diesem Paradies überirdischen Glücks, ein ausgetrocknetes Bachbett hinab. Nochmals schaute ich über die Schulter zurück und sah nichts als Geröllfelder und einen Steingrat, der mit granitgrauen Wolken Zwiesprache hielt. Diese Landschaft kann sich in kürzester Zeit vollständig verändern. Wieder einmal staunte ich und war verblüfft wie ein Kind.

Wie Festschmuck säumten Buschinseln und Zwergbäume den Pfad, der uns abseits der Piste zügig ins Tal leitete. Hätten wir Herbst gehabt, hätten wir die Tiere nicht weiter gebracht. Sie hätten sich verweigert, um nach der Anstrengung des Tages ausgiebig zu fressen. Doch Anfang April bedeckten nur Hartgräser und schüttere Moosplatten den trockenen Boden. Zwar verfing sich ein Hauch von Grün in den dornigen Macchia-Sträuchern, aber das war nur Nahrung für das Auge. Bislang hatte die Erde es nur zu einem tristen Braun gebracht. Eine Weggabelung kam uns als Rastplatz gerade recht, bevor die Beine vom Reiten einschliefen. Wegen des Gepäcks hinter dem Sattel saß ich über die Mähne ab, indem ich aus den Steigbügeln stieg, das rechte Knie in beide Hände nahm, es hochzog und das Bein so hoch wie möglich über den Widerrist schwenkte. Mit Bedacht rutschte ich aus dem Sattel und sprang auf den Boden. Die Rast hielten wir kurz, denn die Pferde fanden weder Wasser noch Futter. Futter fand sich zu dieser Jahreszeit nur gegen Geld auf den Tennen der Dorfbauern. So stemmten wir bald unsere Hintern vom kalten Boden hoch, ergriffen die zusammengebundenen Pferde beim Strick und schlurften schweren Schrittes zum Dorf hinab, das sich in Sichtweite befand. Nachdem wir mit den Schuhen die trockenen Dungfladen am Rand des Feldes zur Seite gekratzt hatten, schlugen wir auf dem leidlich sauberen Fleck unsere beiden Zelte auf. Der Bauer führte unsere Pferde am randalierenden Kettenhund vorbei in den Innenhof und versorgte sie mit einem kräftigen Fuder Stroh, das seine Frau vom Schober auf dem Flachdach herunterwarf. Uns brachte er eine Thermoskanne frischen Buttertee und ein verdächtig schmutziges, handliches Säcklein, das er Yama wie selbstverständlich in die Hand drückte. Yama bedankte sich herzlich bei seinem Landsmann, dem alle Zähne fehlten. In meine Richtung rief er: «Gib mir einen Topf.»

«Den großen oder den kleinen?»

«Den großen. Ich bin sehr hungrig und du sicher auch.»

Wo steckte bloß das Campinggeschirr aus Chengdu? Ich tastete die Plastiksäcke von außen ab, rüttelte an jedem einzelnen und horchte auf ein Klappern. Beim Rütteln fiel es mir ein: In einen gelben Plastikbeutel hatte ich die Alutöpfe zum Kocher, zur Tankflasche und zum Teekesselchen gepackt. Und der kleine gelbe Sack steckte im großen roten. Das wusste ich noch genau. Ich öffnete diesen und begann mit beiden Händen zu graben, während Yama das schmutzige Säckchen aufknöpfte und seine ungewaschene Rechte hineinschob. Gut gefüllt zog er sie gleich wieder heraus. Schon hielt ich ihm den gewünschten Alutopf hin. Das Mehl aus gerösteter Gerste, von dem er fünf hohle Hände voll in den Topf schaufelte, sah grauer und gröber als Weizenmehl aus. Dafür pappte es weniger an den Fingern, als er Buttertee dazugoss und anfing zu kneten. Er hantierte mit großem Geschick, indem er den Daumen der rechten Hand von außen um den Topfrand legte und die vier Finger nach innen krümmte. Bei dieser Kunst des Knetens greifen nur die Fingerspitzen vom Rand her in den Mehlhaufen. Mit der anderen Hand drehte er den Topf ohne Unterlass, als drehte er an einer Töpferscheibe. Nochmals schüttete er einige Schlucke vom Buttertee hinzu. Nach erneutem Topfdrehen nahm der hellgraue Teig die Form eines Kloßes an. Mit dem richtigen Maß an Buttertee vermengt, ergab sich ein fester, feuchter Teigkloß, der trotz seines Salzgehalts zart nussig schmeckte. Zum Spaß versuchte auch ich es mit dem Kneten. Doch ich gab viel zu viel Tee hinzu, und schon bald klebte ein Großteil des feuchten Mehls wie Kleister an meinen Händen, während der kleinere Anteil trocken zerbröselte. Trotz dieser Sauerei gab ich nicht auf. Da wir uns von nun an häufiger von Tsampa ernährten, lernte ich bis zum Ende der Reise die Zubereitung des tibetischen Nationalgerichts. Allerdings machte ich den Teig lieber mit einer Prise Zucker an. Gesüßt, gaukelte er dem Gaumen den Geschmack und die cremige Festigkeit von Marzipan vor. Zugegeben, ohne Beigabe ist Tsampa eine trockene und schale Sache, die einem leicht im Hals stecken bleibt. So aß Yama seinen Kloß frühmorgens am liebsten zur Nudelsuppe oder zum Trockenfleisch. Tsampa sollte mit jeder Etappe an Bedeutung gewinnen und uns schon bald so etwas wie Erste Hilfe werden.

Kurz nachdem die Sonne hinter die Westberge gesunken war, stürzte die Anzeige auf der Celsius-Skala ab, als hätte ich meine Armbanduhr gerade ins Gefrierfach eines Kühlschranks gelegt. Die kommende Nacht versprach noch frostiger als die letzte zu werden. Im Dämmerlicht stapelten wir eilends das Gepäck vor die Zelte, dann krochen wir in unsere Behausungen und verpackten uns in Erwartung einer sternklaren, eisigen Nacht.

Gewarnt durch den Frost der letzten Nächte, hatte ich ein Präservativ namens Biwaksack über meinen Schlafsack gezogen. Als ich mich am Morgen aus dieser Pelle freistrampelte, erlebte ich eine herbe Überraschung: Die äußere Daunenschicht glänzte feucht von meinen Ausdünstungen, und der Schlafsack fühlte sich stellenweise nass an. Die Aluschicht des Biwaksacks hatte die Hautatmung blockiert und den Körper regelrecht versiegelt. In der Überhülle stand das Kondenswasser. Eile war angebracht an diesem Morgen der Minusgrade. Aus dem Gepäckchaos kramte ich die Rolle Klopapier, ratschte den Reißverschluss am Zelt auf und schlüpfte mit zusammengebissenen Zähnen in eisige, raureifweiße Bergstiefel. Ohne sie zu schnüren, stürzte ich auf das nahe Feld. Der langersehnte Stuhlgang zwischen Yakfladen bewies, dass ich in Tibet angekommen war.

Nach dem Kampf mit unserem Hauptgegner, der Ausrüstung, zahlten wir für Stroh, Tsampa, Tee und Camping und starteten erneut gen Westen, wo ein Gebirgsriegel seine felsige Faust in den Himmel reckte. Das Dorf, dessen Kinderhorde uns noch länger lärmend verfolgte, lag am Rand eines Tals, das wir auf morastigem Grund queren mussten. Anfangs frohlockte ich, denn eine frühlingshafte Wärme entschädigte für die frostige und feuchte Nacht. Als mir jedoch bei den letzten Gehöften der Duft der Mandelblüte in die Nase stieg, überkam mich ein Anflug von Heimweh. Glaubte ich doch die Blüte am Bodensee zu schnuppern. Im Talgrund stießen wir auf einen Bach, wo wir die Tiere saufen ließen und uns ein Frühstück, einen gesüßten Schwarztee mit Tsampa, gönnten.

Bevor wohlige Schläfrigkeit von uns Besitz ergreifen konnte, packten wir Kocher und Wassersack ein und schwangen uns in die Sättel. Wieder vergingen Stunden schweigsamen Reitens. Anfangs studiert man noch die Folgen der Winderosion an den Hängen, die Mineralfarben in den wechselnden Erdschichten, die Hinweise auf Abholzung durch chinesischen Raubbau und die drohende Versteppung durch ausbleibenden Niederschlag. Doch schon bald gerät das kritische Denken in den Hintergrund, und das Bauchgefühl übernimmt das Kommando. Gekommen ist nun die Zeit des Schauens.

In Tibets karger Weite gewinnen Formen und Formationen einen neuen Stellenwert. Sie werden zu tragenden Strukturen der Landschaft. Das an Farbklänge gewöhnte Bewusstsein gewinnt ganz allmählich dem Monochromen ungeahnte Reize ab. So werden mit den Stunden und Tagen Schattierungen bedeutsam, wie sie ineinander und auseinander fließen. Vielleicht reizt hier das Monochrome auch deshalb mehr als anderswo, weil sich die Erdlandschaft unter einem viel ausladenderen, viel tieferen Himmel zelebriert. Schließlich befällt einen beim stillen Schauen eine gewisse Trunkenheit. In der dünnen Luft entstehen Bilder. Bilder von einem leeren Raum, dem Raum zwischen Himmelsgewölbe und Erde. Die Erde wirkt geduckt, zusammengekauert, während der Himmel aus weitem Brustkorb zu atmen scheint. Über einer ewig hungrigen Natur mit verdorrten Grashalmen und Polstern von Flechten gewinnen die Wolken eine geradezu beängstigende Eindringlichkeit. Sieht man in ihnen Luftfahrzeuge, dann lenken die Scheinwerfer dieser Fahrzeuge das Licht auf Grashänge. Auf Schneefelder. Auf Felsbänder. Auf Bodenwellen und Wasserläufe.

Wir bewegten uns mitten in einem Spiel von Licht und Schatten und waren doch Zuschauer am Rande, denn dieses Spiel dauerte schon Jahrmillionen und würde uns und gewiss auch unsere Kinder und Kindeskinder überleben. Vielleicht liegt in diesem Spiel die Erklärung dafür, dass der tibetische Buddhismus die farbenprächtigste Variante des Großen Buddhaweges ist. Im tibetischen Vajrayana blendet Visualisieren über in Imagination. Aus der Imagination erwächst die Transzendenz. So werden aus Grashängen Himmelsterrassen. Aus Schneefeldern Leichenäcker. Aus markanten Felsen Yidam, Stupas, Chörten. Aus Bodenwellen Lotosgärten und aus Flussläufen sich paarende Schlangen. Im Zeichen von sieben Schlangen formulierte Nagarjuna um das Jahr 250 siebzig Verse über die Leere, Shunyata. Nach seiner Auffassung ist die wahre Natur allen Seins die Leere, in der sich letztendlich alles Gegensätzliche – Kargheit und Buntheit, Geschlossenheit und Offenheit, Lärm und Stille, Individualität und Universalität, Leben und Tod – aufhebt. Doch um diese Vollendung der Weisheit zu begreifen, so der indische Philosoph, muss der Mensch erst einmal erkennen, dass das Prinzip des Gegensatzes das grundlegende Prinzip unserer Vorstellungen und unserer Geisteswelt ist.

Gewiss – die Natur, durch die wir ritten, existierte als uns tragende und umhüllende Materie aus Erde und Stein. Aber wie sehr sich ihr Wesen von dem unterschied, was ich in ihr sah, sollte sich schon bald erweisen. Mit jedem Hufschlag, der uns tiefer ins Tal lenkte, wurde mein Unmut stärker. All diese Höhenmeter, gewiss um die achthundert bis tausend, die wir tiefer gelangten, würden wir später wieder hinaufmüssen, haderte ich in Gedanken. Erschöpft, wie ich war, wäre ich am liebsten ebenerdig weitergeritten. Mit bangen Blicken sah ich immer wieder zu dem heranrückenden, höher und höher wachsenden Bergstock empor. Kurz bevor wir seine felsigen Ausläufer erreichten, gabelte sich der Weg, und wir mussten nach Norden abbiegen. Wenige hundert Meter hinter der Wegbiegung erwartete uns eine Überraschung. Das gewaltige Hindernis von Bergmassiv hatte sich gespalten und aufgeteilt. Von Osten, aus der Richtung unserer Annäherung, war nicht zu erkennen gewesen, dass nicht einer, sondern zwei Bergstöcke gestaffelt hintereinanderlagen. Da wir uns jetzt aus einer anderen Blickrichtung näherten, erkannten wir, dass es einen schmalen Durchlass zwischen beiden Massiven gab und wir nicht zu einem Grat hinaufmüssten. Der Durchlass zwischen den beiden Rücken erlaubte uns, auf derselben Höhe westwärts vorzudringen. Ich atmete auf, und Nagarjuna kam mir in den Sinn. Auf dem östlichen, zerklüfteten Tibetplateau fließen alle großen Flüsse von Norden nach Süden. Entsprechend verlaufen die Bergketten entlang ihrer Flanken. Ein Reisender, will er nach Westen, muss diese Ketten übersteigen oder für viele Tagesreisen den Flüssen folgen, die in Nord-Süd-Richtung verlaufen, bis er auf eines jener sehr seltenen Seitentäler in westlicher Richtung stößt. Der Durchlass, den wir, von heftigen Steinschlägen zur Eile getrieben, soeben staunend durchritten, war solch ein seltenes Tal, solch ein tektonisches Wunder.

Schon bald näherten wir uns einem Flugplatz. So hörte es sich zumindest an. Ein Brausen, Röhren und Fauchen raste das Tal entlang durch die Luft. Die Wände peitschten den Schall, als wäre er ein Kreisel, der uns sein pfeifendes Echo um die Ohren schlug. Der Lärm wuchs so bedrohlich an, dass die Pferde ihren Gang verlangsamten und bald ganz stehen blieben. Wir saßen in den Sätteln und konnten nichts unternehmen. Sie blähten die Nüstern, und das wachsame Spiel ihrer Ohren erstarb. Sie drehten die Ohrmuscheln auf frontal und horchten nur noch nach vorn. Dann liefen sie schneller, weil sie sich gegenseitig echauffierten. Kurz sah es aus, als wollten sie seitlich ausbrechen, in ihrer Verzweiflung gar den Steilhang hinauf. Als Erstes hielt das Packpferd an, beruhigendes Zureden half da nichts mehr. Wir saßen ab und gingen zu Fuß, die Tiere kurz angebunden führend. Nach quälenden Schritten über Schotter und rutschige Platten traten die Felswände zurück. In geringer Distanz bog der Pfad um einen überhängenden Pfeiler aus Fels. Das Fauchen war mittlerweile zu solch einem Tosen angewachsen, dass sich unsere Lippen wie bei Taubstummen bewegten. Fallwinde wirbelten an steilen Schuttrampen, deren schuppiger Belag mich an Echsenhaut erinnerte, Staubwolken auf.

Das Brüllen kam von Wassermassen, die sich tobend gegen die Flanken der Berge warfen. Wütend, verzweifelt, als ginge es um Leben und Tod, wollten sie sich Durchlass verschaffen. Vor uns in der Tiefe verengte Millionen Jahre alter Granit das Strömungsbett eines Flusses auf ein lächerliches Maß. Mit dem ganzen Druck seiner Masse kämpfte der Fluss, um der Erdanziehung zu gehorchen, um von der Höhe in die Tiefe zu gelangen. Unser Saumpfad folgte seinem Lauf in respektabler Höhe, und für Stunden wurden wir Zeugen eines Kräftemessens zwischen dem weichen Element Wasser und dem harten Element Erde. Beim Blick in die Tiefe fragte ich mich, ob es wirklich stimmt, dass das Weiche das Harte überwindet? Gewiss nicht im Moment der Betrachtung. Ganz sicher aber in einer langen Zeitspanne.

Der sich mal zusammenschiebende, mal dehnende Wasserlauf formte eine Art Raupe, eine unschöne Larve, die sich südlich vom Wendekreis des Krebses als Schmetterling namens Mekong entpuppt. Vom Kartenstudium wusste ich, dass wir den Oberlauf des Mekong queren mussten. Würde ich meine Trinkflasche in das schäumende, milchig braune Wasser werfen, sie würde die Nachricht von unserem Ritt durch Laos, Thailand, Kambodscha und Vietnam tragen, womöglich noch weit in die pazifischen Gewässer hinaus. Welch eine gewaltige Reise ein solch kleines Ding, das in jede Jackentasche passt, ohne eigenen Antrieb, nur im Vertrauen aufs Getragenwerden, unternehmen könnte. Bald würden wir über den brodelnden Fluss müssen, um frisches Trinkwasser in die blaue Aluflasche zu schöpfen. Noch wussten wir nicht, wie, also marschierten wir erst einmal weiter. Wir bewegten uns. Wir handelten, denn im Handeln liegt das Geheimnis des Wissens.

Der steinige Pfad, dem wir uns, von Osten kommend, anvertraut hatten, mündete in eine breite Schotterpiste mit tiefen Spurrillen. Nur kurz freuten wir uns über die geschenkte Breite, dann gingen wir schneller. Die Rillen stammten von den Reifen tonnenschwerer Trucks, die hier verkehrten. Wie würden die Pferde reagieren, wenn sie bereits der Lärm des Ngom Chu in Panik versetzte? Und es kam, wie es schlimmer hätte nicht kommen können. Unter herrischem Hupen fuhr ein Lastwagen der Marke Ostwind von hinten so dicht auf, dass sich der Graue losriss und mit einem Satz über die Hangwasserrinne der Fahrpiste den Steilhang ein Stück hinaufstürmte. Die Rucksäcke auf seinem Rücken verrutschten, schleiften am Boden entlang und wären um ein Haar abgeworfen worden. Auch das Packpferd riss sich vom Führstrick los und galoppierte mit hüpfenden Säcken quer über die Fahrrinne den Hang hinab. Mein Milchkaffee wollte dem Grauen den Hang hinauf folgen. Da ich ihn eisern am Halfter hielt, entwickelte er im Aufbäumen eine derartige Kraft, dass er meinen Arm hochriss und mich seitlich gegen einen Felsblock an der Böschung warf. Schmerzen wie nach dem Motorradsturz explodierten in der Schulter. Noch Tage danach kurierte ich die Prellung mit homöopathischen Dosen von Traumeel.

Und der Truck? Hinter der staubblinden Scheibe sah ich eine winkende Hand. Der Fahrer trat heftig aufs Gaspedal und fuhr, ohne anzuhalten, weiter. Vielleicht hatte er im Rückspiegel die geballten, hochgereckten Fäuste und die unbändige Wut auf unseren Gesichtern erspäht. Yama hatte sich noch nach einem Stein gebückt, aber schon hatte eine Staubwolke das Blechmonster verschluckt. Da standen wir nun – eingehüllt in eine Wolke, die nach Wolle und Kakao roch und auf den Zähnen einen ungesunden Belag hinterließ. Der Zusammenprall mit der Moderne schmerzte mich nicht nur in der Schulter, sondern auch im Herzen. Die Tragödie nahm ihren Lauf. Das Tal öffnete sich zu einer überschaubaren Ebene, auf der eine tote Tankstation im Sand zu versinken drohte.

Du glaubst, in eine verlassene Goldgräbersiedlung einzudringen. Keine der Glasscheiben in den einstöckigen Wohngaragen ist heil. Fensterläden hängen wie betrunken in den Rahmen, Türen sind eingetreten oder vernagelt. Gegenüber dem verschlossenen Gittertor einer Tankstation liegt an einem holprig betonierten Platz ein kleines Gefängnis aus Holzbrettern, mit einem Blechdach, das halb abgerissen und hochgebogen ist. Das gekrümmte Blech ächzt und bewegt sich im Wind wie ein riesiger Handschuh, der dir winkt, näher zu treten. Den Pferden ist das scheppernde Blech nicht geheuer, sie scheuen und wollen zurück. In dem Verschlag eine Frau mit bleichem, flachem Gesicht. Dieses Wesen schaut dich wortlos an, ohne sich zu bewegen. Du kannst nicht widerstehen. Du bindest dein Pferd am Gittertor der Tankstelle fest und querst die breite, betonierte Piste. Mit jedem Schritt wird klarer, dass vor dir keine Goldgräbersiedlung liegt, sondern eine Müllkippe. Eine Latrine der Wegwerfgesellschaft. Noch schaust du ungläubig auf den Boden vor deinen Füßen. Der Platz um den kleinen Knast scheint vom Streik der Müllabfuhr betroffen zu sein. Tausende hauchdünner, rosaroter Plastiktüten und -tütchen hängen wie Gebetsfahnen an den Sträuchern, Zäunen und Gattern ringsum. Am Boden tanzen Tüten. Die runden Plastikdosen der Instant-Nudelsuppen liegen entweder zertreten wie Dungfladen auf der Erde, oder sie rollen vor dem Wind her. Ausgelaufene Batterien, grünes Leergut von Bier und Schnaps, Klarsichtverpackungen von Nüsschen und Trockenfleisch und aufgeschnittene Blechdosen von Wurstwaren und Waschpulvertüten verteilen sich wie Erbrochenes auf dem betonierten Platz und auf dem Hang zum Fluss hinab. Zwei einsame Hühner steigen über das räudige Fell eines verwesenden Hundekadavers und stochern mit ihren Schnäbeln im Abfall. Weiter unten haben sich die rostroten Skelette eines Jeeps und eines Lasters auf einem Felsvorsprung verfangen. In seiner morbiden Verkommenheit strahlt der Ort die Faszination einer gefledderten Leiche aus. Noch immer starrt die junge Chinesin hinter den Gitterstäben hervor. Ihr Gesicht zeigt keinerlei Regung.

Natürlich handelte es sich bei der Bretterbude nicht um einen Knast, sondern um einen mit schweren Barren gesicherten Shop, dessen Holzregale mit Gegenständen des täglichen Bedarfs wie Handschuhen, Klopapier, Taschenlampen, Feuerzeugen, Unterwäsche und Getränken bestückt waren, sowie mit Fleischkonserven, abgepackten Nudelsuppen, Keksen und einer Ladung roter Dauerwürste. Ich kaufte eine große Pepsi und eine jener Dauerwürste im feuerroten, fettglänzenden Plastikdarm, wie es sie hier überall gab. Die Chinesin bediente uns so routiniert, als würde sie ihren Kiosk mitten in Peking betreiben, als wären wir flüchtige Passanten ihrer Tageskundschaft. Kaum reichte ich ihr das abgezählte Geld, warf sie die Scheine in einen Schuhkarton. Noch standen wir herum und schütteten das Gesöff in uns hinein, da watschelte sie in ihren Micky-Maus-Schlappen bereits in das Haus neben der Tankstation und warf die Brettertür mit Kraft hinter sich zu. Nach dem Koffeinkick holten wir die Pferde, führten sie auf Abstand am Knast-Shop vorbei und saßen mit einem Rülpser wieder auf.

Über das halbzerfallene Viadukt, über das wir nun ritten, führte im Altertum die Ziegeltee-Route Jung Lam aus den südchinesischen Teeprovinzen nach Lhasa. Als wäre ein Bann gebrochen, schnaubten sich unsere drei frei, und gleich hinter dem ruinösen Fort liefen sie an. Mein Hengst wieherte, als dankte er dafür, das Geisterdorf hinter sich lassen zu dürfen. Ich tätschelte ihm den Hals und fuhr ihm kraulend durch die Mähne. Diese Berührung liebte er fast so sehr wie Leckereien. Sofort lief er schneller und fiel erstmals in den schnellen Gang. Welch eine Überraschung. Er beherrschte den Pass. Das dicht folgende Packpferd ließ sich nicht lumpen. Ein Wettstreit zwischen den beiden entbrannte. Das Packpferd lief schneller, holte auf, ja, es überholte am Führstrick und setzte an, die Spitze zu übernehmen. Staub wirbelte auf, der Strick schlenkerte gefährlich zwischen den Läufen. Aber Milchkaffee ließ nicht locker, um nichts in der Welt wollte er seinen Führungsanspruch abtreten. Mitten im Pass verfiel er in Galopp. Sand und Kiesel stoben durch die Luft, die vom Hufschlag bebte. Ein Kräftemessen im Galopp bahnte sich an.

Ein zu flottes Tempo zweier verbundener Pferde kann leicht gefährlich werden. Jeden Moment kann sich eines der beiden, aufgewühlt, wie es ist, mit seinen ausgreifenden Läufen im schwingenden Seil verheddern und mitsamt Reiter und Gepäck stürzen. Um nichts in der Welt durfte ich einen Sturz, einen Beinbruch oder sonst eine Verletzung riskieren. So ergriff ich den Strick, den ich am Sattelknauf festgebunden hatte, und zog das Packpferd im Galopp dichter und dichter an meine Seite. Gleichzeitig zwang ich mein Pferd zu einem Rechtsschwenk. Mit höchster Zugkraft und einem heftigen Zügelschlag wurde ich wieder Herr über die Pferde und zügelte das verbundene Duo so streng, dass es zum Stehen kam. Mit gespitzten Ohren und Schaum vor den Lefzen warteten die beiden hitzigen Passgänger auf ein neues Kommando. *«Tschu»*, rief ich barsch und klopfte nicht gerade zimperlich an. Mein Pferd trat zahm an, und das Packpferd fügte sich, da ich mit meiner behandschuhten Linken den Führstrick kurz und straff gespannt hielt. Erst als die Leitordnung wieder stimmte, gab ich dem Aufmüpfigen mehr Strick, und er konnte sich seine kleine Freiheit wählen. Das Überholmanöver hatte nur kurz gedauert, mich aber ganz schön außer Puste gebracht, denn der Weg führte bereits wieder in die Höhe. Als ich mich im Sattel umdrehte, erhaschte ich das Grinsen meines Guides. Anscheinend hatte er die ganze Zeit zugeschaut, wie ich aus dem Sattel heraus mit Hengst und Wallach rang.

Für den Rest des Tages passten die Tiere ihren Schritt dem ansteigenden Gelände an und harmonierten im Trio. Abgesehen von Sandbarrieren und ausgewaschenen Rinnen, ließ es sich auf dem groben Kiesel ruhig reiten – zumindest kam es mir angenehm ruhig vor. Sitzt man im Sattel, befindet man sich in einer erhabenen Position. Im Auto kommt es auf die Straßenlage an. Das Reiten hat dagegen etwas Luftiges, etwas Leichtes.

In Osttibet folgen die Handelsadern den großen Flüssen, die alle aus dem Norden in den Süden strömen. Wir waren nach Westen unterwegs, mussten also das Tal des Ngom Chu schon bald wieder verlassen. In der Wiederholung begriff ich das Prinzip des Reisens gen Westen: in einer langgezogenen Diagonale die Bergflanke eines großen Flusstals hinauf. Anschließend immer tiefer in das sich verengende Hochtal eines Zuflusses hinein. Zu guter Letzt auf einer Höhe von mindestens 4000 Metern über den Scheitel der Bergflanke hinweg. Von hier wiederholt sich die Prozedur in umgekehrter Richtung.

Zügig kamen wir den Schattenhang entlang so hoch, dass der Ngom Chu und die grüngesprenkelten, terrassierten Flure in den Buchten seiner Windungen auf Spielzeuggröße schrumpften. Hoch oben krümmte sich der Weg in seinem Verlauf und schlängelte sich um eine geborstene Felsnase herum. Vor uns ein schneebedecktes Gebirgsmassiv, dass einem der Atem stockte, viel gewaltiger als alle bisherigen Riegel. Vor meinem Auge baute sich ein Urvater von Berg auf, ein Bergpatriach inmitten seiner steinernen Sippe, die auf unseren Tross herabblickte – nicht grimmig, nicht wohlwollend, eher abwartend und auf alles gefasst. Wir ließen uns von ihrer schwarzgrauen Dominanz vor einem milden Himmel nicht entmutigen und hielten tapfer auf sie zu.

Zur Belohnung erwartete uns am Abend eine Ansiedlung von Gehöften, die auch ohne Geranien- und Gatterschmuck die Partnerschaft eines Walliser Bergdorfs verdient hätte. Jedes Bauernhaus, dessen weit vorragendes Flachdach wie eine Baskenmütze auf dem Sockelkopf saß, lag zwar an einem Steilhang, doch inmitten von Grün. Auf den Terrassenfeldern, die die Höfe wie eine Halskrause schmückten, strahlten weiß blühende Baumkronen wie Broschen. Eine milde Natur verwöhnte das Dreißigseelendorf mit einem blitzblanken Bächlein und einem Koniferenwald. Abgerindete Kiefernstämme, deren Querschnitte weit über hundert Jahresringe zählten, lagen am Dorfeingang aufgeschichtet. Anscheinend erlebte der Flecken einen Bauboom, zumindest zeugten davon die gefällten Riesen, die zu Säulen und Deckenbalken verarbeitet wurden. Das Kreischen einer Motorsäge, das Hämmern von Zimmerleuten und der schrittmachende Gesang von Frauen, die in Kiepen Steine schleppten, waren die Musik dieses Dorfes. Wieder mündete der Weg auf einen Platz, diesmal nicht voller Beton, sondern voller Wasser. In der seichten Furt spielte ein scheckiges Knäuel Tibeterkinder. Kaum hatten sie unseren Tross erspäht, kamen sie winkend und johlend angerannt.

Auf dem Grashügel, oberhalb der Furt, gab man uns Quartier, Buttertee und warmes Essen und unseren Tieren Stroh und ungemahlene Gerste, Bali genannt. Sofort fühlten wir uns heimisch, denn wir durften an den Ofen und unsere Pferde in den Hof. Bisher hatten wir im Freien campiert und die Häuser der Einheimischen, Mauerklotz an Mauerklotz, nur von außen zu Gesicht bekommen. Umso mehr war ich nun auf das Innere dieser Lehmburgen gespannt, deren rissige Wände sich zum Himmel hin verjüngten. Würde sich die Bemalung der Balkenköpfe mit roter und schwarzer Kalkfarbe auch an den Deckenbalken im Inneren fortsetzen?

Draußen kann die Welt untergehen. Das Gemäuer trotzt allen Wettern. Die Hofmauer, bestimmt drei Meter hoch, trägt auf ihrer Krone Schichten von Yakdungfladen oder Scheite geviertelter Kiefernstämme zum Feuermachen über das Jahr. Stets ist die Hofmitte zum Himmel hin offen, aber oftmals wird die Hofmauer von einem umlaufenden Flachdach gesäumt. So entsteht ein offener Stall im Geviert, wo das Jung- und das Federvieh, das Pferd, die schwarzen Schweine und manchmal auch Schafe Unterschlupf finden. Fehlt dieser Hofstall, wird das Vieh im fensterlosen Erdgeschoss des Wohnhauses über Nacht oder über den Winter einquartiert. Immer führt eine steile Stiege vom inneren Stall in den Menschenbereich hinauf. Zusätzlich kann es auch eine äußere Stiege aus dem Hof auf das umlaufende Flachdach hinauf geben. Wer die innere oder äußere Stiege erklommen hat, gelangt über einen kurzen Flur in den stets warmen Bauch des Hauses. Hier kann sich jeder auch im strengsten Winter geborgen fühlen.

Der Wohnraum, von Holzsäulen getragen, erinnert an einen Altarraum. Wie in einem Lhakhang, einem Haus der Götter, sind die Säulen und Deckenbalken mit Blumen und dem gelben unendlichen Knoten, der weder einen Anfang noch ein Ende kennt, bemalt. Die Türen und Schubladen der Schrankwand sind ebenfalls farbig verziert. Bemalt auch die Nische mit den bauchigen Kesseln für das Trinkwasser, das an der Tragestange vom Brunnen oder vom Zapfhahn am Wasserplatz geholt werden muss. Auf den ausgetretenen Holzdielen des Wohnraums vermisst man die Möblierung. Nur unterhalb der Fensterbänke sind Schlafpodeste mit niedrigen Tischtruhen aufgereiht. Stühle, Sessel, Sofas oder auch ein Esstisch fehlen, dafür wird der Raum von der Leere zwischen den Säulen beherrscht. In aller Offenheit wohnen und schlafen hier bis zu zehn Menschen.

Und wir kamen noch dazu. Ein Platz auf den mit Teppichen belegten Podesten am Ofen wurde uns zugewiesen. Der Ofen, besser: der Ofenherd, bildete den Mittelpunkt des Raums, auch wenn er nahe der Wand auf einem gemauerten Sockel stand. Unsichtbar, aber stets nahe dem Herd lebt der schweinsköpfige Herdgott, den das Überkochen von Yakmilch, Suppe und Wasser zur Raserei bringen kann. Tab Lha ist für die Reinheit des Herdfeuers zuständig. Anfangs beging ich den Fehler, Papier oder Taschentücher durch die Ofenklappe ins Feuer zu werfen. Niemand wies mich zurecht, doch ich spürte, wie unangenehm das den Leuten war. Erst später wurde ich von Yama auf die Pflicht zur Reinhaltung des Feuers aufmerksam gemacht. Nach dem Ritual darf nur Yakbutter in die Flammen gegossen werden.

Wären der gusseiserne Herd nicht so kantig und seine niedrigen Füße weniger eckig gewesen, man hätte ihn leicht für ein kauerndes Tier halten können. In den Raum hinein ragte seine nimmersatte Schnauze, die von morgens bis spät in die Nacht mit Dungfladen oder Holz gefüttert wurde. Der flache Rücken trug verrußte Töpfe und Kannen, und der Schwanz reckte sich als Blechrohr senkrecht zur Decke empor, wo er durch ein eckiges Loch im Freien verschwand. Nicht nur die Ofenplatte, sondern auch der Holzboden um den Herd wurde von einer Batterie verrußter Gefäße belagert. Bis zu zehn Töpfe, darunter immer ein verschraubbarer Drucktopf aus Aluminium, eine Kesselpfanne und eine oder zwei Schnabelkannen drängten sich um die Feuerstelle. Die vielen Töpfe, Kessel und Schnabelkannen waren lebenswichtig, um Vorräte aufzubewahren, Speisen zuzubereiten und jederzeit über heißes Teewasser zu verfügen. Erhöht hinter dem Herd standen auf einem gemauerten Sockel glänzende Bronzekessel an der Wand, die einst zur Aussteuer der Braut gehörten und jetzt als Vorratsbehälter in ihrer bauchigen Behäbigkeit dem Raum etwas Gemütliches gaben. Der Wirrwarr an Gerätschaften – Siebe, Kellen, Messer und Schöpflöffel hingen an Schnüren zwischen Nägeln an den Balken – erinnerte an Wäsche auf der Leine. Aus dem blechernen Sammelsurium ragte das hölzerne Butterfass vorwitzig empor. Mit seinem handlichen Stößel, dessen Griff durch ein Loch im Fassdeckel ragt, wird der starke Sud des Schwarztees mit einem pfundigen Stück Yakbutter verquirlt. Gewürzt mit einem Händchen Salz und einer Prise Soda – und fertig ist das tibetische Nationalgetränk. Buttertee ist eine Art Bouillon mit vielen Fettaugen obenauf. Aber Buttertee ist nicht gleich Buttertee. Da eine Kanne den ganzen Tag auf dem Feuer köchelt, ist der Tee gegen Mittag schon schal, und gegen Abend dominiert die Butternote derart den Geschmack, man könnte gleich in ein Stück Butter beißen. Verdorbene oder alte Butter, manchmal wird sie monatelang mangelhaft gekühlt in einem Gedärmesack gelagert, lässt die Bouillon käsig schmecken. Im schlimmsten Fall wie eine Scheibe Roquefort in Schwarztee aufgekocht. Dagegen mundet frische Yakbutter so sahnig wie die Butter irischer Kühe.

Während wir dem frischen, heißen Tee zusprachen, schauten wir uns um. Die Bemalung der Holzsäulen und Deckenbalken, vorrangig in den Farben Indigo, Bordeaux und Flaschengrün, gaben dem Raum die Anmutung einer Galerie. Der Hausaltar, vollgestellt mit Opferschalen, Statuen und Torma, den aus Gerstenmehl gekneteten Speiseopfern – zum Besänftigen der Zornvollen Gottheiten in dreieckiger Form und zur Ehrung der Friedvollen Gottheiten in runder –, stand unmittelbar neben dem Ofenherd auf einem Wandschrank mit handbemalten Schubladen. Wie das schulterhohe Altarmöbel waren auch die blutroten Einbauschränke in einer Wandnische mit Goldblumen und eisblauen oder weißen Vögeln geschmückt.

Jedes Gehöft birgt eine Schatzkammer. Doch diese Kammer zeigt man dem Fremden nicht. In ihr verwahrt die Familie ihre Reichtümer, über die sie ungern spricht. In einem fensterlosen Raum, durch eine Tür vom Wohnraum getrennt, stapeln sich die Schätze in Säcken und hängen an den Balken unter der Decke. Die Ernte eines Sommers an Buchweizen, Gerste, Saubohnen, Hafer, dazu Trockenfleisch vom Yak, Lamm oder Schwein sowie der in größeren Mengen eingekaufte Tee und Reis werden hier gelagert, denn der nächste Krämerladen liegt nicht immer um die Ecke. Dafür liegt im Winter oft hoher Schnee.

Eisenbewehrt

Seltsam klang das Mantra, das mein Guide am siebten Morgen anstimmte. Eigentlich hatte ich wie üblich auf die Keimsilben *Om, Ah, Hum* gelauscht, doch aus dem wirren Decken- und Schlafsackberg in meinem Rücken vernahm ich Töne, die sehr weltlich klangen: «Uli, wir haben ein Problem.»

«Was für ein Problem, Yama?» Ich setzte mich im Schlafsack so hastig auf, dass mir kurz schwarz vor den Augen wurde. «Den Pferden fehlen Eisen.» «Verdammt», entfuhr es mir, und missmutig strampelte ich mich frei. Ich hatte mich gleich gewundert, dass die Hufe nicht beschlagen waren. Aber aus Zurückhaltung, wohl auch aus laienhafter Schüchternheit, hatte ich das ungute Gefühl verscheucht. Inzwischen saßen wir dicht nebeneinander auf den zerknüllten Schlafsäcken. Ich sah einen Anflug von Verzweiflung in seinem Blick. Er schlug die Augen nieder, weil er vermutlich in meinen den Vorwurf *Warum hast du nicht früher daran gedacht?* bemerkt hatte. Bloß keine Schuldzuweisung, warnte ich den Rechthaber in mir, sonst scheitert das Unternehmen, bevor es richtig angefangen hat. Stattdessen fand ich aufmunternde Worte: «Frag mal die Schnapsteufel, ob es im Dorf einen Hufschmied gibt.» Meine abfällige Bemerkung über unsere Gastgeber, die noch schliefen, kam nicht von ungefähr, denn die beiden Männer und die Frau hatten bis spät in die Nacht chinesisches Fernsehen geguckt und nach Programmschluss noch lange dem Chang, dem sauren Gerstenbier, zugesprochen. Mehrmals waren sie in der Nacht lallend über unsere Füße gestolpert, weil wir unsere Pferdedecken, Matten und Schlafsäcke in einer windgeschützten Ecke des Hofdachs auf dem Weg zur Pissrinne ausgebreitet hatten.

«Wenn es einen Dorfschmied gibt, gibt es auch Eisen», meinte Yama wie abwesend, während er sich an seine Morgentoilette machte. Diese bestand aus Kämmen, Stauchen, Lockern und Schütteln und erneutem Kämmen der Langhaarfrisur, wozu er mein Necessaire-Spiegelchen benötigte. Während er seine Frisur wieder und wieder im Spiegelchen korrigierte, ging ich einige Schritte über das Lehmdach, um in der äußeren Mauerecke das Wasser abzuschlagen. Der Urin sprang in die Regenrinne und floss auf einer Brettschnauze durch die Brüstung ins Freie, von wo aus er auf einen Haufen Unrat außerhalb der Mauer plätscherte.

Beim anschließenden Zähneputzen mit Trinkbecher und Thermoskanne genoss ich den Rundblick über das Tal und wünschte mir einen Ruhetag. Kaum freundete ich mich mit diesem Gedanken an, kamen die rotznasigen Buben des Hauses angerannt und zerrten an meinem Hosenbein, ich solle mit ihnen spielen. Wie der Ältere mir sein schmutzig braunes Händchen entgegenstreckte, machte ich eine erstaunliche Entdeckung: Seine rechte Hand hatte nicht fünf, sondern sechs Finger. Die Hand hatte nicht einen, sondern zwei Daumen. Auf dem Rücken des regulären wuchs ein kleinerer zweiter, der wie ein dürres Ästchen abstand. Ohne Scheu nahm ich die Kinderhand, um das Extradäumchen zu examinieren. Der überflüssige Auswuchs fühlte sich hart, aber natürlich an, eben wie ein zweites Daumenglied. Während ich dieses drückte und daran zog, schaute mich der Tibeterjunge aus seinen Knopfaugen so selbstbewusst an, dass ich ihm anerkennend zunickte, als besäße er den größten Schatz der Welt. Nach einer Stunde mit den Kindern kam Yama geknickt von seinem Kundschaftergang durchs Dorf zurück. «Es gibt keinen Hufschmied, auch keine Hufeisen. Hier gibt es keine Pferde mehr. Ich muss zurück nach Markham.» Mich traf der Schlag, das hieß hundertdreißig Kilometer zurück. «Brauchen wir denn überhaupt Eisen?» – «Doch, doch, der Weg wird immer felsiger, sagten mir die Leute. Der Graue hat gestern schon gelahmt. Womöglich kommen wir auch auf Asphalt oder Beton. Das wetzt die Hufe ganz schnell ab, und die Tiere werden sich weigern weiterzulaufen.» Sorgenfalten auf seiner braunen Stirn. «Ich fahr allein nach Markham zurück. Bleib du hier, morgen bin ich wieder da.»

Also doch ein Tag Pause für mich. Und den Pferden würde eine Rast auch guttun. Ich konnte eigentlich zufrieden sein.

«Soll ich noch was mitbringen?» – «Lass mich mal überlegen. Ja, wir brauchen frisches Gasoline. Nimm die Flasche mit und lass sie an der Tankstelle nachfüllen.» Ich begleitete ihn den Hügel hinab bis zur Furt. Hier warteten wir, ob irgendein Gefährt vorbeikäme. Doch die nächste Stunde tat sich nichts. Bevor ich ihn allein ließ, händigte ich ihm meinen Tagesrucksack mit der roten Tankflasche und zweihundert Yuan für den Einkauf aus. Er musste das Flehen in meinen Augen gesehen haben, denn er klopfte mir auf die Schulter. «Keine Sorge, ich fliege, aber erst muss ich wegkommen.» Entschlossen strich er sich eine Strähne aus der Stirn, schlüpfte in seinen roten Anorak und lief einige Schritte bergab, wo er sich auf einen vergessenen Baumstamm setzte.

In Faulenzerlaune ging ich zurück, den Hang wieder hinauf. Wenig später konnte ich mir nicht verkneifen, vom Hofdach nochmals zum abschüssigen Dorfweg und meinem wartenden Guide hinabzuschauen. Die beiden Buben hatten einen Waschzuber umgedreht, um neben mir über die Mauerkrone schauen zu können. Inzwischen folgten sie mir auf Schritt und Tritt. Mit ihren schmutzstarrenden Fingerchen umklammerten sie meine Handgelenke und zupften, miteinander flüsternd und zu mir hochschielend, an der blonden Behaarung meiner Unterarme. Gönnerhaft ließ ich sie meinen Haarpelz betasten, hatte ich den absonderlichen zweiten Kinderdaumen doch auch in Augenschein genommen. Außer prächtigem

Haupthaar, spärlichem Achsel- und bescheidenem Schamhaar haben tibetische Männer keinen nennenswerten Haarpelz am Leib und um das Kinn nur einen schütteren Bartwuchs, eine fisselige Fortsetzung der Koteletten. Angesichts des Haarmangels verstand ich die kindliche Neugier ganz gut.

Gemeinsam mit meiner anhänglichen Bagage begann ich, das Nachtlager zu ordnen, die Schlafsäcke einzurollen und die Satteldecken aufzuschichten. Anschließend mühte ich mich die steile Außenstiege in den Hof hinab zu den Pferden und buhlte um ihr Vertrauen, indem ich sie am Hals klopfte und ihnen mit weicher Hand über den Rücken strich. Wie ich beim Weggehen an meinen olivgrünen Hosenbeinen hinabschaute, entdeckte ich jede Menge weißer und grauer Haare, ganze Büschel, die sich über den Winter zwischen dem Deckhaar gebildet hatten und jetzt abgestoßen wurden. Ich zeigte den Kindern die Bescherung, und lachend wiesen sie auf meinen Kopf, wo alle Haare fehlten. Glatzen kennt man in Tibet nicht. Mit ihrem Spott an meiner Frisur hatten sie mich auf eine Idee gebracht. Wäre heute nicht ein idealer Waschtag? Nicht zur Haarwäsche, aber zur Kleiderwäsche? Verschwitztes gab es genug. Ich besorgte mir den Zuber vom Hofdach und ein Händchen voll Waschpulver aus einer aufgerissenen Tüte, die auf einer ausgedienten Nähmaschine neben einem muffelnden Kleiderberg lag. Die Kinder liefen voraus, am knurrenden Kettenhund vorbei, den Hangweg hinab zur Furt. Kaum war ich aus dem Hoftor getreten, sah ich den Wartenden sein Haar strähnen. Zu dritt liefen wir zu ihm hin, und ich fragte verwundert: «Ist noch immer nichts vorbeigekommen?» – «Doch, ein Jeep, aber der hat nicht angehalten. Besser, wenn du dabeistehst, dann halten sie aus Neugier an, und ich steige schnell ein.» Es musste bereits Mittag sein, so hoch stand die Sonne im Zenit. «Okay!» Mit Händen und Füßen machte ich dem kleinen Tschibi und seinem Brüderchen klar, sie sollten im Zufluss zur Furt meine Wäsche einweichen. Sie verstanden meine Gesten und gehorchten wie wohlerzogene Kinder. Nicht lange dauerte es, da näherte sich ein Kleinbus vom Pass her kommend. Die Richtung stimmte schon mal. Als erfahrener Tramper wusste ich, dass man mit Winken und freundlicher Miene viel erreichen kann. Besessen vom Wunsch, den Wagen zu stoppen, trat ich vor meinen Guide mitten auf die Schotterpiste und winkte mit hochgerissenen Armen, als ginge es um einen Unglücksfall. Der Fahrer bremste viele Meter vor uns. Bevor ich die Besatzung hinter der eingestaubten Windschutzscheibe erkennen konnte, nahm ich das Kennzeichen wahr – und erschrak. Das knallrote W auf weißem Grund stand für Volksbefreiungsarmee. Schon erspähte ich die moosgrünen Uniformen und die platten Chinesengesichter. Aber da war es längst zu spät, um den weißen Wagen durchzuwinken. Das Seitenfenster wurde heruntergekurbelt, und misstrauische Augenpaare observierten uns wie Wegelagerer. Yama erklärte in fließendem Chinesisch, was Sache war, obwohl er Chinesen nicht leiden konnte, chinesische Soldaten schon gar nicht. Er solle schleunigst zusteigen, wurde ihm vom Offizier auf dem Vordersitz mit einem stummen Nicken signalisiert. Keineswegs schüchtern, öffnete Yama die Schiebetür und drängte sich zwischen Uniformen hindurch auf die Rückbank, wo er sich mit rundem Rücken klein machte. Der Motor heulte auf, der weiße Minibus ruckte an und zuckelte einige Meter, bis er ganz sacht Fahrt aufnahm. Bang schaute ich hinterher und betete, dass der VBA-Offizier ihn nicht nach meinem Permit fragen würde. Wie ich nach seiner Rückkehr erfuhr, wollten sie nur wissen, aus welchem Land ich käme. Ich winkte dem Bus hinterher, und auch meine kleinen Kameraden schwenkten die schmutzigen Händchen wie Schokoladetäfelchen in der Luft. Den Nachmittag verbrachte ich mit der Wäsche, meinem Tagebuch und dem Aquarellblock, auf dem ich Tschibi, seinen kleinen Bruder, unsere burgartige Herberge und die Ornamentik der farbigen Balkenbemalung festhielt.

Irgendwann kamen die Schnapsteufel verkatert aus dem Haus geschlichen, gaben den Pferden Stroh und mir frischen Buttertee und warmes Fladenbrot. Dankbar streckte ich mich auf meinem Lager aus und genoss den freien Blick auf die weißen Spitzen des Bergmassivs über dem Tal und den mattschwarzen Wald ringsum. Wie ich so auf den Pferdedecken lag, fühlte ich mich wie eine Zelebrität, denn Tschibi und sein jüngerer Bruder hatten all ihre Freunde informiert. Laufend bekam ich Besuch von Kindern, die aus respektablem Abstand jede meiner Bewegungen verfolgten, sich aneinanderdrückten und schauten und schauten. Hatten sie sich sattgesehen, liefen sie nach Hause, und wenig später bauten sich die älteren Geschwister, teils auch die Väter, vor meinem Lager auf. Erstaunt stellte ich mit wachsender Besucherzahl fest, dass die Frauen fehlten und dass mir vor allem die Alten auf den Pelz rückten. Am Rand der Pferdedecken, auf denen ich lag, herrschte eine Andacht, wie man sie aus Museen kennt. Das herzliche *tashi delek* gab ich bald auf, denn die Besucher – nein, der Besucherstrom – schauten mir nur mit steinernen Mienen mitten ins Gesicht. Entweder sie verstanden mein tibetisches «guten Tag» nicht, oder sie scheuten sich, mich anzusprechen. Manche der Dörfler bauten sich so dicht vor mir auf, dass ich ihren Zwiebelatem riechen konnte, sogen die Luft hörbar in die breiten Nasenflügel und ergründeten meine Erscheinung aufmerksam. Tibetische Augen sind groß und voller Feuer. Unter wulstigen Brauen sitzen sie in tiefen Höhlen und werden von Tränensäcken gestützt, die sich wie Simse über den hohen Backenknochen wölben. Liddächer, verlängert durch dichte, harte Wimpern, schützen das Augenlicht. Bei den Alten hat sich die faltige Haut um die Augenhöhlen derart abgesenkt, dass die Mandelaugen der Jugend nur noch zu erahnen sind. Grüne, graue oder blaue Augen fehlen völlig. Immer changiert die Farbe der Pupillen zwischen dem Goldbraun des Bernsteins und dem Steinbraun des Tigerauges. Die Einheitlichkeit von dunklen Augen, dunkler Gesichtshaut und dunklem Haar führte dazu, dass bereits im Kulturkosmos der Renaissance die Tibeter als ein nur sich selbst ähnliches Volk bezeichnet wurden: tantum sui similis.

Bei so viel Publikumsverkehr verflog der Nachmittag wie nichts. Obwohl jede Menge Blicke an mir saugten und aus nächster Nähe auf mein Tagebuchgekritzel stierten, sank ich mit dem Verschwinden der Sonne zur Seite und schlummerte ein, dem Abend entgegen. Dieser hielt eine schöne Überraschung bereit. Als ich in der anbrechenden Dämmerung erwachte und an die Mauerbrüstung trat, erspähte ich Yama auf dem Sozius eines Motorrads, das sich mit heulendem Motor den Hang heraufquälte. Ich lief den Hügel hinab, um ihn zu begrüßen. «Na, hast du alles bekommen?» – «Ja, hab ich. Hufeisen, genug Hufnägel, Gasoline und deine Lieblingskekse, die mit Zucker und Salz.» Ich lachte, und mit einem *tashi delek* half ich ihm beim Absteigen. Als ich die rote Aluflasche vom Gepäckträger abschnallte, machte ich eine schreckliche Entdeckung: Zwar war vom kostbaren Inhalt nichts ausgelaufen, dafür fehlte der Pumpstößel, mit dem man das Benzin unter Druck setzte. «Yama, du hast was Wichtiges verloren, schau her!» Mit diesen Worten zeigte ich auf das schwarze Loch am Flaschenkopf, in das ein nageldünner Druckstößel gehörte. Er musste sich durch die Erschütterung gelockert und auf der rauen Fahrt herausgeschoben haben. Hätte Yama die Flasche im Rucksack aufrecht transportiert, hätte er den Stößel nicht verloren. «Wir brauchen einen neuen Kocher! Wie stellst du dir das vor, campieren, ohne zu kochen?» Mein Guide merkte, dass ich in meiner Verzweiflung ärgerlich wurde, und faltete die hochgereckten Hände beschwichtigend. «Ich fahr zurück, vielleicht finde ich das Teil.» – «Nein, vergiss es.» Aus Sturheit oder von schlechtem Gewissen geplagt, lief er, die Fahrspur observierend, den Weg ein gutes Stück zurück, während ich mit meinen kleinen Freunden an der Hand zum Haus hinaufstieg. Oben im Hof zeigten sie mir stolz, dass sie mein Hemd, zwei Paar Socken und zwei T-Shirts ausgewrungen und auf eine Leine gehängt hatten. Auch wenn mich ihre Anhänglichkeit allmählich nervte, war mir bewusst, dass sie allein, auf sich gestellt, würden erwachsen werden müssen. Wehmütig dachte ich an meine Kinder, die ich fünf Jahre lang als Alleinerziehender versorgt hatte. Wir lebten damals in Köln am Rhein, mein Vater in Oberschwaben. Immer wenn wir dorthin fuhren, freuten sich die Kinder auf die Wirtshausbesuche. Der Opa war spendabel, und sie durften bestellen, was sie wollten. Bevor wir wieder ins Auto stiegen, lichtete er uns vor dem Vehikel ab und steckte seinen Enkeln einen kleinen Batzen mit den Worten zu, sie sollten ihn nicht vergessen.

Mit hängenden Schultern kam Yama zurück und warf sich auf das Deckenlager. Ohne ihn aufmuntern zu wollen, meinte ich bestimmt: «Morgen reiten wir weiter. Ich will hier weg.» Mit Einbruch der Nacht stülpte der Berg seine Aura über die meine. In meiner Vorstellung schob er sich so dicht an unser Freiluftlager heran, dass ich immer wieder erwachte und zu seinem fahlen weißen Grat hinaufstarrte. Würde er uns das Weiterkommen verwehren? Uns abschütteln wie Läuse aus seinem grünen Pelz? Vom Tal aus führte eine schmale Piste zu seiner Schulter hinauf. Kein Regenmonat vergehe, so hatte unser Hausherr beim Abendtrunk erzählt, ohne donnernde Schuttlawinen mit Steinschlag. Immer wieder müsse das halbe Dorf die Piste frei schaufeln, damit die jenseitigen Dörfer am Leben blieben. Hätte ich ein Fernglas besessen, ich hätte das Bergoberhaupt und die Einkerbungen auf seinem Leib in einem fort beobachtet. Weit nach Mitternacht, als nur noch der Berg vernehmlich atmete, indem er sein Wasser talwärts schickte, setzte ich mich in meinen Daunenschichten auf und schaute zu seinem Haupt empor. Der Berg atmete ruhig und stetig und war wach. Genau wie die Erde, das Feuer, das Wasser, die Luft und der leere blaue Raum. Am offensichtlichsten wachte das Element des Feuers. Die Sonne schickte nämlich ihr Licht hinauf zu den Schneefeldern hoch über meinem Nachtlager. Komme, was kommen wolle, wir mussten zum trittschweren Schnee hinauf. Wir mussten den Berg erklimmen, zumindest seine Schulter. Die Koordinaten unseres Ritts wiesen in seine Richtung, aber über ihn hinaus.

Als der Morgen graute, schrak ich aus flachem Schlaf hoch, weil die Waldpassage brannte. Natürlich brannte sie nicht. Benebelt vor Müdigkeit, war ich einer Täuschung erlegen. Was wie Rauchwolken aussah, war nur Taugespinst, das über dem Leib des Berges waberte. Schon früh kamen wir auf die Beine, und keine halbe Stunde später tränkten wir an der Furt die gesattelten Pferde. Tschibi, mein Zweidäumchenfreund, sein kleiner Bruder und die Eltern schliefen noch. Nur der heitere und trinkfaule Onkel, der uns klammen Outdoor-Gesellen eine Kanne frischen Buttertees in den Hof brachte, half beim Packen und Satteln. Er führte meinen Beigen am dösenden Kettenhund vorbei aus dem Hof und den Hügel zur Furt hinab. Dort bogen wir auf einen Trampelpfad ein, der sich zu einer Baustelle oberhalb des Dorfes schlängelte.

Kolonnen von Männern und Frauen, auch Mönche in weinroten Kutten, gruben und schaufelten bereits und schleppten Steine, Mörtel und Sand, als wir auf dem Bauplatz eintrafen. Kaum sahen sie uns kommen, ließen sie die Arbeit liegen. Einige warfen ihre Schaufeln einfach weg und kamen auf uns zugelaufen, um uns in Augenschein zu nehmen. «Wir bauen einen neuen Dorftempel», wurde uns mitgeteilt. Einer der Mönche zeigte auf einen Pfad, der hangaufwärts im Gebüsch verschwand und in dessen Trittmulden Regenwasser stand. Zwar hatte es in der Nacht kurz geschüttet, auf dem Bergkranz ringsum hatte es geschneit, doch inzwischen schien die Sonne, und zwischen den Zweigen perlte und blinkte Tau in den Spinnennetzen. Bei der leisesten Erschütterung löste er sich und tropfte ins verfilzte Unterholz, durch das sich die Pferde einen Durchlass bahnten. Schon bald saßen wir ab und stapften ihnen voraus. Anfangs kamen wir gut voran, doch kaum wechselte die Vegetation, von schütteren Nadelbäumen zu welkbraunen Büschen, geriet unser Trupp ins Stocken. Die Tiere hatten eine Delikatesse gewittert. Trotz Halfter und Kandare stießen sie ihre Köpfe gierig in die verwelkten, ledrigen Blätter vom letzten Herbst und schlangen das halbvergorene, schwärzliche Fasermaterial in sich hinein. Anders als Kühe, die viel eiweißhaltige Nahrung brauchen, verwerten Pferde am besten holziges Ballastmaterial wie diese alten Blätter. Pferde haben keine vier Mägen zum Wiederkäuen, sondern nur einen kleinen. Und wie der Mensch einen langen Darm. Bei ihrer Gier mussten unsere drei mehr als ausgehungert sein. Und das bereits am Morgen nach einem Ruhetag mit viel Stroh und einer guten Ration Bali. Für Sorge blieb keine Zeit. Der Puls hämmerte immer stärker. Ich setzte alles daran, im unwegsamen Gelände mit dem Tempo der Pferde mitzuhalten, zumal Yama von hinten drängte. «Weiter, bleib nicht immer stehen!», rief er, mir dicht auf den Fersen. Ich japste nach Luft. Beflissen tat ich wieder einen Schritt, mit großer Überwindung den nächsten und mit noch größerer Mühe die übernächsten, während sich mein Blick in den Kehren des Pfads über unseren Köpfen verbiss. In Steilpassagen über 4000 Metern hängen einem an den Füßen zentnerschwere Gewichte. Hitziges Blut braust durch die Adern, als wären diese zu eng, als wollte es raus aus dem Körper. Im Kopf kocht es, und Hals und Lungen brennen wie eine offene Wunde.

Unerwartet kam mir Milchkaffee bei dieser Morgenkletterei zu Hilfe. Er agierte als Zugpferd und stupste mich mit der Schnauze an, wenn ich ins Hecheln verfiel und meinte, nicht mehr zu können. Oder er fiel am Halfter zurück, wenn ich im steilen Gelände zu weit gespreizte Tritte wählte. Das Unterholz wurde schütter, ein Zeichen dafür, dass wir höher kamen. Auch daran, dass der Himmelsraum sich über unseren Köpfen zu weiten begann, erkannten wir den Fortschritt. Schneefall setzte ein, als unsere Abkürzung auf den regulären, ausgeholzten Passweg traf. In umständlichen, aber weniger kraftraubenden Schleifen ritten wir ab hier im Nassschnee zur Bergschulter hinauf. Dort, wo es nicht höher ging, kam ein erlösendes *lha gyal-lo* über schneenasse Lippen. Froststeife Hände klopften triefende Mähnen, und aus zusammengekniffenen Augen sandten wir einen letzten Blick zu unserem Quartierdorf hinab. Zwei Männer ritten in eine neue Welt hinein, während knatternde Gebetsfahnen im Spalier sie wie Helden begrüßten.

Helden halten etwas aus. Wir hielten auf jeden Fall mehr aus als viele mitgebrachte Produkte made in Germany. Das Wanderhalfter, das einem Pferd unterwegs das Fressen erlaubt, weil es geteilt werden kann, war schon am zweiten Tag unserer Reise an der Verbindung von Stirn- und Kehlriemen gerissen. Beim Polyesterhalfter hatte das Packpferd die Nieten gesprengt. Beide Halfter flickte Yama in tibetischer Manier mit Yakhaarstricken, die er durch wundersame Knoten ineinander verwob. Doch damit nicht genug: Mein UV-Lippenbalsam löste sich in der Höhe in Pampe auf. Die Tuben für Zahnpasta und andere Salben leckten bald an allen Enden, denn sie bestanden aus zu dünnem Blech. Die Sohlenverklebung meiner Bergstiefel begann sich bereits jetzt abzulösen, und auch die Nähte der Doppelsatteltasche rissen auf. Die Gummiauflagen meiner Steigbügel lagen irgendwo zwischen unserem Heldenpass und Markham. Hatte die DIN-genormte deutsche Wirtschaft auch etwas verloren? Vielleicht ihren guten Ruf?

Auf jeden Fall wissen sich Helden zu helfen, entweder sie improvisieren oder huldigen dem Verzicht. Wir übten uns in beidem und erfreuten uns an der Morgensonne. Sie tat unendlich gut, strich Wärme auf unsere Wangen. Sie tränkte auch den Fels entlang des ausgesetzten Pfads in ein so rotes Braun, ich hätte schwören können, durch Gestein von Keuper zu reiten. Das Blau am neuen Himmel, schwärzlich wie gebläuter Stahl, überspannte einen Krater, der geradewegs ins Erdinnere zu führen schien, so tief, so steil fielen seine schartigen Ränder ab. Die neue Landschaft verwirrte meine Sinne, denn was ich seitlich unter mir in großer Tiefe sah, erreichte nicht mein Ohr. Dank meiner Vorstellungskraft wusste ich, dass dort unten ein Flusslauf sein musste. Sein Rauschen, Brodeln und Fauchen war nicht zu hören, zu tief wand sich das Wasser den Kratergrund entlang.

Wir umrundeten windgeschliffene Felspfeiler, an deren Sockel Yama den Grauen zur Eile antrieb. Seine Angst vor herabstürzendem Gestein kannte keine Grenzen. Aber lieber ängstlich und dafür heil, als blutend mit zertrümmertem Schädel am Boden zu liegen. Yamas Achtsamkeit entsprang dem Instinkt eines Menschen, der naturverbunden aufgewachsen ist. Seine Vorsicht war angebracht, denn wir querten den Hang in der Stunde des Steinschlags, wenn der nachtkalte Fels unter Sonneneinwirkung knirschend barst.

Mit knurrenden Mägen ritten wir am Nachmittag in ein grünes Taldorf hinein, an dessen Ende ein chinesisches Esshaus mit einer Auswahl von drei Gerichten auf uns wartete. Die Suppe mit der über Tage weichgekochten Fleischeinlage wäre nicht erwähnenswert, hätten wir sie unter uns verspeist. Aber zu uns gesellte sich überraschender Besuch. Ein älterer Tibeter machte es sich unaufgefordert auf dem freien Hocker an unserem Tisch bequem. In fettigen Strähnen hing ihm das Haar in die Stirn, auf der eine Narbe prangte. Über seinen dicken Backen spannte sich offenporige Haut, das Kinn bekränzten spärliche Stoppeln. Wie ein Amulett trug er einen alugrauen Hausschlüssel an einem schmutzstarrenden Schnürchen um den Hals. In einem fort spielten seine knubbeligen Finger mit dem Saum einer Trainingsjacke, die ausgebeult und fleckig über seinem Wanst klaffte. Diese Jacke, deren Aufdruck ihn als Ford Company Service Specialist auswies, stand über dem Bauch offen, als wäre dem Mann zu heiß. Obwohl er für hiesige Verhältnisse gut beieinander war, spürte ich, dass er Hunger litt. Mit einem Wink lud ich ihn zur Suppe ein. Er zierte sich nicht, dankte auch nicht, aber noch bevor die Suppenschüssel aufgetragen wurde, kamen wir ins Gespräch.

Er habe eine ausgedehnte Pilgerreise hinter sich. Eine Reise ohne Papiere sei das gewesen, begann er zu erzählen. Mit großer Geste zog er unter seiner Jacke ein handliches Album hervor, das er über die Tischplatte schob. Was ich jetzt zu sehen bekam, schlug mir beinahe den Porzellanlöffel aus der Hand. Der dicke Tibeter, den ich für einen Bettler gehalten hatte, war ein ungemein mutiger und willensstarker Mann, ein Held. Bereits beim ersten der rund dreißig Farbfotos stockte mir der Atem. In einer Größe von 9 × 13 lächelte mir der Dalai Lama entgegen. Ich schaute genauer hin und entdeckte, dass das Porträt kein billig kopiertes Touristenfoto war. Ja, er selbst habe das Foto in Dharamsala aufgenommen. Bis nach Indien sei er gepilgert, nur um einmal im Leben Seine Heiligkeit zu sehen. Vier Monate sei er gepilgert. Meistens zu Fuß, auch als Mitfahrer auf der Pritsche von Lastwagen. Nach der Rückkehr ins Dorf hätte ihn die chinesische Polizei verhaftet. Nach einem Jahr sei er wieder freigelassen worden und gleich wieder nach Indien aufgebrochen. Wieder sei er bei der Rückkehr ins Gefängnis gewandert. So gehe das nun schon seit über zehn Jahren. Mit dem Zeigefinger tippte er auf ein Bild von sich unter lachenden Mönchen. Wir unterbrachen das Löffeln und lauschten ihm, wie er von Einbuchtung, von Schlägen, von Torturen, Hass und Neid sprach. Die Chinesen, sagte er, hätten kein Oberhaupt, für das es sich lohne zu leiden. Anders die Tibeter. Auch mich, der Seine Heiligkeit mehrmals getroffen hat, beeindruckte seine Fotosammlung mit lebenden Buddhas und heiligen Statuen aus Lhasa, Nepal und Indien. Ich wusste um die

Entbehrungen einer Himalaya-Überquerung zu Fuß und um die Gefahr, von der chinesischen Grenzpatrouille abgefangen und in das Arbeitslager Trisam verbannt zu werden. Der Tibeter, der mir gegenübersaß und tief gebeugt und schlürfend die Fleischsuppe trank, spielte schon wieder mit seiner Freiheit, denn der chinesische Patron des Lokals hatte sich zu uns gesellt und das Album in die Hand genommen. Für den Besitz eines einzigen Dalai-Lama-Fotos drohte eine Geldstrafe von einigen Hundert Yuan. Im Zweifelsfall auch Gefängnis. Leicht hätte der Wirt den Tibeter verraten und dafür eine Belohnung kassieren können. Doch auf seinem flachen Gesicht zeigte sich keine Regung. Erst als er zwei leere Bierkartons in die Hand nahm und sie aus dem offenen Fenster in den vorbeirauschenden Fluss warf, grunzte er vor Zufriedenheit. Der dicke Mann, der sich als Dendup vorgestellt hatte, erhielt von uns eine Geldspende. Dann wurde bei der Wirtsfrau bezahlt. Für die Addition von zwei Gerichten bemühte sie minutenlang den hölzernen Abakus, um schließlich auf siebenunddreißig Yuan zu kommen. Ein *demo* für den Helden, ein Winken, und weiter ging es bergauf in einem Wald aus Walnussbäumen und Buchen.

Ein gutes Essen ermüdet ungemein. Mehrmals nickte ich ein und überantwortete Milchkaffee, der Stroh gefressen und gesoffen hatte, seinem Trott. Doch sobald sich meine Sitzhaltung im Minutenschlaf verschob, hielt er an, und ich erwachte. Als es auffrischte, war Schluss mit dem Dösen. Wind hatte sich erhoben, kam nun aus einem Wald, dessen Wipfel schwankten, den Hang herabgeeilt, immer schneller und schnurstracks auf uns zu. Dreist sprang er uns ins Gesicht. Das konnte nur ein Fallwind sein, vor uns musste eine gewaltige Steigung liegen. Als wir eine Steinbrücke erreichten, sahen wir die Kehren, wie sie sich durchs Gestrüpp den Hang hinaufschleppten und in einem Buchenwald verschwanden. Um unsere Vierbeiner zu schonen, saßen wir ab und vertrauten uns für windige Stunden den eigenen Beinen an. Vor Einbruch der Nacht traten wir in den Abendschatten eines von schwarzen Wäldern bewachten Hochtals. Die Wälder mussten sehr alt sein. Das belegten der Umfang der vermoosten Stämme und auch die vom Blitzschlag gefällten und ausgebrannten Schwarztannen. Im Dorf kamen wir zur Stunde des Viehtriebs an. Die Bauernkinder holten gerade die jungen Yakochsen und die milchträchtigen Dzomos von den Weiden und trieben sie für die Nacht in den Schutz der Höfe. In dieser Einsamkeit kommt es nicht selten vor, dass sich Wölfe und Bären bis dicht an die Häuser heranpirschen.

Von fern hatten wir das schmuckste Gehöft als Quartier ins Auge gefasst. Zu Beginn des Ritts war uns zweimal der Fehler unterlaufen, beim erstbesten Hof Logis zu erbitten. Unüberlegt waren wir an Bauern geraten, die weder über genügend Futter noch ausreichend Platz verfügten. Seither schauten wir uns immer nach den größten und am üppigsten bemalten Gehöften um, weil wir dort reichliche Futtervorräte und genügend Platz am Ofen vermuten durften. Ja, die Tiere hatten bei unserer Quartierwahl immer Vorrang. Entdeckten wir einen üppig gefüllten Heuschober auf einem Flachdach, hielten wir darauf zu. Sollten wir durch diese Vorauswahl manchmal auch bitter enttäuscht werden – nicht in diesem Dorf der fünfzehn Höfe.

Um zu den Gehöften zu gelangen, müssen wir einen tiefen Wildbach überqueren. Als wir endlich an der Dorfbrücke angelangt sind, flammen drüben die ersten Lichter auf. Petroleumlampen. Ich hasse Holzbrücken, denn ihr hohler Klang erschreckt die Pferde. Zudem sind sie selten solide gebaut und oftmals morsch. Nach uralter Technik werden Baumstämme über das Wasser gelegt und an den Ufern mit Steinbrocken beschwert. Quer auf diesen Stämmen liegen, locker geschichtet und selten fixiert, grobe Holzdielen. Leicht rutscht eine Diele weg, und das Tier bricht mit den Vorderbeinen ein. Zum ersten Tritt muss man es herrisch zwingen. Wir steigen aus dem

Sattel und zerren die Pferde hinter uns her. Kaum berühren die Hufe der Vorderhand die Bohlen, klingt es hohl und dumpf, und die Tiere erschrecken. Sie reißen sich los, an uns vorbei setzen sie mit vier, fünf panischen Sprüngen ans andere Ufer. Dort bleiben sie folgsam stehen. Zum Umfallen müde, schleppen wir uns den matschigen Weg zwischen Lehmmauern entlang. Alle Tore sind verschlossen, niemand ist zu sehen, kein Laut zu hören. Es liegt etwas Bedrückendes in der frostigen Luft. Man könnte meinen, feindliche Wesen lauschten im Verborgenen auf jeden unserer Tritte, auf jeden Hufschlag, auf das leiseste Klirren des Geschirrs. Das Kalkweiß der Mauern wird uns zum Spiegel. Es überstrahlt die blaue Stunde und lenkt uns tiefer ins Dorf hinein. Wir biegen um eine Ecke und – da stehen sie. Ich erschrecke, sehe ich doch nur einen Schattenblock. Einen menschengroßen Scherenschnitt auf dem Weiß der Wand. Erst als wir ganz nahe sind, erwachsen aus den Schatten Lebewesen. Menschen, die reglos und stumm verharren. Blicke durchbohren mich. In der Mitte ragt ein Goliath empor. Seine Haare sind schulterlang. Sein Fellmantel verschafft ihm eine kantige Statur. In meiner Verblüffung sehe ich nur ihn. Dabei umringen ihn Männer, Frauen und Kinder. Seine klaren Züge, die feine Nase, der Augenschwung und seine Körpergröße verleihen ihm die Aura einer biblischen Figur, aber auch die Aura eines Kriegers, heroisch und herrisch zugleich. Seine schmalen Augen leuchten wie von innen bestrahlt. Die Menschen, die ihn umringen, könnten seine Sippe sein. Das zierliche, zerbrechliche Wesen an seiner Seite muss ihm besonders nahestehen. Steht dicht bei ihm seine Schwester, seine Ehefrau, seine Geliebte? In seiner Schönheit wetteifert das Paar. Beim genauen Hinsehen steht die junge Tibeterin zwar an seiner Seite, aber einen winzig kleinen Schritt zurückversetzt, als wollte sie sich einen Fluchtweg offenhalten, um bei Gefahr hinter seinem Rücken zu verschwinden. Noch immer hüllt sich die Gruppe in Schweigen. Blicke schwirren von mir zu ihrem Landsmann, der leise die Frage wagt, ob wir in einem Haus des Ortes Quartier beziehen dürften. Noch immer lastet Schweigen auf der Begegnung an der Mauer. Noch immer diese bohrenden Blicke. Nicht feindlich, aber unverblümt nehmen Augenpaare die Pferde aufs Korn, das Gepäck, das Zaumzeug, die Sättel. Immer wieder tasten Blicke mich ab, vom Hut bis zu den Stiefeln. Trägt der Ausländer eine Waffe unter seiner olivgrünen Uniform am Leib? So warten wir und täuschen Geduld vor. Natürlich könnten wir auf einer nahe gelegenen, von Dungfladen übersäten Weide zelten. Doch so kaputt, wie wir sind, die Zelte im Licht einer einzigen Stirnlampe aufzuschlagen, nein, das ginge über unsere Kräfte. Und dann die Minusgrade der Nacht auf dieser verdammt anstrengenden Höhe ... Plötzlich geht ein Ruck durch die Ansammlung. So hundemüde, wie ich an meinem Pferd lehne, hätte ich den Ruck beinahe übersehen. Goliath hat einmal kurz genickt. Augenblicklich ergreifen geschäftige Hände Halfter, lösen Stricke, schnallen Gurte auf und weisen uns den Weg durch das nächste Hoftor. Noch immer spricht keiner; erst als aus einem Kindermund ein Lachen kullert, ist der Bann gebrochen.

Unter einem lehmgestampften Flachdach im Innenhof werden die Pferde eingestellt und die Sättel samt Decken wettersicher aufgeschichtet. Goliath weist uns den Weg ins Haus seiner Familie. Das Feuer im Ofen wird geschürt, es kracht und zischt das Harz verbrannter Scheite. Die Sippe sitzt zufrieden im Feuerschein, ich sehne mich nach einem warmen Essen, aber keiner hier scheint hungrig zu sein. Yama erzählt von unserem Plan, nach Lhasa zu reiten. Ich verstehe nur *Lhässa la*. Nach Lhasa. Da er aus Amdo stammt und nicht ganz sicher ist, ob die Einheimischen seinen Dialekt verstehen, spricht er viel mit den Händen. Mehrmals formen sie sich zu einer Geste, die in ganz Tibet verstanden wird: Reiter auf Pferd. Er streckt die linke Hand mit ausgestreckten Fingern vor. An der rechten Hand spreizt er den Zeige- und Mittelfinger zu einem

V und setzt diese Finger von oben, als umgedrehtes V, auf den vorgestreckten Zeigefinger der anderen Hand. Schon murmelt die Runde ehrfürchtig: *«Tah ringpo, schedra, tah ringpo.»* Weit, sehr weit. Nach einem verkochten Reisgericht aus dem Dampftopf, kurz vor Mitternacht serviert, kriechen wir in einer Ecke des unmöblierten Wohnsaals in unsere Schlafsäcke. Mitten in der Nacht erwache ich durch wütendes Gebell. Da der Lärm kein Ende nimmt, schaue ich nach draußen. Ist den Pferden etwas zugestoßen? Verschattet und still liegt der Hof im Neumondlicht. Die Tiere sind angebunden und geben keinen Grund zur Sorge. Womöglich hat der Kettenhund nur einen Wolf oder Bären am nahen Bach gewittert. Zurück in die Daunen, da ist man besser aufgehoben.

In der Wärme des Schlafsacks fiel mir seltsamerweise mein Vater ein und dass der die meiste Zeit seines Lebens alleine geschlafen hat. Schon früh hatte er sich von meiner Mutter scheiden lassen und anschließend viele Jahre mit seinem Bruder Tür an Tür in einem großen Geschäftshaus gelebt. Erst mit sechzig fand er wieder eine Lebensgefährtin, mit der er zwar täglich den Tisch, aber nur ab und an das Bett teilte. Beide besaßen eine eigene Wohnung und besuchten sich gegenseitig. In der Regel fuhr er mittags zu ihr zum Essen und kehrte abends zum Schlafen wieder heim. Seltener besuchte sie ihn und übernachtete in seinem Doppelbett. Wie ich so langsam in den Schlaf zurücksank, wünschte ich mir, dass mich im Alter nicht das gleiche Schicksal ereilen möge.

Immer wieder auf dieser Reise erwies sich der Morgen als das Nadelöhr des Tages. Gelang es, die verquollenen Augen aufzuschlagen, die hartgelegene Bein-, Becken- und Halsmuskulatur in Bewegung zu setzen und aufzustehen, ohne dass es vor den Augen zu flimmern begann und die Welt, wenn auch nur für einen Moment, hinter einem schwarzen Vorhang verschwand, dann versprach der Tag ein guter zu werden. An diesem Morgen spielte mein Kreislauf verrückt. Als ich zum

Pinkeln aufs Feld lief, schwankte ich und glaubte beim nächsten Schritt in Ohnmacht zu fallen. Voll Sorge sah ich, wie mein Urin tiefgelb aus mir herausfloss. Schon machte ich mir Gedanken über eine Entzündung im Nierenbecken oder in den Nebenhoden.

In Tibet gehört die Urinschau zur Kunst des Heilens. Im Harn sieht sie nicht nur minderwertige Schlacken, sondern auch eine Ursubstanz mit feinstofflicher Schwingung. Danach ist der Urin, wie das Blut, der Schleim, die Vaginalflüssigkeit und der Samen, von jenem Wind, *lung*, abhängig, der feinstofflich innerhalb und außerhalb des Körpers zirkuliert und über gesund oder krank entscheidet. Grübelnd schlich ich ins Haus zurück, wo mein Guide und seine Landsleute noch reglos unter Decken und Fellen lagen. Nochmals legte ich mich hin, trank einen Schluck eisig kaltes Wasser und fiel kurz darauf in einen traumlosen Schlaf der Genesung.

Wir kamen spät weg und schafften es an diesem Tag bei heftigem Schneefall nur vom Anfang bis zum Ende der Siedlung. Immer wieder auf dem kurzen Wegstück fragten wir nach einem Hufschmied. Sogar in der Dorfschule, wo wie in allen Schulen Tibets unter der blutroten Flagge Chinas unterrichtet wird. Dem Flachbau mit drei Klassenräumen fehlten die Türen. Ungehemmt schwappte Pausenlärm ins Freie. Auf dem verwaisten Vorplatz standen die drei Dorfschullehrer, rauchten und plauderten. Einer der Tibeter trug eine blaugraue Outdoor-Jacke, der zweite steckte in einer kaffeebraunen chinesischen Stehkragenjacke mit Bambusknöpfen und Drachenmuster und der dritte in einem drei Nummern zu großen Nadelstreifen-Zweireiher. Bei ihnen stand eine jüngere Tibeterin in einem grünen Anorak über den Röcken, die nichts Besseres zu tun hatte, als einen Kaugummi immer wieder aufzublasen, bis er zerplatzte. Alle vier zeigten sich wenig hilfsbereit.

Vom Hörensagen wussten wir, dass es im Dorf einen Hufschmied geben musste. Wir fragten uns durch und fanden schließlich sein Haus. Dort am Hang, wo der Wildbach in seinem Bett haderte, fauchte und brüllte. Didschi, der Hufschmied, ein einfacher Beschlager ohne Esse und Werkstatt, war nicht gerade ein Adonis. Nun gut, siebzig Jahre schleppte er bereits auf seinem beachtlichen Buckel durchs Leben. Als wir am Ziegengatter vor seinem Haus standen und er in einer chinesischen Armeejacke und mit einer Ohrenmütze aus Teddypelz auf uns zugewackelt kam, erschrak ich über das Gesicht, auf dem unzählige Warzen und Warzenkrater blühten. Eine Schönheit allerdings verbarg sich in den feuchten kastanienbraunen Augen, die inmitten der Hautirritation nur noch auffälliger strahlten. Fröhlich und scherzend nahm er die Pferde in Augenschein. Alle drei gebärdeten sich wie Kinder beim ersten Arztbesuch, kannten sie doch keine Eisen. Darum scherte sich Didschi nicht. Yama und ich hielten unsere Patienten lediglich am Halfter, während ein Gehilfe aus der Nachbarschaft sich das angewinkelte Pferdebein auf seinen nach vorn gestemmten Oberschenkel legte und es fest umklammert hielt. Didschi schwang den Hammer und setzte Nagel auf Nagel. Rasch gerieten wir ins Schwitzen, denn die Patienten gingen immer wieder auf die Hinterbeine, schnaubten, wieherten und versuchten in ihrer Angst vor der unbekannten Tortur auszubrechen. Auch dem alten Mann rann der Schweiß unter dem falschen Pelz hervor, wie er mit dem Schusterhammer Schlag auf Schlag die kantigen Stahlnägel in den schmalen Hufrand trieb. Das Geheimnis des Beschlagens erkennt der Experte am Stahlnagel. Dessen Spitze ist leicht zur Seite gekrümmt. Die Krümmung lenkt den Nagel nach außen, zur äußeren Kante des Tragrands und weg vom durchbluteten, mit Nerven versorgten Innenteil des Horns. Ist der Nagel fachgerecht eingeschlagen, tritt seine Spitze seitlich aus und kann umgeschlagen und abgeknipst werden. Während sich vier erwachsene Männer auf offenem Feld mit Händen und Fäusten mühten, vorgefertigte Eisen festzunageln, musste ich an das Beschlagen im Stall von Cavallo e.V. denken. Dort kam der Schmied alle acht Wochen mit einem kleinen Laster angefahren, worin er eine ganze Werkstatt mit Massen von unterschiedlich großen schwarzgrauen Eisen transportierte. Routiniert werkte er am mitgebrachten Schraubstock und maß mit einer Batterie von Kneif- und Stemmzangen die passenden Eisen an. Wenn er arbeitete, hielten die Schulpferde still, denn sie kannten das Beschlagen von klein auf.

Auch wenn er sich mit vorgeformten Eisen begnügen musste, gelang es Didschi, an jedem Huf ein schützendes Rundeisen mit acht gebläuten Stahlnägeln zu fixieren. Nein, nicht an jedem Huf. Nur an den Hufen der Vorderläufe. Nach fünf Stunden Arbeit, nach dem Vernageln von sechs Hufen, meinte er sichtlich erschöpft: «Eure Pferde sind zu wild. Es ist unmöglich, sie auch noch hinten zu beschlagen.» Da mochte er recht haben. Aber meine Skepsis blieb, denn nun würden sie vorn höher laufen als hinten. Das halbe Beschlaggeschäft war aus meiner Sicht nur eine halbe Sache. Aber ich schwieg, zumal sich der alte Tibeter ausruhen musste. Nun schafften wir gemeinsam das Gepäck in den Hof und stiegen hinter ihm über einen Treppenbaum in den Wohnraum hinauf, wo seine Frau uns mit Buttertee und einem faltigen Lächeln empfing. Ich ließ mich auf eines der Teppichpodeste am Fenster fallen, denn auch hier fehlte es an Sitzmöbeln, und verschnaufte von einer Hilfsarbeit, die in dünner Luft zur Schwerstarbeit ausgeartet war. Nach der Teepause raffte ich mich nochmals auf und holte die Wurmspritzen aus der Medikamentenbox. Warum nicht die anhaltende Verwirrung der Tiere ausnutzen und ihnen etwas Gutes antun. Yama und ich führten die drei zum Bachbett hinab. Auf dem abschüssigen Pfad staksten sie, als balancierten sie auf Stelzen. Am Wasser angelangt, starteten wir einen Überraschungsangriff. Noch bevor sie die Nüstern ins sprudelnde Wasser senken konnten, schoben wir ihnen von der Seite die Spritzenkanüle unter die Lefzen und drückten rasch die nach Apfel schmeckende Paste auf die Zunge. Die Überraschung gelang, sie schmatzten und kauten und schluckten den gesunden Brei. In vierzehn Tagen galt es die Wurmkur zu wiederholen. Ein Tag, der zweifelhaft begonnen hatte, klang mit leckeren handgeschabten Nudeln aus. Bevor wir uns eine Armlänge von dem alten Paar entfernt niederlegten, notierte ich noch folgende Sätze über eine Erfindung des alten Mannes. Das Schnäuztäschchen: ein praktisches Accessoire für Sitte und Anstand. Weitaus kleiner als ein Taschentuch, bietet sich das aus grobem Flachs gewebte, geldbörsengroße Täschchen an, die Nase in eine Öffnung an der Seite zu stecken und kräftig hineinzuschnäuzen oder auch zu spucken. Die kleine Tasche ist weitaus hygienischer als die allerorts gängige Praxis, sich in die Finger zu schnäuzen und auf den Hausboden zu rotzen oder zu spucken. Aber wie bei allen Erfindungen kommt es auch bei dieser darauf an, in wessen Hände sie gelangt und was derjenige aus der Geistesleistung macht. So weit meine Notiz. Da wir bereits sehr früh am nächsten Morgen auf die beschlagenen Pferde stiegen, weiß ich bis heute nicht, wie oft der alte Mann das Schnäuztäschchen benutzte, bevor er es auswusch.

Auf die nächste Etappe waren wir gut vorbereitet. Mit heißem Trinkwasser und kaltem Tsampa. Wie sie uns prophezeit hatten, versperrte ein gewaltiger, menschenleerer Pass unser Fortkommen. Wie gewaltig?, hatte ich Didschi am Abend noch gefragt. «Bis zu den Wolken hinauf!», hatte er mir geantwortet und mich aus seinen feuchten Augen fest angeschaut. Eine präzise Angabe konnte er nicht machen. Der Umgang mit Zahlen und vermutlich auch das Lesen und Schreiben gehörten nicht in seine Welt.

Am späten Nachmittag hatten unsere Pferde ein ermüdend langgestrecktes Hochtal durchritten. Am Talende wartete alles andere als die Erlösung. Hier sah es aus, als säße man in einer Falle. Rechter und linker Hand ragten Ketten von Schneegipfeln empor. Und vor uns eine weiße Welle. Über diese müssten wir hinweg, rief mir Yama, der stundenlang schweigend vorausgeritten war, zu und zeigte mit dem wattierten Handschuh, der mein Skihandschuh war, auf eine schwarze Linie, die das angegilbte Weiß ansteigend zerschnitt. Dass der Passpfad für ein paar Minuten in dem dichten Schneegestöber auszumachen war, verstand ich als gutes Omen. Flocken tanzten in der Luft, die Zeit schien stillzustehen. Dafür setzten die Pferde ihre Tritte immer bedächtiger. Auf den letzten Längen dehnte sich der Pfad zu einer zähen Spur, und ich verfiel ins Grübeln.

Warum sind wir im Westen so versessen auf den Gipfelsturm, wo doch die Überschreitung eines Passes viel weiter führt? Anders als der Weg zum Gipfel, dem die Schwerkraft ein Ende setzt, ist der Passweg ein Kontinuum. Der Reiz einer Überschreitung gipfelt in der Frage: Was kommt danach? In den Tagebüchern von Tibetforschern wie George Bogle, Thomas Manning und Nain Singh werden die Pässe immer mit Türen verglichen und *dúars* genannt. Auch wir kamen uns vor wie an der Tür zu einer neuen Welt. Zu einer Welt mit einem neuen Wetter, einem neuen Himmel, einem neuen Horizont, bekleidet mit einem noch kargeren oder noch üppigeren Flora-Kleid. Jede Passüberschreitung hielt eine Überraschung bereit. Einmal bewältigten wir einen wüstenartigen Anstieg und sanken dabei tief in den Sand ein, um gleich hinter der letzten Anhöhe von Hunderten von äsenden Yaks umringt zu sein. Ein Pass schürt freudige Erwartungen. Vor einer Vision allerdings bekam ich regelrecht Angst: dass unsere Route hinter dem Pass tiefer und tiefer in Einkerbungen von Flüssen hinabführte, aus denen wir uns später mühsam würden wieder herausarbeiten müssten.

Bei diesen Gedanken schafften wir es erstaunlich locker, nur von zwei Trinkpausen unterbrochen, den bisher höchsten Pass von 5220 Metern zu erklimmen. Den Übermut in unserem Ruf *lha gyal-lo* kannten die Pferde bereits und fühlten sich aufgefordert, hurtig bergab zu laufen. Offensichtlich erleichterten ihnen die Eisen den schnellen Gang über Schotter und spitze Kiesel hinunter zu den bastbraunen Talhängen.

Es dämmerte, als wir im Tobel einer ausgetrockneten Quelle den Durchbruch in ein abwärtsführendes Quertal entdeckten. Und bald schon kräuselte sich vor dem Vorhang der Dämmerung eine dünne Rauchfahne, und das Gelände war auf einmal gescheckt. Übersät mit schwärzlichen Flecken in allen Größen, mit Bohnen, Kötteln, Fladen, Ballen und auch Haufen von Dung.

«Dort verbringen wir die Nacht.» Ich zeigte auf eine Ansammlung von drei Hütten. Wir ritten zu den Behausungen von Hirten hin, die ärmlicher als arm hier in den Bergen lebten und mit beißendem Yakdung feuerten. Jede der drei vielköpfigen Familien bewohnte einen Raum, während ihre Schafe und Yaks aus Angst vor Wölfen und Wetterstürzen für die Nächte in einem nahen Pferch zusammengetrieben wurden. Hilfsbereit erhielten die Pferde eine Armbeuge voll Heu und wir eine Thermoskanne heißes Wasser. Für die Nacht wurde uns ein leerer Stall zugewiesen. Da es schon wieder zu schneien anfing, sattelten wir hastig ab und schafften das Gepäck ins Innere des feuchtkalten Verschlags, in dem ich nur gebückt stehen konnte. Immerhin war das Innere durch ein Flechtwerk von Ästen in einen Menschen- und einen Tierbereich getrennt. Die Mitte des Menschenbereichs bildete eine Feuerstelle aus aufgeschichteten Steinen. Alles ringsum war klebrig schwarz, nur die Feuerstelle strahlte in makellosem Weiß, denn durch den offenen Rauchabzug im Flachdach rieselten immer neue Schneeflöckchen herein. Die Eiskristalle kreiselten und schwebten im Licht meiner Stirnlampe wie kleine Dolden hernieder. Die Steinwände und der gestampfte Boden strahlten eine Kälte ab, dass unser Atem auch hier drinnen als Dampfwolke in der Luft stand. Warte, bald wird es warm, sagte ich mir, denn Yama schichtete bereits Reisig auf das Schneefleckchen. Um dem minderwertigen Buschholz Zunder zu geben, öffnete er die Kocherflasche und kippte einen Schwall Benzin auf das struppige Häuflein. Ich hatte nichts einzuwenden, denn der Kocher funktionierte sowieso nicht. Hinter ihm kniend, sah ich, wie er das Feuerzeug ans tropfende Holz hielt. Wusch! – schoss eine Stichflamme empor. O weh, schon jammerte er. Durch die Verpuffung hatte er sich die Haare versengt. Ich konnte ihn beruhigen. Nur die Spitzen hingen ihm verkokelt in die Stirn. Als Kind hatte ich auf einer Kirmes – es muss die Allgäuer Festwoche gewesen sein – aus nächster Nähe erlebt, wie ein durch eine Zigarettenkippe entflammter Luftballon explodierte und einer Besucherin im Bruchteil einer Sekunde sämtliche Haare vom Kopf sengte. Zum Entsetzen der Umstehenden bedeckten nach der Explosion nur noch geschmolzene Hornkügelchen die weiße Kopfhaut der alten Dame. Mit diesem Schockerlebnis konnte ich Yama leicht trösten. Nicht trösten konnte ich ihn wenig später, denn ich litt unter der windigen Eiseskälte genauso wie er.

Vor dem Schlafengehen holten wir noch die Pferde herein und hängten in der Öffnung eine Satteldecke auf. Mit unserer Tierliebe hatten wir uns keinen Gefallen getan, denn die Viecher werkten die ganze Nacht. Das eine knabberte an den Blättern und Ästen der Abzäunung, das andere scheuerte sich, und das dritte bewegte sich im Schlaf, wie wenn es schlecht träumte. Bevor wir uns schlafen legten, löschten wir wegen des beizenden Qualms das Feuerchen und kleideten uns an: Sturmhaube, Fleecepulli, Fleecehose, Wollstrümpfe, Thermoreithose, Schlafsack, Biwaksack. Diese Kleiderordnung lese ich im Tagebuch unter dem Datum 9. April. Die Nacht in einem Kühlhaus hätte nicht schlimmer sein können. Lange lag ich wach und vermied mich zu drehen, um nicht von der Isomatte auf den gefrorenen Boden zu rutschen. In dieser Nacht wollte ich das Handtuch werfen. Aber in meiner Ruhelosigkeit erinnerte ich mich an Zeilen von Sven Hedin. Der alte Hasardeur hatte im Transhimalaya Temperaturen bis minus fünfundvierzig Grad Celsius ertragen müssen und nicht versagt. Mag sein, flüsterte mir eine Stimme aus der Dunkelheit zu, aber seine Karawane bestand aus Hunderten von Tieren, und allein zwölf Laufburschen sorgten für sein leibliches Wohl. Jede Nacht schlug sein Lieblingsdiener Lopsang das schwedische Feldbett auf und richtete dem noblen Herrn die Schlummerfelle.

Die Erschöpfung siegte. Der Schlaf brachte das Gedankenkarussell zum Halten. Gegen Morgen, als sich über der Feuerstelle das Fenster zum Himmel bläulich öffnete, atmete mein Guide tief im Schlaf und zeigte mir seinen Rücken. Natürlich durfte er schlafen, so lange er wollte, war er doch Führer und keineswegs Diener.

Steinernes Meer

Wir steckten fest. Nicht in sumpfigem Untergrund, auch nicht in einer Wächte aus Schnee. Nein, wir steckten fest in unseren Überlegungen, welche Route wir einschlagen sollten. Entfernungstechnisch wäre es am einfachsten gewesen, der Road 318 zu folgen, die Begegnung mit dem motorisierten Verkehr zu riskieren und die Pferde mit einer Spezies bekannt zu machen, die alles darauf anlegt, die Zeit bis zur völligen Erschöpfung zu jagen. Halali und Halleluja! Da kamen mir dann doch Bedenken.

Die Überlandstraße 318 folgt der alten Karawanenroute und führt auf kürzestem Weg nach Lhasa. Allerdings wussten wir nichts über den Verkehr, über den Straßenbelag und über die Checkpoints entlang der Strecke. Wir vermuteten nur, dass es unregelmäßigen Lastwagen- und Jeepverkehr, teilweise Asphalt oder Beton, meistens aber Schotter und zudem geheime Checkpoints gab. Lange überlegten wir hin und her. Unserer Qual der Wahl setzte die Polizei ein Ende. Im Städtchen Wamda, das jetzt Zogang heißt, hatten zwei Polizisten aus einem chinesischen Restaurant einen schwarzlackierten Esstisch mit Drachenmuster und zwei Stühle mit üppigem Schnitzwerk in den Nieselregen hinausgetragen und mitten auf der 318 aufgestellt. Auf den Stühlen nahmen die Uniformierten, ein Tibeter und ein Chinese, Platz und warteten rauchend auf Kundschaft.

Wir hatten die Pferde neben der nahen Tankstelle an Pappeln festgebunden und saßen im Speisesaal des Restaurants, wo die Gäste wegen des hinausgetragenen Tisches zusammengerückt waren. Wir besetzten Plätze an der schmierigen Fensterscheibe zur Straße hin und warteten auf unser Essen. Vor lauter Nichtstun kamen wir auf die Idee mit der Wette. Yama wettete ein Bier, dass zuerst ein Laster in die Polizeifalle gehen würde. Ich wettete, dass es einen Landcruiser mit chinesischen Touristen treffen würde.

Das erste Bier hatten wir gekippt, da bremste ein vollbeladener Truck mit einer verdreckten Plane. Die Bremsen quietschten hässlich. Nur Zentimeter vor dem Tisch rollte er aus. Der tibetische Fahrer kurbelte das Fenster runter. Sofort schimpfte er auf seinen Landsmann in der schwarzen Uniform ein, der paffend am Lacktisch saß und auf den Kühlergrill stierte. Arme wedelten in der Luft. Münder öffneten sich und schlossen sich wieder. Wir hinter der Scheibe verstanden kein Wort. Nach einer guten Weile stieg der Fahrer von seinem Hochsitz herab. Papiere gingen hin und her, wurden nass vom Regen und gingen schließlich an den Fahrer zurück, nachdem dieser einige rote Scheine auf den Tisch geknallt hatte. Finster blickend, schwang er sich wieder zu seiner Kabine hinauf und startete den Diesel. Eine gewaltige Rußladung wurde in Richtung unserer Pferde abgefeuert. Als hätten sie alle Zeit der Welt, hoben die Beamten endlich ihre Hintern und rückten den Tisch von der Straße. Der Fahrer gab Gas, der Laster rollte an. Kaum befand sich die Pritsche mit den Schneeketten darunter außer Sichtweite, wurde der Tisch wieder auf den Asphalt getragen. Jeder nahm sich eine Zigarette, und der Chinese gab dem Tibeter grinsend Feuer. Schon stand der mobile Checkpoint bereit für ein neues Opfer – Laster oder Jeep?

«Du hast gewonnen, aber ich entscheide. Wir nehmen den Umweg», sagte ich zu meinem Guide, und der nickte erleichtert. Das chinesische Obrigkeitsdenken ist von einem klaren Pragmatismus geprägt. Noch saßen wir vor der Linie und boten keinen Anlass zur Kontrolle. Aber würden wir weitergehen oder -reiten, müssten wir mit allem rechnen. Innerlich aufgewühlt, aßen wir unsere gebratenen Kartoffelstreifen mit schwartenfettem Schweinefleisch und das Rührei mit eingekochten Tomaten. Gleich nach dem Bezahlen verdrückten wir uns durch den Hinterausgang, damit sie uns nicht doch noch stellten. Die Pferde banden wir rasch los und ritten zurück, zum Umweg gen Süden.

An der Abzweigung gesellte sich einer zu uns, anhänglich und gut aussehend. Vielleicht etwas zu aufdringlich in seinen Manieren. Gewiss, für einen Betriebsausflug wäre er die ideale Besetzung gewesen, doch wir bevorzugten die Stille, und unsere drei noch viel mehr. Ihnen machte er regelrecht Panik, wie er sein Wildwasser brüllend durch Trichter aus Felsbarrieren peitschte und wie sich seine Strudel dröhnend verquirlten. Ihre spitzen Ohren spielten keine Sekunde, sondern wiesen starr nach vorn, als lauerten tausend Gefahren in den Büschen und Bäumen am Weg. Der Fluss hieß Yu Chu, und in der Gegend kannte ihn jeder. Aber nicht alle mochten ihn. Die Einheimischen sollten uns am Abend erzählen, wie er Holzbrücken zerbrach, Menschen und Tiere ertränkte, Häuser zerlegte und auch noch Holz klaute. Yu Chu begleitete uns zwei Tage lang, mal brüllend, mal murrend, häufig mit sich und seinen Wellen im Gespräch. Im Verlauf der Reise wechselte er andauernd sein Gewand. Einmal kleidete er sich in Eisblau, dann in Smaragdgrün. Doch seine Erscheinung war immer ein Gedicht. Auf einem Felspodest hoch über ihm und seinem ewigen Gebrüll fanden wir einen heimeligen Rastplatz mit Wasser für uns und angegorenem Laub für die Tiere.

In der Ladenstraße von Wamda hatte Yama eingekauft. Frischen Proviant und eine Überraschung, die mich tief berührte. Mit einem verschmitzten Lächeln kramte er, am Boden hockend, den Kocher hervor und noch eine Plastiktüte, in der sich etwas Geheimnisvolles befinden musste. Sonst hätte er nicht so bübisch gegrinst. Ruckartig zog er aus der schwarzen

Umhüllung eine Fahrradpumpe hervor. Besser: ein Fahrradpümpchen. Eigentlich konnte es nur zum Aufpumpen von Kinderradreifen taugen. Am Pumpkolben war ein mit einem schwarzen Isolierband umwickelter Gummischlauch befestigt. Diesen verband er mit der Benzinflasche. Mit Kraft drehte er den Schlauch in die Öffnung, wo eigentlich der Pumpstößel hineingehörte. Senkrecht stellte er das Pümpchen auf die Erde, hielt es mit der einen Hand fest und bewegte mit der anderen den Kolben. Hoch und nieder, hoch und nieder, geduldig und mit Gefühl. So an die zwanzig Mal, so lange, bis der Schlauch mit einem lauten Knall aus dem Loch am Benzintank sprang. Dieses Malheur war zu ertragen, denn der aufgebaute Druck im Tank reichte bereits aus, um im Brennkranz des Kochers zischende blaue Flämmchen zu erzeugen. Unsere Teezeremonie war gerettet, und wir konnten wieder, auf uns gestellt, campieren. Ich klatschte in die Hände und dankte meinem Mann aus Amdo im Dialekt seiner Heimat mit einem *kadscho*. Zwar mussten Pumpe und Druckflasche später mehrmals mit frischem Isolierband kompatibel gemacht werden, doch die Sache funktionierte bis ans Ende der Reise.

Erstaunlich, wie viel Aufmunterung eine kleine Freude in entbehrungsreicher Zeit bringen kann. In zwei Tagen bewältigten wir in gebirgigem Gelände stattliche siebzig Kilometer und erreichten ein Bergdorf, das ich das Dorf der Verwirrung nennen will.

Im Dorf der Verwirrung prallte die kartographische mit der gefühlten Orientierung zusammen und brachte uns ziemlich durcheinander. Anfangs sah es aus, als wäre der Weiterritt gefährdet. Die Hiesigen kannten sich in ihrem Sprengel bestens aus. Sie wussten genau, wo das örtliche Kloster der Gelbmützen lag. Diese Gelugpa Gompa wollten wir aus zwei Gründen besuchen. Einmal, weil laut Karte unsere Route an diesem Kloster vorbeiführte, dann aber auch, weil ich mich als Pilger verstand und Yama sich als Buddhist. Ich hatte das Gelübde abgelegt, bei jedem Tempel oder Kloster am Weg anzuhalten, zu verweilen und, wenn möglich, eine Butterlampe zu opfern. Für einen Christen hat ein Gelübde viel mit aufopfernder Verpflichtung und göttlicher Gnade zu tun. Nicht so für mich, war ich doch zum Buddhismus übergetreten. Mein Onkel, ein überaus belesener Geist, hatte lange vor Eröffnung der ersten Buddha-Bar und Buddha-Lounge meine Neugier für Buddhas Lehren geweckt. In privaten Gesprächen und durch Empfehlung der richtigen Bücher lernte ich dessen Lehrgebäude kennen und erfuhr in diesem Kontext auch, dass es bei einem Gelübde nicht um Selbstkasteiung, sondern um eine Lernaufgabe für das Ego geht. In unseren Gesprächen träumte mein Onkel oft von Tibet, aber besucht hat er das Schneeland nie. Trotzdem vermochten sein Bekenntnis zu Buddha und sein universelles Wissen, mich auf den tibetischen Diamantweg zu leiten. Auch wenn unsere Sessions meinen Vater manchmal befremdeten, wandte er sich nie gegen mein Engagement. Entweder aus Respekt vor der fernöstlichen Lehre oder aus Respekt vor seinem Bruder, der ihm in vielem nahestand. So kam es, dass mir mein Onkel zu einem väterlichen Lehrer wurde, während mein Vater mir als Respektperson erhalten blieb.

Die Region, in der wir uns befanden, war die Schlüsselstelle für den weiteren Weg nach Westen. Für die Route zum Gletschersee von Rawu. Niemand im Dorf kannte diesen Weg, denn Rawu lag jenseits der Berge, außerhalb des örtlichen Ermessens. Zum Glück hatte ich eine Landkarte mitgebracht. Aber eine Landkarte ist nur eine Landkarte, auch wenn sie noch so ausführlich die Topographie dokumentiert.

Alle gängigen Tibetkarten sind chinesisch geprägt. Nur in chinesischer Umschrift und nur selektiv ist ein Teil der großen und größeren Ortschaften aufgeführt. Diese Karten, bei uns im Buchhandel erhältlich, sind offizielle, vom chinesischen

Militär genehmigte Landkarten. Auf ihnen sind ganze Landstriche blank, die tibetischen Namen fehlen ganz. Die aus der Schweiz mitgebrachte Landkarte in tibetischer Schrift, die beste in Sachen Tibet, war zwar von der tibetischen Exilregierung autorisiert, hatte allerdings einen riesigen Nachteil. Und das war ihr Maßstab. Auf dreizehn Faltbögen konnte sie die Ost-West-Ausdehnung von TAR, rund zweitausendzweihundert Kilometer, nicht sonderlich detailliert darstellen. Fünfzig Kilometer in der Wirklichkeit entsprachen fünf Zentimetern auf dem kartographischen Papier. Wie Nachbarn sahen sie auf der Schweizer Karte aus – das Gelbmützenkloster und unsere Route. Nachdem wir über der Karte gebrütet hatten, fragten wir die Einheimischen nicht mehr nach Rawu, sondern nur noch nach dem Kloster an dieser Route. Und diese Route nannten sie uns wie aus der Pistole geschossen. Allerdings auf ihre Art.

Anfangs hatten wir noch gefragt: «Wie viele Kilometer sind es bis dorthin?» Auf diese Art von Frage blieben die Ortskundigen jedoch stets die Antwort schuldig. Niemand konnte eine Streckenangabe in der Maßeinheit Kilometer machen. Und was die Zeitspanne anging, wollte sich keiner festlegen. Nach mehrmaligem Nachfragen bekam man Auskünfte wie «ein bisschen weit» oder «nicht ganz nah». Einer sagte schließlich: «Mit dem Pferd seid ihr schneller als mit den Füßen.» Grundsätzlich kam jede Zeit- oder Streckenangabe aus dem Bauch. Gefühlte Angaben sozusagen. Hob der Informant den rechten Arm in einem hohen Bogen und streckte ihn nach vorn und leicht nach oben, hieß diese Geste: weit und hoch. Je näher der ausgestreckte Arm am Boden blieb, desto kürzer die Distanz zum Ziel. Und wenn die Lippen wie zu einem gezierten Kuss gespitzt und das Kinn nach vorn geschoben wurden, bedeutete das: ganz nah. Aber wie nah nun genau? Nun, eben ganz nah. Da sich kein Tibeter auf genaue Angaben festlegen wollte, kam mir mit der Zeit der Verdacht, dass sie nur aus

Rücksichtnahme gegenüber einem Fremden von «ein bisschen weit» sprachen. Womöglich auch, weil nach ihrem Empfinden einer langen Entfernung etwas Peinliches anhaftete. Als großes Manko sollte sich erweisen, dass auch mein Guide diese Wischiwaschi-Manier an den Tag legte. Er fragte nicht wie ein Pfadfinder, sondern eher wie ein Hans-guck-in-die-Luft. Ich als Mensch mit einem Grundbedürfnis nach logischer Orientierung war anfangs verwirrt und später ungehalten. Also änderte ich meine Taktik und ließ ihn fortan fragen: «Wie viele Tage mit dem Pferd?» Erhielt ich die protestierende Antwort: «Nein, nein, kein Tag», ließ ich nachhaken: «Ein halber Tag?» Worauf die Antwort kam: «Ein kleiner Tag, vielleicht.» Mein Guide musste ab sofort immer zwei, drei Auskünfte einholen, aus denen eine destilliert wurde.

Da Yama beim Aufbruch sein tibetisch-englisches Wörterbuch vergessen hatte, hastete er allein ins Dorf zurück. Derweil band ich die Pferde an einem Zaunpfahl fest, setzte mich in den Staub und zog folgendes Fazit: Die Orientierung ist eine Frage des Raumerlebens. Fehlt eine einheitliche Berechnung von Raum und Zeit, dann unterliegt beides dem persönlichen Ermessen, weil die Dimension des Raums mit der Dimension des Bewusstseins zusammenhängt. So weit, so gut.

Es dauerte, bis Yama wiederkam, also holte ich nochmals die Landkarte hervor, nordete sie mit dem Kompass ein und guckte mir am westlichen Horizont einen markanten Punkt aus. Die Richtung prägte ich mir anhand des Landschaftsbilds ein. Jetzt hätte ich wetten können, nicht nur um ein Bier, dass wir das Sesam-öffne-dich nach Lhasa gefunden hatten.

Zehn Jahre irrte der göttliche Dulder, Sohn des Laertes von Ithaka, an den mediterranen Gestaden entlang. Immerhin zehn Tage sollte unsere osttibetische Odyssee dauern. Am zehnten Tag würde auch unser Götterrat, dem gewiss die Pferdegöttin Epona beisaß, ein Einsehen haben und uns nach

Rawu einschwenken lassen. Doch erst einmal peilten wir das Gelbmützenkloster an. Dafür hieß es: hinab zu unserem alten Begleiter! Und auf einer schwingenden Hängebrücke seine eisblauen Wasser gequert.

Ein Karrenweg lockte uns die Uferböschung hinauf und in ein Schachbrettmuster von Gerstenfeldern hinein. Die Rossäpfel im Staub wiegten uns in der Gewissheit, dass sich der Weg nicht im Niemandsland verlor. Überhaupt wurden uns diese Äpfel, vor allem die frischen, auf abgelegenen Steigen sehr lieb, denn sie gaben Orientierung. Zumindest sagten sie uns, dass wir einem Reitweg folgten und nicht einem Viehpfad zu einer Weide.

Kinderleicht ging es weiter zu einem See hinauf. Im seichten Wasser zerpflügten Pferde das Spiegelbild der braunen Uferhügel. Ab und an senkten sie die Köpfe, um saures Gras zu zupfen. An einer heiligen Mauer aus Mani-Steinen entledigten wir uns der Jacken. Sich bis aufs Hemd zu entkleiden wäre noch zu verwegen gewesen, denn ein kalter Wind zog uns an den Ohren. Aber die Sonnenwärme schmeckte schon köstlich nach Sommer, wie im Frühjahr das erste Eis in der «Götterspeise» in München. Den See entlang ritten wir noch in westlicher Richtung. Doch kaum merklich, Grad um Grad, krümmte sich das Tal nach Norden, wie Sonnenstand und Kompass verrieten. Wie ein Schlag durchzuckte mich der Gedanke, dass wir wieder nach Norden ritten. Nur eben ein Tal weiter westlich. Aber erneut in den verdammten Norden hinauf. Gerade als mich diese Einsicht empfindlich traf, tauchte das Gelbmützenkloster am Waldrand auf. Und wir, statt kehrtzumachen, ritten wie ferngelenkt auf das rote Gebäude zu.

Die Tempelhalle befand sich im Bau, und ihre geschnitzte Flügeltür war verriegelt. Im Lehmhaus nebenan fanden wir den Schlüsselverwahrer. Er sah nicht aus wie ein Mönch, eher wie ein Tagelöhner. Trotzdem lud er uns an den gemauerten Herd ein, um mit ihm und einer jungen Frau mit einem Säugling in der Armbeuge Buttertee zu trinken. Wir stillten den Durst, den wir aus der Sonne mitgebracht hatten. Nach drei Schalen schloss er das Vorhängeschloss zur Halle auf. Kalt sprang uns die Luft in die erhitzten Gesichter. Als wir über die hohe Schwelle traten, zog ich den Hut. Ich setzte ihn nicht wieder auf, sondern hielt ihn mir vor den Mund, um meine Enttäuschung zu verbergen. Eine Baustelle mit Kalksäcken und herumliegenden Geräten empfing uns – mittendrin ein nicht allzu großer, grobgepresster Blechbuddha. Es war Amitabha. Ich erkannte ihn an der Haltung seiner flach im Schoß ruhenden Hände. Der Handrücken der Rechten ruhte auf der Innenfläche der Linken, und die Daumenspitzen berührten sich zart. Die Statue aus bronziertem Blech musste für wenig Geld in einer Chengduer Fabrik für buddhistische Devotionalien eingekauft worden sein. Auf keinen Fall stammte sie aus Nepal oder Bhutan, wo eine alte Gilde reine Bronzestatuen noch charismatisch gießt. Doch selbst der größten Armseligkeit wohnt eine Botschaft inne. Ein verborgener Funke Originalität. Ein detektivischer Hinweis für das Auge, das nach innen schaut.

Ich schließe die Augen und blende das kalte Milieu in seiner Unfertigkeit, in seiner erbärmlichen Unordnung aus. Hat der Buddha nicht eine Botschaft parat? Ich verharre vor ihm. Nur noch um den Atem, sein Kommen und Gehen, kümmere ich mich. Gedanken fließen durch mich hindurch, mit Absicht halte ich keinen fest. Es dauert, bis Gelassenheit einkehrt. In der Ruhe taucht ein Gedanke auf. Er verharrt, er kreist, er setzt sich fest: Amitabha, der Buddha der unterscheidenden Wahrnehmung, verkörpert im Spektrum des Lichts die Farbe der untergehenden Sonne. Demnach die Himmelsrichtung Westen. Natürlich! Ich öffne die Augen und schaue die Blechfigur erstaunt an. Der Erwachte verkörpert in seiner bloßen Anwesenheit, in seinem So-Sein, unsere erflehte Richtung. Ganz klar, wir mussten der eingeschlagenen Route folgen und durften auf keinen Fall umkehren und eine andere Route wählen.

Wie ich mich umdrehe, verneigt sich mein Guide. Der Schlüsselverwahrer verlässt bereits die kalte Halle, um zum Tee zurückzukehren. Wir folgen ihm hinüber an den Herd. Zwischen zwei Schlucken erkundigt sich Yama nach dem Weg und zieht einen Zettel aus der Anoraktasche.

Im Dorf der Verwirrung hatte uns der Wirtsfreund die Route auf einen Zettel gemalt. Für einen Tag eine strahlende Sonne. Für einen Fluss zwei gewellte Linien. Und ein Dreieck für einen Berg mit Pass. Die Skizze ist durch Dorfnamen auf Tibetisch ergänzt. Der Schlüsselverwahrer kann sie lesen und nickt. Seine breiten Lippen öffnen sich zu einem Lächeln. Schon steht er auf und winkt uns nach draußen. Beim Losbinden der Pferde hilft er geschickt. Durch Klosterruinen, Mahnmale kulturrevolutionärer Gewalt, geht er uns bis zu einem Sägeplatz für Holzbalken voran. «Seht ihr den Durchlass zwischen den Bäumen dort vorn, da müsst ihr hinein», sagt er und mustert unsere Tiere mit gerunzelter Stirn. Zum Abschied hebt er locker die Hand und weist den waldigen Hang hinauf zu einer Gruppe von Wipfeln. Wie die Zähne einer Säge fressen sich die schwarzen Baumspitzen in eine weiche Schicht von Himmelsblau. Ich frohlocke. Die gereckte Hand des Schlüsselverwahrers zeigt in Richtung von Amitabhas Hoheitsgebiet.

Wir dankten ihm und spurten schon bald durch die Verwilderungen einer Schneise, die gewiss auf keiner Tibetkarte der Welt verzeichnet ist. Ab und an brachen wir im Bruchharsch ein. Ansonsten stiegen wir über Wurzelstöcke und stapften über Teppiche von verrottenden Latschenkiefernnadeln zum Grat empor. Kaum dass wir durch das zartgrüne Unterholz brachen, mussten wir die Augen zusammenkneifen, denn gnadenlos blendete die Sonne, als verwehrte sie uns den Blick auf die große Freiheit einer offenen Natur.

Von der erhöhten Warte aus war eine Treppe zu erkennen, eine Treppe, die den Westhimmel erklomm. Eine tannengrüne Bergkette, von samtigen Wäldern bedeckt, formte die erdnahe Stufe. Eine Bergkette voll sandbrauner Schutthänge baute sich auf dieser auf. Und darüber ragten weiße Gipfel, bizarr aufgereiht, in den Himmel. Die höchste Stufe staffelte sich so entrückt, dass sie im Dunst des leeren Raums wie im Meerdunst zu versinken schien. Der Pfadfinder in mir sah die Schönheit mit Entsetzen. Alle Bergketten verliefen von Nord nach Süd und blockierten das Fortkommen gen Westen. Ich hoffte auf Gegenrede, als ich meinen Guide, der neben mir im Gras lag, mit dem Ellbogen anstieß: «Schau, da müssen wir rüber. Was meinst du?» – «Ja! Und die sind irre hoch. Also lass uns zusehen, dass wir hier wegkommen.»

Abwärts rutschten wir mehr, als wir gingen, und die Pferde blieben mit dem sperrigen Gepäck immer wieder an Ästen von Krüppelkiefern und an Felsvorsprüngen hängen. Eingestaubt und durstig landeten wir auf einer Laune der Natur, einer Erdterrasse, deren Krume sich sechs armselige Bauernhöfe teilten. In einem Hof bezogen wir gegen Bezahlung für die Nacht Quartier. Da sie uns wie ihre eigenen Kinder bewirtet hatten, wollten wir die Familie am nächsten Morgen am liebsten gleich mitnehmen. Wenigstens bis ins Tal. Doch sie weigerten sich mitzukommen. Lieber verschlossen der Hausherr und seine alten Eltern, die hier oben geboren waren, die Augen vor dem Unvermeidlichen. Vor ihrer verordneten Umsiedlung. Da die einzige Wasserquelle auf der schmalen Terrasse allmählich versiegte, hatte die Lokalregierung den Exodus befohlen. Als Gegenleistung wurden dieser und den fünf anderen Familien siebentausend Yuan samt einem neuen Zuhause im Tal, einem Reihenhaus im Bungalowstil mit tibetischem Dachfries, angeboten. Mit einem *demo* schwenkten wir auf den Talweg ein.

Bis zur Kante der Hochterrasse ging alles flott. Am Abriss brach der Weg förmlich weg, und ein rutschiger Steig forderte von den Pferden feinstes Geländegespür. Zwischen schulterhohen Felsbrocken traten wir Geröllawinen los. Steine sprangen polternd in die Tiefe, Staubwolken stoben über uns in die Luft. Stellenweise mussten wir sogar klettern, und die Pferde in unserem Rücken mussten sich hart in die Eisen an den Vorderläufen stemmen. Jeden Moment drohte ihnen das Gepäck über den Widerrist auf den Hals oder seitlich nach vorn zu rutschen. Nur achtsame Langsamkeit brachte uns in dieser Rinne sicher durch Steilpassagen und über Schotterhänge zur Schlucht hinab.

Das Brodeln und Fauchen eingezwängter Wassermassen brach sich an den Wänden des Canyons und sorgte für ohrenbetäubenden Lärm. Trotzdem, wir mussten pausieren. Am Ufer fanden die Pferde das erste junge Gras in zählbaren Halmen. Wir hockten am Ufer des Salween, der unter Tibetern Nak Chu heißt. Mit einer Länge von 2815 Kilometern gehört auch er zu den aquatischen Majestäten Asiens. Beinahe überkam mich Ehrfurcht, als ich Ihre Majestät auf der Landkarte fand. Würde ich meine Trinkflasche ins brodelnde Wasser vor unseren Füßen werfen, würde sie in Yunnan die chinesische Grenze passieren, durch Birma und Thailand schwimmen und in die See der Andamanen gelangen. Doch niemand weiß, wie lange sich meine erdachte Flaschenpost noch ungehindert bis in den Indischen Ozean hinabtreiben lassen könnte, denn die Anrainer planen Dämme über Dämme, dreizehn an der Zahl. Bis zu dieser Rast war der Salween ein Niemand für mich. Als ich ihn jetzt sah und brüllen hörte, imponierte er mir sofort. Wegen seiner gewaltigen Tiefe im Fels erinnerte er mich an den Colorado mit dem Grand Canyon.

Auf einem staubigen Karrenweg ritten wir am östlichen Ufer flussaufwärts bis zu einer Hängebrücke, an der die Pferde vor den Girlanden knatternder Gebetsfahnen scheuten. Zum Überqueren einer weitgespannten Brücke, deren Laufsteg an

Seilen hängt, muss man schwindelfrei sein. Zwischen den Bohlen klaffen handbreite Lücken, unter denen in großer Tiefe das Wasser hindurchschießt. Damit nicht genug! Wie ein Zwischending von Luftmatratze auf dem Wasser und Schaukel in der Luft bewegt sich solch ein Hängeteil bei jedem Schritt. Bei Belastung drückt es sich nach unten, bei Entlastung federt das frei gewordene Trittbrett zurück. Und durch den Wind gerät der Steg auf seiner ganzen Länge ins Schlingern. Gewiss nicht weniger angsteinflößend ist der Lärm hoch über einem reißenden Fluss. Den Pferden mussten die achtzig Meter zum anderen Ufer wie die letzten Meter zum Schlachthof vorgekommen sein. Zuerst wollten sie den festen Grund nicht preisgeben. Sie scheuten, drehten sich im Kreis und bockten. Der Packschimmel als ältestes der Tiere musste schon mal Bekanntschaft mit solch einer Drahtseilkonstruktion gemacht haben. Zwar stemmte er sich gegen den ersten Tritt. Doch da ich ihn am Führstrick heftig zog und Yama ihm mit dem Zügel des Grauen wie mit einer Peitsche auf die Flanken schlug, trat er an und fasste auch gleich Mut. Das ließen die anderen nicht auf sich sitzen. Sie folgten mit staksenden Tritten.

Pferde hören viel besser als Menschen, dafür bräuchten sie eine starke Brille. Als sie endlich auf der Mitte der Brücke das Ende der Qual erspähten, beschleunigten sie ihr Tempo derart, dass ich das Packpferd mit der ganzen Kraft meines Körpers zügeln musste, sonst wäre es in Angstsprüngen hinüber zum Tragepfeiler galoppiert. Mir schmerzten noch Stunden später die Handgelenke.

Um vor der Regenzeit, die Ende Juni beginnt und bis September dauert, am Ziel zu sein, waren wir Ende März im Schnee aufgebrochen. Inzwischen hatten wir bereits Ende April und erlebten angenehme Sonnentage. Wohlgemerkt, wir bewegten uns im Tal, auf 2500 Höhenmetern. Noch immer fehlte der Sonne die Kraft, den Winterschnee auf großer Höhe zu schmelzen. So lagen riesige Felder an den Nordhängen in einem gleißenden, unwirklich strahlenden Weiß. Die Einheimischen in den nächsten Quartierdörfern beschworen uns, die Berge nicht zu überqueren. Das sei lebensgefährlich. Die Pässe seien alle verschneit, und die Pferde würden gewiss in den Wächten stecken bleiben. Wir sollten dem Nak Chu weiter flussaufwärts folgen, da käme eine Passage, um lebend über die von den Wettern heimgesuchten Schneeberge zu gelangen. In gedrückter Stimmung folgten wir ihrem Rat. Wir ahnten Schlimmes. Doch das, was kommen sollte, brachte uns wahrhaft an unsere Grenzen.

Wir gerieten in ein Meer, dessen Wellenberge und -täler sich aus Steinen und Felsen formten. Nirgendwo ein Hälmchen Grün. Wir marschierten bergauf, wir marschierten bergab, wir erklommen Steilhänge, die uns hoch hinaufzwangen. Wir kämpften gegen die Brandung an, mit der dieses Meer uns zur Hängebrücke zurückwerfen wollte. Der Sog, dem wir uns entgegenstemmten, wollte uns abhalten, basaltschwarze Felsriegel zu übersteigen, auf einem Pfad, der nicht breiter war als die Länge eines Unterarms. An einer Felsnase verengte er sich auf einmal so bedrohlich, dass der hangseitige Gepäcksack immer wieder schurrend hängen blieb und das Pferd ruckartig um die eigene Achse drehte. An anderer Stelle schwang sich der Steig derart exponiert entlang, dass ich nicht zur Seite zu blicken wagte. Längst ließen wir die Tiere frei laufen, damit, sollte eines in den Abgrund stürzen, nicht alle verlorengingen. Viermal in drei Tagen passierten wir aufgedunsene Kadaver von Mulis, die abgerutscht und auf Felsen aufgeschlagen waren. Einmal wurde der Steig derart hochalpin, dass ich mir meine Gratbalancen am Mont Blanc und Monte Rosa mit aller Macht ins Gedächtnis rufen musste. Und selbst das beruhigte mich nur kurz, denn sich mit Steigeisen in Altschnee und in Eis zu verankern ist weitaus einfacher, als auf glasigem Schieferbruch einen 800-Meter-Abriss hinter sich zu bringen. Schlagartig wurde mir das klar, als ich mich an einer Wand entlangtastete, unter der das Skelett eines abgestürzten Lastentiers zur Vorsicht mahnte.

Da mein Pferd frei in meinem Rücken lief, hörte ich im Fallwind nicht einmal sein Schnaufen. Nur das Splittern und Krachen des Bruchgesteins unter seinen Hufen. Meine Bewunderung für unsere Pferde wuchs mit jedem Schritt. Die erodierten Einschnitte im Hang waren von verwehtem Sand bedeckt. Das vorauslaufende Tier rutschte mehrmals weg und drehte sich im Rutschen abwärts. Doch mit ungeheurer Kraft stemmte es sich gegen den Sog der Sandlawine und schaufelte sich seitlich auf das Gehband zurück. Die Tortur für Tier und Mensch zog sich hin. Das steinerne Meer war endlos. Die Angst vor einem Sturz in die Tiefe machte uns blind für seine Schönheit. Der schnelle Wechsel von Licht und Schatten schuf Vexierbilder: Wie Vogelschwärme flogen die Schatten über das steinerne Meer, Lichtblitze bohrten sich in Staubwirbel, in goldfarbene Verwirbelungen, welche die nackten Hänge hinab- und wieder hinaufjagten. Im Schattenreich der Tiefe schien die Unterwelt zu grollen. Doch es war nur der Fluss, der sich tiefer und tiefer in das Felsenmark bohrte.

Lange bevor unsere Augen es erspähten, rochen es die Pferde – das Ende der Tortur. Sie rochen bereits Wasser, Futtergras und Menschen, als wir noch, vor Erschöpfung taumelnd, einen Schräghang mehr rutschend als steigend traversierten. Am Scheitel angelangt, erkannten wir schließlich den Grund ihres Drängens und Schnaubens: eine grüne Insel auf einer braungrauen Terrasse. Eine Fata Morgana? Erwachsen aus der Dehydrierung? Nein, wir standen auf einer Kuppe und blickten auf Shangri-La, das versteckte Tal. Die Bergkette im Westen war zurückgetreten, und an ihrem Sockel hatte der Nak Chu ein Plateau mit fruchtbarer Erde aufgeschwemmt. Schon zu Urzeiten muss das Wunder geschehen sein. Jahrtausende später hatte er sich umgebettet und den Menschen ein wenig Platz gemacht. Doch Shangri-La, die mythische Quelle des Glücks, hatte nur entstehen können, weil dieses Fleckchen mit einer irdischen Quelle gesegnet war.

Wir stiegen in die Sättel und ritten auf körnigem Sand in eine Sinfonie aus Grün hinein. Hinter den Feldern, wo die Wintergerste schon fette Ähren wiegte, bauten alte Bäume mit breiten Kronen sich zu einem Schutzwall auf. Wovor denn Schutz im Paradies? Das sollten wir noch früh genug erfahren.

Ewig trafen wir keine Menschenseele, hörten dafür reichlich Hundegebell und fanden am Dorfrand die Quelle in einem Löschwasserteich. Am liebsten wäre ich nackt hineingesprungen, aber der Abendwind frischte schon wieder auf. Die alten Riesen, deren Kronen sich ineinanderschoben, trugen grasgrüne Früchte, die ich aus meines Bruders Garten kannte. Es waren Walnussbäume mit rissiger Borke, die das Dorf beschützten. Die Gehöfte vom Walnussdorf versteckten sich hinter Dornenhecken, zwischen denen Bächlein flossen. Die Pferde genossen es, ihre Hufe im fließenden Wasser zu kühlen. Ausgelassen bespritzten wir einander und freuten uns wie Kinder, als wir vor Nässe trieften.

Was Wasser doch alles hervorbringen kann! Noch vor einer Stunde hätte ich wetten können, die ganze Welt sei zu Staub geworden. Und nun Walnussdorf. Wir trafen auf eine alte Frau, deren Rücken sich unter einem überquellenden Korb beugte. Wir bräuchten ein Quartier, ob sie uns helfen könne? Gewiss, gleich hinter dem Tor. Ob wir auch im Freien campieren dürften? Gewiss, gleich hier im Garten. Sie nickte und schaute mich lange von unten her an, als würde meine Erscheinung ihr Menschenbild ergänzen. Am Abend sollten uns die Leute erzählen, dass schon viele Fremde durch ihr Dorf gekommen seien, aber noch nie eine helle Haut.

Unter den rauschenden Kronen befreiten wir die Pferde von Sätteln und Lasten. Sofort warfen sie sich in den Staub und wälzten sich wie im Bad. «Yama, wir könnten uns auch mal wieder waschen, was meinst du?» «Ja, vor allem deine Füße», erwiderte mein Guide und rümpfte die Nase. Wir mussten beide lachen, denn außer einer gelegentlichen Augenwäsche war die letzten vierzehn Tage nichts in Richtung Hygiene passiert. «Wir bleiben morgen noch hier, die Tiere brauchen Ruhe», sagte er, und ich nickte erfreut.

Ein Treppenbaum, der an der Hausmauer lehnte, führte auf das Flachdach hinauf, von wo der Sohn der alten Bäuerin bereits drei Strohbündel in den Garten herunterwarf, während sie eine Thermoskanne mit heißem Wasser anschleppte. Mit einem dürren Ast suchte ich die Steinumfriedung nach Schlangen ab, dann bauten wir das gelbe und das rote Zelt nebeneinander auf. Mit dem Fixieren der Heringe taten wir uns auf dem steinigen Boden schwer. Damit es schneller ging, wickelten wir die Spannschnüre einfach um Steinbrocken. Schließlich standen die Behausungen, das Gepäck war verstaut, die Satteldecken konnten auf einem Holzstoß lüften, und die angebundenen Tiere mampften bereits ihre zweite Strohration. Mit unseren Trinkflaschen unter dem Arm verließen wir den Garten und traten in einen beengten Innenhof mit großer Versammlung. Dicht an dicht drängten sich schwarze Zottelrinder, schwarze Schweine mit schwartigen Bäuchen und weiße, bärtige Ziegen. Wir schoben uns zwischen den glotzenden Viechern hindurch und stiegen die schartig ausgeschlagenen Stufen des Treppenbaums zum ersten Stock hinauf. Über das Hofdach gelangten wir durch eine Art begehbaren Schrank, gefüllt mit Kleidung aller Art, in den Wohnraum. Wieder der Ofenherd, wieder teppichbelegte Schlafpodeste entlang der mit Holzgittern verzierten Fensteröffnungen. Wieder keine Möbel im Raum. Doch halt! Da stand ein Möbel. Ein rechteckiger Kasten stand geduckt zwischen den Fenstern und glotzte uns aus einem toten Auge an – ein chinesischer Fernseher, der über frei schwingende Kabel durch die Fensteröffnung mit einer Autobatterie und einem Solarmodul auf dem Flachdach verbunden war. Gegen diesen Götzen der Neuzeit muteten die weißen Striche, Wellen und Punkte an den verrußten Bretterwänden mittelalterlich an. Yama erklärte mir, dass dies Ornamente aus Yakbutter seien, die immer zu Beginn des neuen Mondjahres, zu Losar, als glückbringende Orakelzeichen frisch an Wände und Balken geschmiert würden. Ein schützender Brauch, der auch noch schmückt, das fand ich gut. Nicht zufällig fiel mir unser Brauch mit den Weisen aus dem Morgenland und den Kreide-Insignien C-M-B über ländlichen Haustüren ein. Zögernd stellten wir die Trinkflaschen zu den Pötten und Kannen am Herd, dann nahmen wir auf dem Podest neben dem Fernseher Platz.

Bis zum Abendessen, das uns für den Beginn des TV-Programms angekündigt wurde, tranken wir Unmengen von zartgesalzenem Schwarztee, den uns der Hausherr statt Buttertee einschenkte. Kaum öffnete sich mein Magen, merkte ich, wie jede Faser nach Flüssigkeit schrie. Nicht ein einziges Mal drängte mich die Blase nach draußen, so ausgelaugt war der Körper. Als es endlich Essen gab, musste ich bereits verstohlen gähnen. Nach zwei Stunden Trinken und Warten wurden Porzellanschalen voll wokgebratener Kartoffelstreifen mit Reis und Rührei vom Ofenherd herübergereicht. Noch während wir mampften und die Familie zusah – immer aßen unsere Gastgeber nach uns und die Frauen nur die kalten Reste –, kam Besuch.

Einen Spalt öffnete sich die Tür in ihrem grün-orange bemalten Rahmen. Nur weil das Holz in den Angeln ächzte, schaute ich von meiner Schale auf und erblickte ein Strubbelköpfchen mit braunen Augen im dunklen Gesicht. Geduckt spähte das Bübchen durch den Spalt, als hätte es etwas ausgefressen. Dass es in fremder Mission unterwegs war, wusste ich noch nicht.

Erst als hinter ihm eine ganze Schar Kinder in den Wohnraum drängte, wusste ich Bescheid. Bevor sie jemand schimpfen oder gar vertreiben konnte, kauerte die Runde bereits vor mir und dem Fernseher auf dem Boden. Auf die Kinder folgten die Frauen mit ihren Töchtern an der Hand, und ganz zum Schluss kamen die Männer herein und hockten sich als eigene Gruppe neben die Frauen auf den Holzboden. Gegen dreiundzwanzig Uhr saß ganz Walnussdorf zu meinen Füßen. Beim Hinsetzen hatte es keine Rangelei um die besten Plätze gegeben. Auch kein selbstgefälliges Räuspern oder Hüsteln. Nein, das Dorf war lautlos, nahezu würdevoll, zusammengeströmt und hatte sich nach Alter und Geschlecht am Boden gruppiert. Ohne es zu ahnen, waren wir im Haus mit dem einzigen Fernseher untergekommen.

Anders als sonst konnten die Einheimischen heute Abend zwischen zwei Programmen wählen. Bot die Mattscheibe spannende Szenen wie Bungee-Jumping, schaute die Versammlung fern, kamen im chinesischen Programm hektische Werbung und Plattitüden, schaute sie nah, schaute sie auf mich. Laut gesprochen wurde nicht, höchstens geflüstert. Erwartungsvolle Blicke trafen mich. Langsam wurde mir klar, dass ich etwas aus der Fremde erzählen müsste. Eine Mutter machte den Anfang und drängte ihr Söhnchen, etwas auf Englisch zu sagen. Als der Junge im Alter eines Erstklässlers nach viel Herumdrucksen, viel Ducken und Winden so etwas wie «sit down» nuschelte, lachte der ganze Raum, und das Eis war gebrochen.

Ein Teenager mit vollen Zöpfen und einem Blitzen in den Augen wagt sich vor. Das Mädchen will wissen, woher ich komme. Was soll ich sagen? Aus Deutschland? Womöglich hören sie den Namen «Dchermäny» zum ersten Mal. Vermutlich bleibt er nur ein mehr oder weniger schöner Klang, ein Wortgebilde aus drei Silben. Also erzähle ich, ich sei von meiner Heimat eine ganze Nacht mit dem Flugzeug geflogen. Bis nach Hongkong. Mit der Hand zeige ich nach Westen und sage: «In dieser Richtung liegt mein Land. Da bauen sie Autos und leben in Städten, groß wie Lhasa oder Shanghai.» Und von der Schnelligkeit, die überall herrsche, erzähle ich, vom vielen Regen und vom rauen Gehabe der Leute. Und warum ich mit dem Pferd reise, erzähle ich auch; ohne etwas zu beschönigen, berichte ich ihnen von zu schnellem Motorradfahren, meinem Unfall und von der daraus erwachsenen Idee, langsamer und wie in alten Zeiten zu reisen. Dass ich für das Testament meines Vaters unterwegs bin, behalte ich vorerst für mich, obwohl dem alten Herrn die fröhliche Dorfrunde gewiss gefallen hätte.

Aber mit diesen Geschichten kriege ich sie nicht wirklich. Erst als eine junge Frau mit belegter Stimme fragt, ob ich verheiratet sei, kommt Leben in die Runde. Einige Frauen schlagen die Hand vor den Mund. Die Männer lachen aus vollem Hals und zeigen ihre guten Zähne. Da haut mir Yama auf die Schulter und ruft in die Runde: «Er sucht eine tibetische Frau!» Unter wildem Gelächter wird eine junge, sehr hübsche Frau immer wieder angestoßen. Man zerrt und zieht sie an der Bluse, stößt sie sogar mit den Füßen in meine Richtung. Ihre Freundinnen wollen uns verkuppeln. Aus Spaß oder allen Ernstes? Die frivole Ausgelassenheit bricht in sich zusammen, als einer der älteren Männer fragt, wo Gjawa Rinpoche lebe.

«In Indien, in einem Ort, der Dharamsala heißt», antworte ich und wundere mich, dass er das nicht weiß. Wenig später wird mir klar, dass sie mich nur prüfen wollen. Sein Nachbar will wissen, ob ich schon in Indien gewesen sei. Mein Guide, der die Rolle eines Conférenciers sichtlich genießt, beginnt ein längeres Gespräch, viele warme, kehlige Laute höre ich. Zu meinem Erstaunen greift er plötzlich in den Halsausschnitt meines Hemdes. Und ohne mich um Erlaubnis zu fragen, fingert er meine Mala aus dem Brustausschnitt hervor. Schau an! Hat doch diese Plaudertasche seinen Landsleuten erzählt, dass meine Gebetskette von Seiner Heiligkeit gesegnet sei. Das riecht nach Angeberei, vor allem heutzutage, wo sich jeder vermeintliche Tibetexperte seiner Bekanntschaft mit dem Dalai Lama rühmt. Als Erster fragt ein Greis, ob er die Kette aus hundertacht Sandelholzperlen berühren dürfe. Ich nicke, streife sie mir über den Kopf und reiche sie ihm über die Kinderköpfe hinweg. Der Alte empfängt die Kette mit beiden Händen wie eine lebensverlängernde Medizin. Er reibt die Perlen zwischen den Handflächen, und bevor er sie an seinen Nachbarn weiterreicht, berührt er damit seinen Scheitel. Wie dieses Ritual der Energieübertragung die Runde macht, zuerst unter den Männern, anschließend unter den Frauen, die auch noch den Scheitel – den tausendblättrigen Lotos – ihrer Kinder einbeziehen, werde ich an meinen Vater erinnert. Wie er mir zuletzt noch verriet, dass im Moment des Todes die Seele den Körper durch den Scheitel verlässt. Als ich ihn voller Erstaunen fragte, woher er das wüsste, antwortete er mir verblüffend knapp, bei seinem sterbenden Vater hätte er dies durch Handauflegen gespürt.

Und weil das Ritual recht lange dauert, erinnere ich mich auch an die Audienz in Dharamsala. Wie die Mala auf meinen Handflächen liegt, damit Seine Heiligkeit sie segne. Wortlos, mit verwirrend ernster Miene, nimmt er sie in Empfang, reibt sie zwischen den Händen, murmelt ein Mantra und bläst seinen Odem hinein. Wie hätte ich ahnen können, dass die Segnung meiner Sandelholzkette eines Tages im Walnussdorf solch eine Bedeutung gewinnen würde. Tränen treten mir in die Augen. Tränen der Freude laufen mir über die Wangen, als ich Zeuge eines Urvertrauens von Gläubigen in ihren Guru werde. Solch ein ehernes Vertrauen würden chinesische Machtstrategen niemals untergraben können. Schon gar nicht mit Terror und Lüge.

Als die Mala endlich zu mir zurückfindet, fallen mir die Augen schon beinahe zu. Ich lege mir die Kette wieder um den Hals und danke der Runde vor mir auf dem Boden, wo die Kinder schon in den Armen ihrer Mütter schlummern. «Yama, bitte sag ihnen, dass wir morgen noch hierbleiben.» Yama übersetzt, während auch er sich erhebt. Mit schmerzenden Knochen steigen wir, von Taschenlampenträgern begleitet, den Treppenbaum hinab und wanken todmüde in den Garten, wo uns die Zeltöffnungen verschlucken.

In der Finsternis falte ich meine Hose zu einem Nackenkissen zusammen. Bevor ich den Zelteingang verschließe, lausche ich nochmals in die Nacht hinaus. Das ferne Flattern des Windes verdichtet sich. Es wächst an zu einem Rauschen, als fielen Schwärme von Vögeln über die Walnusskronen her. Das Rauschen ebbt ab, nur kurz, schon kehrt es als Fauchen, Schlagen, Zischen und Brüllen von Luftmassen zurück. Die ersten Äste splittern. Das Zelttuch schlägt mir mit einem Knall ins Gesicht. Eine Bö muss zwei Spannseile losgerissen haben. Plötzlich höre ich Yama im Zelt nebenan «Help, help!» rufen. Tibetische Stimmen melden sich, hektisch und schrill. Lichtblitze huschen über das Zeltdach. In Unterhosen beuge ich mich ins Freie und strecke den Kopf aus dem Zelt. Hinterhältig schlagen mir Blätter ins Gesicht. Yamas rotes Kuppelzelt ist weg, einfach verschwunden. Ich krabble ins Zelt zurück und setze mir die Stirnlampe auf. In Unterwäsche krieche ich hinaus. Im Lichtkegel wird sichtbar: Sein Zelt ist implodiert. Es ist in sich zusammengesunken, schon beim Vorspiel des Orkans. In den nächsten Minuten beginnt die Luft zu sieden und zu brodeln. Von neuem rollt eine Sturmwalze an. Die Pferde reißen sich los, armdicke Äste krachen zu Boden, Schweine quieken, Kühe blöken, und die Tibeter, die zusammengelaufen sind, schreien voller Entsetzen. Viele Hände packen Yamas Sachen, um sie in die Sicherheit von Mauern zu schleppen. Anscheinend stehen weitere Attacken bevor. Halb nackt und in offenen Turnschuhen renne ich um mein Zelt, reiße Steine aus der Mauer und werfe zwei, drei, vier Brocken, so schnell ich kann, auf jede Spannschnur. Kaum setzt das Heulen und Brausen wieder ein, hechte ich zurück ins Zeltinnere und ziehe den

Reißverschluss zu. Der Orkan steigert seine Kraft. Er bringt die Luftmassen zum Kreiseln. Jetzt fliegen sogar Kiesel wie Geschosse zwischen den Bäumen umher und bombardieren mein Zelt. Stünde es nicht im Windschutz der Umfriedung, es wäre längst weggewischt worden. Mich friert. Auf den Orkanangriff folgt eine Kanonade, die den Boden in Sekundenschnelle mit Graupeln eindeckt. Steinharte Körner prasseln auf das Zeltdach, der Lärm ist ohrenbetäubend. Das Zelt bleibt heil. Im Handumdrehen zerfällt das Grauen zu Wohlgefallen und versöhnt mit der Naturgewalt. Der Spuk ist überstanden. Eine vertrauensvolle Ruhe wird zum Kissen für die Nacht.

Unter einem blankgeschrubbten Himmel zog der neue Tag herauf. Wie ich nach draußen schaute, standen die Pferde angepflockt und trugen Stoffsäckchen um die Schnauzen. Der Hausherr hatte ihnen die vors Maul gehängt, damit sie die Futterladung Gerste nicht in der Gegend verstreuten. Sie mahlten mit Inbrunst und störten sich nicht an den abgerissenen Ästen ringsum. Ich saß noch in den Unterhosen im Zelteingang, als bereits die ersten Besucher mit Blechschalen und Körbchen voller Walnüsse aufkreuzten. Unser Ruhetag sollte zur Sprechstunde werden. Die Bewohner kamen in Grüppchen und wollten Medizin gegen die verschiedensten Leiden. Großzügig verteilte ich die homöopathischen Hefetabletten, von denen besaß ich Massen. Mit den Antibiotika geizte ich. In kurzer Turnhose, mal als Scharlatan, mal als Wald- und Wiesendoktor, hockte ich vor meinem Zelt. Viele klagten über Kopfschmerzen, Husten und Halsweh. Ich machte mit den Daumen Akupressur und rieb ihnen Schläfen und Nacken mit japanischem Heilöl ein. Meine rissigen Hände merkten schnell, dass sich die Patienten gerne anfassen ließen. Ihre knochigen und sehnigen Glieder hielten einiges aus. Selbst als ich sie das mentholhaltige Öl schlucken ließ, verzogen sie keine Miene. Meine Patienten wurden meine Freunde.

Der Abschied tat weh, gerne wären wir länger geblieben. Für die Dauer, in der eine Sternschnuppe verglimmt, blitzte in mir der Gedanke auf, für immer bei ihnen zu bleiben. Sie hatten uns in ihr Herz geschlossen. Das bewiesen ihre Geschenke, Walnüsse über Walnüsse und Schnupftabak drängten sie uns auf. Wir saßen bereits im Sattel, da traten uns drei Backfische in den Weg. «Wir wollen mitkommen», baten sie und wagten kaum, ihre Lider zu heben, «mit nach Lhasa. Von dort wollen wir nach Indien.»

Erstaunt betrachtete ich die Mädels. Die Älteste mochte vielleicht sechzehn sein. Sie lachten verlegen und traten von einem Bein auf das andere. Ich schaute an ihren armseligen Kleidern hinab und sah die zerlöcherten Turnschuhe an ihren Füßen. Da wusste ich, das würde nicht gutgehen. Ich schüttelte den Kopf. Sie taten mir leid, aber sie waren noch halbe Kinder. Laut rief ich *tschu*, was mein Pferd inzwischen verstand. Unter Wadendruck lief es an, und im Passgang verließen wir Shangri-La in Richtung Norden.

Zu unserer Erleichterung empfing das steinerne Meer unsere kleine Karawane gnädig. Die Laufspur weitete sich schon am Dorfausgang zu einem Weg, und das Flusstal öffnete seine Flanken. Dafür mussten wir immer wieder in tiefe Seitentäler hineinreiten, im spitzen Winkel kehren und am Gegenhang wieder hinausreiten. In einem dieser Canyons stießen wir auf ein Bächlein, das den braun schäumenden Salween mit kristallklarem Wasser versorgte. Wir rasteten, kochten Tee und aßen von den Walnüssen, die Yama mit einem Stein aufschlug. An diesem Tag fühlten wir uns müde und redeten nicht viel.

Hoch über dem Fluss, wo er sich in seinem Lauf krümmte, zog sich ein grünes Band den steinigen Hang entlang. Zwischen Bäumen und Büschen lugten Schindeldächer hervor, und ein turmartiger Klotz mit Spitzdach überragte die Oase. Erst als wir unter den hohen Baumkronen von Ahorn, Weiden und

Walnuss absaßen, entdeckten wir, dass die Häuser aus unbehauenen Steinen geschichtet waren, ihre Bretterdächer mit Steinbrocken beschwert. Das neue Dorf hätte den Namen Steindorf verdient, doch später fand ich einen treffenderen Namen. Wir querten einen von Sickerwasser nassen Hang und führten die Tiere auf ein Rinnsal zu, an dem Dorfkinder spielten. Als sie uns kommen sahen, rannten sie uns nicht wie üblich entgegen, sondern wichen vor uns zurück. Nur einer kam irre lachend auf uns zugehüpft. Sein Mund, aus dem heisere Schreie quollen, war zu einem zahnlosen Loch verzerrt, und vorquellende Augen schauten verdreht nach rechts und links. Dieser Junge war nicht der erste Irre, dem wir begegnet waren, aber der zerlumpteste und verwachsenste. Nach dem ersten Schock spürte ich, dass von ihm eine kindliche Milde ausging. Eine Sehnsucht, sich mitzuteilen, lag unter der Scheußlichkeit gefangen. Ich ergriff seinen schlaff herabhängenden Arm und schüttelte die krummen Finger, bedacht darauf, dass er mit seinen zuckenden Krämpfen nicht die Pferde erschreckte. Aber, o Wunder, er griff sich mit der unversehrten Hand das Halfter von Milchkaffee. Mein Pferd ließ es geschehen, und er humpelte voraus, tiefer ins Dorf hinein.

Die Leute blickten finster aus den Fensteröffnungen oder von den Dächern ihrer verschlossenen Höfe auf uns herab. Auf Yamas Frage nach einer Übernachtungsmöglichkeit schüttelten sie die Köpfe und zeigten kalt auf das nächste Haus, das Haus des Nachbarn. Aber auch dieser schickte uns weiter. Eingeschüchtert dachten wir bereits ans Campieren und baten nur noch um Futter für die Tiere. Aber auch das verweigerten sie uns. Wie aus dem Untergrund glaubte ich auf einmal ein Trommeln zu hören.

Über dem Umherirren war die Dämmerung hereingebrochen. Plötzlich horchte ich auf. Das Bimmeln eines Glöckchens, schon erfüllte es die Gasse, und in scharfem Ritt kam ein Muli um die Ecke gebogen. Sein Reiter trieb es mit einer kurzen

Peitsche an. Nass glänzte das Deckhaar dieser hochbeinigen Seltenheit, deren Vater ein Hengst war und die Mutter eine Eselin. Die langen Ohren und den schlanken Kopf schmückte ein buntverziertes Lederhalfter mit Troddeln und den Nasenrücken ein besticktes Dreieckstuch. Der Reiter saß gepflegt in einem Ledersattel, und seine Stiefel ruhten in Steigbügeln, die den Namen Steigteller verdienten. In seinem Rücken lief frei ein Handpferd, auf dem ein riesiger, eingeschlagener Ballen Heu wippte. Yama trat ihm in den Weg und schilderte in knappen Sätzen unser Anliegen. Ein kritischer Blick streifte unsere Pferde und anschließend mich. Kurz, kaum merklich, nickte er und ritt zu seinem Hof voraus. Unsere Hungermäuler hatten längst die Delikatesse gerochen und zerrten und zogen uns hinterher.

Im Hof beugte sich eine ältere Tibeterin aus einem Fenster im oberen Stockwerk. Sie streckte die Zunge heraus und lachte über den Trubel. Lebhaft die nackten Arme schwenkend, lud sie uns ein, doch gleich ins Haus zu treten. Doch erst galt es die Pferde zu versorgen. Eine Rangelei hatte schon eingesetzt. Der Graue und mein Beiger bissen den Schimmel weg, um das leckere Heu für sich in Beschlag zu nehmen. Das konnten wir nicht dulden, so banden wir sie auf Distanz am Barren fest und gaben jedem dieselbe Ration. Sechs Kilogramm entsprechen einer gängigen Tagesration in unseren Breiten. Doch aus Futtermangel mussten sich unsere drei mit weniger als der Hälfte begnügen.

Im Erdgeschoss war es düsterer als draußen, denn der Mond war aufgegangen. Im Dunkeln führte eine Stiege in den Wohnraum hinauf. Um uns zu leuchten, klebte die Bäuerin einen Kerzenstummel auf den Tisch. Während sie am Herd das Essen aufwärmte, schleppte ihr Mann eine kleine Öllampe an. Im Schein des funzeligen Lichts sah ich wieder die Yakbutterornamente an Wänden und Balken. Doch dieses Mal zeigten sie Hakenkreuze über Hakenkreuze und daneben ein

Zwillingspaar: eine Sonnenscheibe, die in einer Mondsichel ruhte.

Für Tibeter verkörpert das Hakenkreuz als heiliges Symbol Glück, Heil und Solidität. Allerdings wies die Swastika an den Wänden ringsum eine Eigenart auf. Ihre vier Haken drehten sich links, entgegen dem Lauf des Uhrzeigers. Nur die Anhänger eines vorbuddhistischen Schamanenkults namens Bön verehren sie in ihrer linksgedrehten Form, das wusste ich aus Büchern. Lange schaute ich auf das fatale Zeichen. Ein schlimmes Zeichen, das in einer anderen Kultur sogar heilig sein kann. Auf einmal fiel es mir wie Schuppen von den Augen: der burgartige Turm – ein Bönkloster; das Trommeln – ein Bönritual; das Abweisende und Düstere der Menschen – Angst vor Dämonen. Die Menschen im Böndorf sahen in mir vielleicht einen Besucher aus der Unterwelt, aus einer Welt, die wir Hölle nennen. Ohne es bemerkt zu haben, hatten wir das Gepäck in einer sakralen Kammer gestapelt.

Erst als wir nach dem Abendessen unser Nachtlager aufsuchten, entdeckten wir in einer Ecke der Kammer einen Schrank, dessen schwarz glänzender Anstrich schuppig abgeblättert war. Erschöpft und fahrig hatten wir nur unsere Lasten verstaut und den Schrank für ein ausrangiertes Vorratsmöbel gehalten. Hätten wir genauer hingeschaut, hätten wir auch auf der Flügeltür das linksgedrehte Hakenkreuz aus Kreide entdeckt.

Wir streiften gerade die Schuhe ab, als die Frau mit einer flackernden Butterlampe in die stockfinstere Kammer trat. Auf ihrem rötlich leuchtenden Gesicht tanzten Schatten. Ein Glanz lag auf dem Weiß ihrer Augen, während sich ihre Lippen weich bewegten. Starr saßen wir auf den Schlafpodesten am Fenster. Wir hielten den Atem an, und sie schien uns kauernde Gestalten nicht zu bemerken. Wie sie so, vor sich hin murmelnd, den Raum durchquerte, klang ihre Stimme wehmütig. Je näher sie dem schwarzen Schrank kam, desto flehender und eindringlicher wurde ihr Murmeln. Kurz davor verfiel sie in ein weinerliches Klagen. Endlich begriff ich, warum Bön mit «murmeln» übersetzt wird. Als sie dicht vor dem Schrank stand, drehte sie sich abrupt zum Fenster hinter uns und rief hart, beinahe herrisch, in die Nacht hinaus.

Flehte sie ihren Weibgott, Molha, an, wieder aus der Mittelwelt zurückzukehren, zurück in ihre rechte Schulter? Oder lockte sie einen Dämon in eine Geisterfalle? Atemlos sahen wir zu, wie sie die Schranktüren öffnete und die flackernde Lampe hineinstellte. Im weißgestrichenen Inneren standen bereits unzählige Butterlampen. Der Reihe nach begann sie alle zu entzünden, während sie schwermütig dazu sang. Fragend schaute ich meinen Tibeter an, doch der zuckte nur die Achseln. Im Schrank gab es weder Statuen noch Bilder, nur flackerndes Licht über brennenden Dochten. Als alle Butterlampen brannten, schloss sie die Flügeltüren ganz sacht und tappte barfüßig in die Dunkelheit zurück. Durch die Ritzen im Türrahmen flackerten die Flämmlein und gaben dem Rahmen eine Aureole. Jetzt schien es mir, als atmete der Schrein in ruhigen Zügen.

Das mitternächtliche Bönritual hatte auch Yama erschauern lassen und uns aus der Kammer aufs Dach getrieben. Wie ich so, im Schlafsack liegend, zum Himmel emporsah, kamen mir Sterne und kosmischer Nebel der Milchstraße vor wie ein himmelfüllender Schrein voll pulsierender Lichter.

Gefährlicher Schnee

Der Waldboden dämpfte den Hufschlag, als wir mitten in der Nacht zum Schneepass aufbrachen. Aus dem Nichts wehte der Wind weiße Flocken heran. Ab und an, je nach Laune, schaute ein junger Mond durch ein vereistes Fenster nach uns Nachtgestalten. Meistens reichte sein Schein, um den Pferden die Richtung zu weisen. Als das erste Dämmerlicht durch die Wolken brach, warfen die frischbeschneiten Schneefelder es blendend weiß zurück. Wie Leichentücher lagen sie an den Hängen. Der Berg, an dessen bodennahen Fels sich unser gestriges Quartierdorf drängte, ragte gleich einem Corpus ohne Kopf empor. Wolken mussten ihn in der Nacht geraubt haben.

Obwohl die dünne Luft vor Kälte klirrte, war mir nicht kalt. Zum ersten Mal trug ich die Thermoreithose über der Jägerhose und unter dem Filzhut die Sturmhaube. Yama saß zum ersten Mal in einer olivgrünen, schwarzgelb gefütterten Chupa auf dem Pferd. Über dem Mund trug er einen Schal und auf seinen offenen Haaren wie immer den Plastikdeckel mit den Nieten. Unsere beiden Begleiter, der Vorsteher vom Nähmaschinendorf und sein Freund, ritten vor uns her. Auf den Köpfen tadellose Strickmützen, in der Schweiz als Davos-Mützen bekannt, und in wattierte Anoraks gehüllt. Decken aus schuppendem Polyester schützten die Pferde. Auf dem Yakpfad roch die Luft sauer nach feuchtem Schnee und erdig nach den Ausdünstungen der Tiere. Der Treck der vier Reiter kreuzte das Tal. Von einem Waldstück zum anderen querte er an einer Furt, wo der Nachtfrost die Steine mit Eis überzogen hatte, das jetzt unter den Hufen splitterte. Den fünf Pferden, die sich in der Dunkelheit gut zurechtfanden, schien der frühe Aufbruch zu gefallen. Satt liefen sie über den Waldboden, und jedes eiferte dem anderen nach. Noch wollte die Nacht nicht recht gehen. Noch wollte der Tag nicht recht kommen, da sahen wir ein letztes Mal auf die Siedlung tief in den Bergen zurück. Ich hatte die Handvoll Häuser Nähmaschinendorf getauft, weil Bunta, der Dorfvorsteher, noch bei Kerzenschein die geplatzten Nähte meiner Satteltaschen mit einer Nähmaschine repariert hatte. Überhaupt hatte uns Bunta warmherzig aufgenommen und sogar bekocht. Der jugendlich anmutende Tibeter mit seinem gewinnenden Lachen und dem zart klingenden «O ja», das er als Antwort auf alles benutzte, war ein echtes Allroundgenie. Bunta hatte vier Kinder gezeugt und ein neues Haus gebaut. Vom Dorf war er zum Vorsteher gewählt worden, und er besaß ein gutes Pferd. Mit Kraft und Geschick hatte er es sogar geschafft, die wehrhafte Hinterhand unserer drei Pferde mit Hilfe einer Seilfixierung zu beschlagen. Diesem Tibeter, eher ein zünftiger Bursche als ein überlegter Mann, hatten wir uns anvertraut und ihm vierhundertfünfzig Yuan für die Führung über den Schneepass angeboten. Diese Summe war schon ein Kompromiss, denn sein Bruder, noch Laie, aber bald Mönch, hatte sechshundert Yuan gefordert. Ich hatte den Preis drücken müssen, nicht nur weil er unverschämt war, sondern weil der Yuan-Berg an meiner Brust schneller schmolz als der Nachtschnee am Tag. Immerhin hatten wir ja noch einiges vor.

So ritten wir in den heraufziehenden Tag hinein. Mit wissender Führung, guten Mutes und gut verpackt ritten wir dem Schneepass entgegen. Es gebe Wölfe in der Gegend, wir sollten achtgeben, rief der vorausreitende Bunta immer wieder. Doch ich glaubte ihm nicht so ganz, denn im Morgengrauen stießen wir auf eine äsende Yakherde ohne Hüter. Die Zottelviecher glotzten mich an, als hätten sie noch nie eine derartige Nase gesehen. Erst als wir näher kamen, sprangen sie mit einem Satz ins Gebüsch. Bunta und auch sein schweigsamer Begleiter, der verspätet zu uns gestoßen war, wussten exakt, wem die einzelnen Tiere gehörten. Immer wieder staunte ich, dass die Einheimischen die Yakbullen, die Yakrinder, Dzo, und die Milchkühe, Dzomo, die für mich alle wie geklont aussahen, leicht unterscheiden konnten. Sie orientierten sich an Merkmalen wie Gang, Hörnerstand, Fellbeschaffenheit, Augenform und Schwanzlänge.

Der lichte Wald aus vermoosten Kiefern und winterkahlen Laubbäumen, der auch in die Karpaten gepasst hätte, bleibt zurück im nebligen Tal. Wir nehmen den Schneepass in Angriff. Ein umgestürzter Baum versperrt den Hohlweg. Eine willkürlich errichtete Barriere? Ein böses Omen? Schon steigt Bunta ab und will sein Pferd an einem Strauch am Weg festbinden. Warum so früh?, lasse ich fragen, er müsse uns doch über den Pass bringen. Bunta zögert und berät sich leise mit seinem Kumpan. Ihre konspirative Art gefällt mir nicht. Genauso wenig wie das Schuhwerk, das unser Dorfvorsteher trägt. Schwarze Slipper, wie sie mir auf dem Flug von Hongkong nach Chengdu an den Füßen der Chinesen aufgefallen sind. Mein Misstrauen wächst. Wie kann man mit solchen Salonschleichern über einen Schneepass laufen? Wollen die uns hier sitzenlassen? Am Ende gar noch berauben? Ich schweige, weil wir nun alle absitzen und durch Latschengestrüpp aufwärtssteigen. Jetzt bloß keine Gedanken, die den Puls noch zusätzlich antreiben!

Der Himmel über dem Aufstieg zeigt sich als rauchgraues, kurz auch als taubenblaues Feld. Nein, das ist nicht der Himmel, sondern Altschnee, der sich im Nebel verliert. Bald erreichen wir die Schneegrenze. Unsere Führer pflocken ihre Pferde an, nehmen ihnen die Lasten ab und hängen ihnen Futtersäckchen vors Maul. Für mich ein Zeichen, dass sie die Tiere länger allein lassen werden. Der schweigsame Kumpan ergreift den roten Expeditionssack und wirft ihn sich über die Schulter, während Bunta den schwarzen, nein, nicht sich, sondern unserem

Packpferd aufbürdet. Aha, denke ich, so leicht verdient er sein Geld, der Smarte. Wie ich aus den Augenwinkeln sehen kann, tauscht er die Slipper gegen chinesische Armeeturnschuhe mit dicken, hohen Stollen. Na immerhin.

Der Schnee hat die Passage verschluckt. Auf den letzten dreihundert Höhenmetern ist es unwesentlich kälter geworden. Der Wind streicht über den Kamm, ein Gruß von der anderen Passseite? Ursprünglich wollten wir um drei Uhr nachts loskommen. Eine hartgefrorene Schneedecke wollten wir hier in der Höhe antreffen. Doch wir sind viel später weggekommen, weil Bunta zu lange in der Lage des Ruhenden Löwen verharrt hatte. Inzwischen ist die Schneedecke angetaut und morsch.

Der stille Kumpan mit dem Sack über der Schulter steigt in Kehren voran. Bunta folgt mit dem Packpferd und ich mit Milchkaffee, während Yama seinen Grauen hinterherführt. Unvermittelt vor mir ein Knall. Ein gellender Aufschrei. Ein Wiehern. Ein Krachen – etwas Schlimmes muss geschehen sein. Ich reiße den Kopf hoch. Das Packpferd fehlt! Vorn bewegt sich nur noch Gepäck im Schnee, und eine Mähne ruckt wild auf und nieder. Plötzlich ein Aufschrei hinter mir. Auch der Graue ist in eine Wächte getreten und eingebrochen. Beide Pferde rudern verzweifelt und wühlen sich immer tiefer in die weiße Falle. Yama und ich verlassen die Spur. Wollen nach vorn hasten. Wollen helfen. Doch auch wir brechen ein, versinken bis zur Hüfte in Schneelöchern. Die Hufe schaufeln vor Verzweiflung. Die Pferde wühlen, als wollten sie schwimmen. Doch jede ihrer Bewegungen zieht sie tiefer in das Loch hinab. Ihre Augen quellen hervor, sie keuchen. Aus den Nüstern springt der Atem stoßweise. Schon bald können sie nicht mehr, sie legen sich zur Seite, betten den Kopf und den Hals auf die Schneedecke. Als wollten sie schlafen – oder sterben. Mir blutet das Herz, ich stehe wie ein Ölgötze in der Landschaft. Die Tibeter fackeln nicht lange. Aber sie denken auch nicht lange. Zwei packen und heben das Gepäck von den

Seiten und dreschen dem Packtier brutal mit dem Führstrick auf die Flanken, während es Bunta laut schreiend am Halfter vorwärtsreißt. Der Schimmel stemmt sich in seiner gewälzten Schneewanne hoch, macht einen Katzenbuckel, wirft die Vorderläufe nach vorn und drückt sich mit aller Macht mit den Hinterläufen ab. Nach zwei, drei Bocksprüngen schaufelt er sich mit kraulenden Vorderläufen aus dem Schneegrab frei. Seine Sprungtechnik ist wie damals im steinernen Meer grandios.

Noch immer stehe ich unter Schock. Erst als das Packpferd, am ganzen Leib zitternd, auf einer Felskuppe steht, komme ich zur Besinnung. Ich rufe, ich schreie: «Wartet! Ich gehe nach vorn.» Immerhin trage ich als Einziger vernünftiges Schuhwerk. Aber sie hören nicht auf mich, sie sind mit den anderen Pferden beschäftigt. Ich stapfe und stampfe, um den pappigen Schnee vor uns zusammenzupressen und seine Tragfähigkeit zu erhöhen. Anders meine Gefolgsleute. Sie setzen auf Gewalt, auf die Verzweiflung, auf die Todesangst der Tiere. Mit Zerren und Schlägen treiben sie eines nach dem anderen – immer wieder brechen die Pferde erbärmlich ein – durch die nächsten heimtückischen Schneefallen, mindestens sechs an der Zahl. In mir kocht die Wut hoch, weil sie so auf die Tiere eindreschen. Aber vor allem, weil Bunta nichts an Material mitgenommen hat. Keine Matte zum Unterlegen, keine Schaufel, kein Brett, weil er einfach so in seinen Slippern losgeritten ist. Meine Wut steigert sich noch, als mein Pferd auf dem Fels zusammenbricht und Buntas Kumpel, dieser wildfremde, zu spät gekommene Mensch, ihm einen Fußtritt verpasst. Ich hasse diesen Tibeter – und mache einen großen Fehler. Obwohl er jetzt genau das macht, was ich vorhin gemacht habe, nämlich Spuren, folge ich ihm nicht, sondern wähle eine eigene Route. Ich steuere mit meinem Pferd im Rücken niederes Buschwerk außerhalb der Senke an.

In Extremsituationen entgleitet einem manchmal alles, was irgendwie mit der Dramatik des Geschehens zu tun hat. Dafür kommen Erinnerungen an die Oberfläche. Zu meinem eigenen Erstaunen erinnere ich mich an die Erzählungen meines Vaters aus dem Weltkrieg, wie er mit der Wehrmacht nach Moskau vordrang. In einer sumpfigen Gegend blieben die deutschen Panzer im Morast stecken. In der Not erging der Befehl, die mitgeführten Fahrräder als Metallgitter auf den nachgiebigen Grund zu werfen, damit sich die Last verteile und die Panzer darüber hinwegfahren könnten. Diese Episode, auch wenn sie erbärmlich endete, krallt sich in meinem Hirn fest, und ich sage mir, wenn ich diese Sträucher wie die Fahrräder nutze, brechen wir nicht ein. Zumal wir uns am schneeärmeren Südhang entlangbewegen. Theoretisch einwandfrei. Doch was ich nicht ahne: Der Schnee hält zwar die Sträucher umklammert, aber nur oberirdisch. Unter dem Trugbild einer jungfräulichen Schicht lauert ein großes Tauloch. Und genau da führe ich mein Pferd hinein. Als ich selbst einbreche, tiefer als zuvor, ist es schon zu spät. Meinem Pferd passiert dasselbe. Es bricht so tief ein, dass nur noch der Kopf über die Schneedecke hinausragt. Ich bekomme einen Riesenschreck. Den Tränen nahe, trampele ich einen Stehplatz frei, um mich zu ihm umdrehen zu können. Es schnaubt nicht einmal mehr und wiehert auch nicht. Milchkaffee atmet schwer und legt sich völlig erschöpft zur Seite. Erst jetzt sehe ich das ganze Malheur. Er hat sich mit der linken Hinterhand im Steigbügel verhakt. Bis zum Röhrbein, dem filigransten Teil des Pferdefußes, hat er sich im Metallbügel verheddert. Mein erster Gedanke: gebrochen, das Bein. Verloren, das Pferd. Durch meine Dummheit. Wie betäubt bahne ich mich ein paar Tritte an den pumpenden Flanken entlang, während ich mit heiserer Stimme rede: «Ganz ruhig, ganz ruhig!» Und wieder und wieder: «Ganz ruhig, ganz ruhig!» Mit der einen Hand ergreife ich den frischbeschlagenen Huf und mit der anderen den Steigbügel. Beide Metallteile versuche ich auseinanderzuziehen. Zum Glück kommt Yama angestapft. Als er die Bescherung sieht, brüllt er mir ins Gesicht: «Stupid man!», und bedenkt mich mit dem Feuerblick eines Tibeters. Gemeinsam schaffen wir es, den Huf ganz vorsichtig durch den Bügel nach hinten zu drücken. Sofort stemmt sich das Pferd hoch. Mit einem gewaltigen Satz springt es auf das Buschgewirr, das wie durch ein Wunder trägt. Es bekommt festen Boden unter die Hufe und pflügt den anderen hinterher.

Vier Stunden mussten vergangen sein, bis wir endlich die trügerische Passage überwunden hatten. Vor uns fächerte sich ein schneeverwehtes Sumpfgebiet auf – die Wasserscheide auf dem Passkamm. Schon drängte Bunta, sie hätten ihre Aufgabe erfüllt. Sie wollten ihr Geld. Doch ich war schlecht auf die beiden zu sprechen und sagte, das Geld gebe es erst am Ende des Morasts. So trotteten wir noch länger schweigend hintereinander her. Die beiden in ihren schwarzgesteppten Anoraks, Yama in seiner Chupa und ich in meiner Thermohose, über der ich die Jägerjacke trug. Mit mostigem Chang wollte Bunta am Ende der Qual unsere Laune heben. Aber ich lehnte das Bier ab, bezahlte widerwillig das Honorar, schulterte den roten Sack und schritt mit Yama und drei erschöpften Tieren auf über viertausend Metern einem verschneiten Sumpf entgegen.

Wieder allein, wieder auf uns gestellt, betraten wir eine Landschaft der Melancholie. Außer leidlich weißem Schnee, einer trauerschwarzen Wolkendecke und einem Wald von grünlichem Schwarz hatte die Melancholie keine Farben. Eine Schneezunge lag auf dem Quellgebiet eines Flusses, dessen Lauf sich allmählich formte. Vor uns befand sich ein Ziel, das keines war, denn es gab keinen sichtbaren Endpunkt. Nur ein Nebelnichts, das uns narrte. Sobald wir glaubten, das Talende erreicht zu haben, verschwand es in den Wolken. Stumpf trotteten wir vor uns hin, auf ungewöhnlich schweren Füßen. Pappige Schneebatzen klebten an den Sohlen und den Hufen der Pferde fest, über eine kurze Distanz schleppten wir sie wie Untertassen mit. Kaum fielen die Batzen ab, bildeten sich neue.

Das Nebeltal musste Wolfsgrund sein. Eine eindeutige Spur hatten wir bereits gequert. Trotz akuter Gefahr würden wir im Sumpfgebiet campieren müssen – wir konnten nicht mehr. Die Erleichterung darüber, dass keines unserer Tiere in der Schneefalle verendet war, verscheuchte mit der Zeit die miese Stimmung zwischen Yama und «stupid man». So beschlossen wir lange vor Einbruch der Nacht, die Zelte aufzuschlagen. Der Talgrund kam nicht in Frage, denn er war überzogen von Wasserläufen und Tümpeln. So wählten wir im Gestrüpp des Hanges eine Kuhle, in der wir beide Zelte dicht an dicht aufschlugen. Die Tiere pflockten wir in einer nahen Schneise an. Als Kälteschutz schnürte Yama die Satteldecken sowie den Biwaksack auf ihren Rücken fest. Obwohl sie sofort den Schnee wegscharrten, fanden sie nichts Fressbares am Boden.

Wie ich so in feuchten Kleidern in meinem klammen Schlafsack lag, fragte ich mich: Warum gehst du so weit? Warum treibst du es auf die Spitze? Für meine Mission hätte es dieser Entbehrungen nicht bedurft. Nach dem Willen meines Vaters hätte es durchaus genügt, ganz bequem mit einer Fahrt im Jeep sein Vermächtnis zu erfüllen. Mitten in meine Verzweiflung hinein Gemurmel von nebenan. Ein Tibeter betete. Ich hörte einfach zu, und wie sie gekommen waren, verschwanden alle Zweifel. Für die Nacht legte ich vorsorglich meinen Hirschfänger bereit. So einsam, wie das Nebeltal inmitten der Bergwelt lag, roch es förmlich nach Wölfen. Die Spur an unserem Weg musste frisch gewesen sein. Im Berliner Zoo hatte ich einmal in glühende Wolfsaugen geblickt. Aber noch nie in der Wildnis. Noch lange, noch beim Einschlafen, bangte ich um unsere Tiere.

Kein räudiger Wolf, kein gerissenes Pferd. Zwanzig Zentimeter Neuschnee erwarteten uns am späten Morgen. Pappschnee hatte die Zelte in Iglus verwandelt, deshalb blieb das Tageslicht lange ausgesperrt und auch die Kälte. Kurzum, wir hatten verschlafen und kamen spät weg. In der Nacht hatten die Pferde ihre Rückenbedeckung abgeschüttelt und standen, am ganzen Leib zitternd, zum Aufbruch bereit. Bevor ich meine Lederhandschuhe überstreifte und Milchkaffee am Halfter ergriff, tastete ich bei allen dreien nach dem Puls. Bei allen schlug er normal. Er lag bei vierzig Schlägen pro Minute. Keines der Tiere hatte sich fiebrig erkältet. Ich atmete auf. Ausgeschlafen brach der Tross nach einem Tee aus Schmelzwasser und einem faustgroßen Kloß Tsampa auf. Wieder verwandelte sich der alte Schnee in weißen Kleister und klumpte unter Sohlen und Hufen. Wir staksten, wir eierten, wir stelzten immer weiter auf das graue Nebelnichts zu. Yama voraus, ich hinterdrein.

Eine innere Furcht befällt mich. Werde ich verfolgt? Schleicht sich jemand von hinten an? Springt mir gleich einer an die Gurgel? Ein Tier? Ein Mensch? Ein Troll? Ja, dieses Tal könnte auch in Island liegen. Hastig werfe ich einen Blick nach hinten. Aber auch in meinem Rücken, im Tal der Melancholie, nichts als weißer Grund und Nebelgrau.

Gegen Mittag sollte uns Erfreuliches widerfahren. Wir stießen auf mehrere Blockhütten, über einem Hüttendach stieg Rauch auf. Ein junges Paar hockte frierend am Ofen, als wir durch die offene Tür schauten. Ihre Zweisamkeit wollten wir nicht stören, zumal sie auch kein Futter entbehren konnten. Sie waren die Vorhut der Yaknomaden, die in wenigen Tagen aus dem Tal eintreffen würden. Immerhin erklärten sie uns den Verlauf und die Tücken der weiteren Route.

Die Pferde legten an Tempo zu. Sie rochen das Tal. Den Kiefern- und Tannenwald, das Moos in den Wasserrinnen und das vermodernde Laub. Wir kamen schneller tiefer, als uns lieb war, denn das Weglein zwischen den Bäumen war steil angelegt. Das Gepäck schob, die Pferde rutschten im Matsch und mit den Eisen auf den Steinplatten. Als es flacher wurde, betraten wir einen Wald, der eine Katastrophe überstanden, aber nicht überlebt hatte. Blitzschlag konnte es nicht gewesen sein, eher Parasitenbefall, denn die Bäume waren alle kahl, aber nicht verkohlt. Auf der abgeplatzten Rinde der Stämme, die wie abgenagte Saurierknochen in der Erde steckten, wuchs wie Fleischreste frisches Moos. Von Stamm zu Stamm waren rissige Schleier aus graugrünen Flechten in der krankhaft feuchten Luft gespannt. Verwunschen oder verflucht schien dieser Wald zu sein. Rasch brachten wir ihn hinter uns.

Die Siedlung hatte ihren Zugang mit Stangen verbarrikadiert. Doch der Hunger machte die Pferde zu Wilden. Sie rissen sich los, zerbrachen zwei der Stangen und rannten herrenlos auf den aufgeweichten Platz zwischen den Blockhütten. Der Tibeter, der in Gummistiefeln und schwarzem Regencape gerade eine Rinne schaufelte, staunte nicht schlecht, als zwei Fremde hinter drei Pferden angerannt kamen. Die Schindeln, Bretter und rohen Balken der Hütten hatte der tagelange Bindfadenregen in schwärzliche Schwämme verwandelt, den Platz in einen aufgewühlten Sumpf und in Schwemmland die Gerstenfelder ringsum. Bis zu den Fesseln sackten die Pferde ein, als sie nach ihrem kurzen Ausreißer im Schlamm zum Stehen kamen. Der junge Kerl im Regenmantel ließ seine Schaufel stecken und trat an sie heran. Ungefragt begann er mit dem Abladen. Wir kamen dazu und brachten gemeinsam Gepäck und Sättel in den offenen, mit Stroh bestreuten Unterstand eines Schobers. Auf Yamas Bitten hin erbot sich ein junges Ehepaar, uns triefenden Gesellen Obdach zu gewähren.

Mit der offenen Feuerstelle und den Regalen glich ihr Blockhaus einer Räucherkammer. An Stangen unter der Decke hängten wir unsere nasse Staffage auf. Die Kraft des offenen Feuers mitten im Raum vermochte nicht, das Klamme und

Modrige aus unseren Kleidern zu vertreiben, denn zwischen einzelnen Dachschindeln tropfte es immerfort herein. Den Pferden tat die Rast ausgesprochen gut. Sie fraßen und fraßen den ganzen Tag – aber leider bloß Stroh. Nur morgens und abends hängten wir ihnen Säckchen voll ungemahlener Gerste vors Maul, die wir nach altem Brauch immer morgens von den Bauern kauften. Verkaufe Bali niemals nach Sonnenuntergang, lautet ein uralter tibetischer Volksbrauch, der heute noch genauso ernst genommen wird wie die Warnung: Sieh dich vor, dass dir nicht frühmorgens eine Frau mit leeren Wassereimern an der Jochstange begegnet. Wir respektierten die Tradition und halfen uns, indem wir immer einen Vorrat Bali im Gepäck hatten.

Am Morgen nach dem Tag der Rast schüttelte der Wind die Regenschnüre aus dem Wolkenbaum, und fortan tröpfelte es nur noch ab und an. So beschlossen wir, in feuchten Stiefeln, Hosen und Jacken aufzubrechen. Unser junges Paar und seine Nachbarn zogen Gummistiefel an und halfen uns beim Satteln und Beladen. Winkend standen sie an der zerbrochenen Absperrung im jauchegetränkten Schlick, während wir wieder auf das abschüssige Weglein einschwenkten. Ein Wildbach begleitete uns bis zu einem Tobel hinab, wo ein Holzsteg über das Kiesbett eines größeren Gewässers führte. Yama zeigte lachend auf die lehmbraune Piste, die sich aus der Schlucht hinauswand. Noch nie zuvor hatten wir uns so fröhlich, so guter Dinge in die regennassen Sättel geschwungen und uns einem Karrenweg anvertraut. Zum ersten Mal nach sieben Tagen ritten wir wieder westwärts. Unsichtbar, aber voraus, mussten sich die Gletscherberge von Rawu erheben, hinter denen sich Indien verbarg.

Zur ersten Begegnung mit Indien verhalf uns die chinesische Straßenwacht. Unaufgefordert ritten wir durch ein Eisentor.

Über den Spitzen der Gitterstäbe winkte ein chinesischer Mercedesstern. Dreigezackt in rotem Kreis, das landesweit einheitliche Emblem der staatlichen Organisation. Dicht vor einem Grüppchen Tibeter und Chinesen in grünen Armeejacken saßen wir ab. Finster blickten sie auf die Pferde und noch finsterer auf uns. Sie wollten, dass wir weiterritten. Doch da es bereits dämmerte und wir auf einer Unterkunft bestanden, boten sie uns kostenlos einen frostigen und stinkenden Raum voller Benzinfässer und einem zerlegten Motorrad an. Die Pferde sollten draußen vor dem Gittertor nächtigen. Nein, den Bulldozer könnten sie nicht aus dem Unterstand fahren. Warum denn nicht? Die trockene Überdachung wäre doch ideal für die frierenden Tiere. Wir wollten auch gut bezahlen. Nein, der Fahrer sei weg und mit ihm der Schlüssel.

Schließlich kam es doch noch zu einem Geschäft. Gegen gutes Geld vermietete ein dürrer Chinese seine fensterlose Kammer in einer Wellblechbaracke. Mit einer tibetischen Frau hauste er in einem verrußten Loch, wo chinesische Zeitungen die Tapete ersetzten und ein Fernseher den Schrank. Aber das Zimmer mit seinen beiden Pritschen beherbergte einen unbezahlbaren Schatz. Einen gusseisernen Ofen, der bullerte und auf dessen abnehmbare Eisenringe eine Kesselpfanne passte. In diesem Wok bereitete uns der Straßenarbeiter knackiges Gemüse mit Chili und Soja. Von der scharfen Kost aßen er und seine Frau nur wenig, dafür aßen wir umso mehr. Nach dem Essen verschwand die Tibeterin mit dem Hackbrett, unseren Schälchen und den Stäbchen und blieb für den Abend verschwunden. Dafür hockte sich der Mann mit dem wachsbleichen Gesicht und den stacheligen Haaren, der im Stehen gegessen hatte, auf ein Plastikhockerchen und zündete sich die erste von vielen Zigaretten an. Schon während des Essens war der Fernseher gelaufen, aber nach dieser ersten Zigarette begann der Kammerherr die Fernbedienung zu hätscheln. Ich staunte nicht schlecht, als plötzlich Singapur TV und MTV

India in unseren kargen Raum schwappten. Nur an diesem Ort und nirgendwo sonst, auch nicht in Rawu, das nur fünfzig Kilometer von der Grenze zum indischen Bundesstaat Arunachal Pradesh entfernt liegt, erfuhren wir, konnten die Störsender des chinesischen Militärs ausgetrickst werden.

Sehnsüchtig schaute ich auf die Mattscheibenschönheiten mit dem dritten Auge, dem blitzenden Nasenstecker, dem blinkenden Haarschmuck und den aufgespritzten Lippen, die für keinen anderen als für den deutschen Zölibatär sangen und sich sündig wiegten. Das Dessert von jenseits des Himalaya schmeckte in seiner exotischen Süße göttlicher als göttlich. Da der Sichuanese des Indischen nicht mächtig war, mussten wir schon bald wieder zu gekünstelten, von Werbung unterbrochenen chinesischen Melodramen zurückkehren. Entweder wurde er von Heimweh geplagt oder von Schlaflosigkeit. Ich bat ihn, den Apparat endlich auszuschalten. Mehrmals bat ich ihn. Aber er stellte sich stur. Er wollte nur glotzen und nicht hören. So musste er fühlen. Kurz vor Mitternacht trieb ich ihn aus dem Zimmer, mit dem Druck auf den Power-Knopf.

Kaum graute der neue Regentag, brachen wir auf, ohne noch einmal jemandem zu begegnen. Während uns schon bald wieder die Nässe durch die Kleider kroch, gefiel den Tieren das Wetter. Über lange Strecken liefen sie im Pass. Zwar saßen wir in tibetischer Manier jede Stunde ab und gingen eine Stunde zu Fuß, doch zügig näherten wir uns Rawu, der Schlüsselstelle unserer Lhasa-Passage.

Nach zwei Tagen blähte sich im Westen ein Gebirge prall wie der Balg eines Akkordeons auf. Kaum umspielte der Wind das Massiv, erklangen hohe, schrille Töne. Sobald die Sonne schien, blähte sich der Balg und brummte lustig. Schoben sich Wolken vor ihn, winselte er wie ein getretener Hund. Wenn sich Nebel auf die Tasten legte, verstummte er und brachte einen zum Grübeln: Wie hoch ist der Berg wohl? Sind seine

Grate exponiert? Ist der Übergang verschneit? Und, und, und … Fragen, die während der Zeit im Sattel das Gehirn martern.

Vor dem Pass sei ein Dorf, hatte es geheißen. So sind wir auf der Suche nach diesem Dorf weiter und weiter geritten. Aber was hieß schon: vor dem Pass? Wieder einmal so eine Wischiwaschi-Angabe! Womöglich hatten wir das gesuchte Dorf schon hinter uns gelassen. Wir waren durch viele Dörfer gekommen, in denen schwimmbadblaue Blechdächer die traditionellen Schindeldächer aus Kiefernholz ersetzten. Die Suche nach dem «Dorf vor dem Pass» wirkte auf Yama wie die sprichwörtlich vorgehaltene Möhre. Er ritt und ritt, obwohl mir der Hintern brannte und es mir vorkam, als würde meine ohnehin schon nicht allzu üppige Po-Ausstattung allmählich bis auf die Sitzhöcker abgerieben. Ich wagte aber auch nicht anzuhalten, das zügige Fortkommen zu unterbrechen, weil sich die Pferde auf dem weichen Untergrund geschmeidig bewegten. Der Nachmittag ging schon zur Neige, als wir nebeneinanderher in ein Hochtal hineinritten, das im Schraubstock zweier Schneeberge ächzte. Irgendwann pflichtete mir Yama kleinlaut bei. Ja, das Dorf vor dem Pass sei wohl unser letztes Dorf gewesen. Nun gut, wieder eine Nacht im Zelt. Das war nicht weiter tragisch. Aber die Pferde, was würden sie zu fressen finden? Am Weg nur noch moosige Platten, kahle Sträucher und holziges Gestrüpp. Wertloses Zeug, das sie nicht fraßen.

Während wir in einer windgeschützten Mulde unsere Zelte für die Nacht aufschlugen, ließ Yama die Tiere frei, damit sie ihren Kohldampf an den modrigen Flecken von Altgras und Flechtwerk stillen konnten. Wir kochten Nudeln und schauten zum weißen Saum eines Fünftausenders hinauf, der sich majestätisch neben unserem Campiergrund erhob. Der Wolkenhut, den der Gipfel trug, gefiel mir. Ich kannte den Bauernspruch: «Hat der Berg ’nen Hut, wird das Wetter gut. Hat er ’nen Degen, gibt’s Regen.»

Schon bald verdrückten sich die Nachzüglerwolken, und eine sterbende Sonne tuschte in zartem Apricot Sanftmut ans Firmament. Erstaunlich früh erschien der vorwitzige Polaris, seines Zeichens Hauptstern im Kleinen Bären. Bald würde auch Ursa Maior in nächster Nachbarschaft zu seinem kleinen Bruder auftauchen. In der kalten Luft traten hoch oben an den Steilhängen die Kanten der schneegefüllten Kare wie Messerklingen hervor. Das Thermometer war bereits unter null gefallen. Es galt, die Tiere einzufangen und für die Nacht zu schützen – ohne Biwaksack, nur mit den nassgeschwitzten Satteldecken. Um die ewigen Händel zu unterbinden, kamen der Graue und Milchkaffee an einen, der Schimmel an einen anderen Busch. Es galt zu verhindern, dass die beiden Junghengste ihr Mütchen am kastrierten Senior kühlten und ihn im Dunklen bedrängten.

Meine Jacke, Hose und alles, was darunter in Schichten lag, müffelte, als hätte jemand saure Milch darübergegossen. Zu Hause wäre das peinlich, aber hier? Wenn einem die Füße vor Kälte schmerzen, dann geht einem ein Gerüchlein an der Nase vorbei. Diese Nachlässigkeit ist sträflich, weil eine Schweißsocke und Eisfüße viel miteinander zu tun haben. Der Fußschweiß verklebt die Poren der synthetischen Faser und raubt ihr die Fähigkeit zur Isolation. Es geschieht das Gleiche wie bei einem benutzten Kaffeefilter, durch den das heiße Wasser nur noch geschmacklos und leicht getrübt rinnt. Erstaunlich, was einem so durch den Kopf vagabundiert, wenn die dünne Luft das Einschlafen verzögert. Im Liegen wurde offensichtlich: Die Höhe hatte uns erneut an ihre Brust gedrückt. Hinzu kam, dass die Kombination von dünner Luft und winterlicher Kälte für jeden mit Konfirmandenblase pures Gift ist. In dieser Nacht musste ich gleich zweimal raus.

Auf welcher Bühne wird schon für einen einzigen Zuschauer eine Uraufführung mit Weltstars inszeniert? Auf der tibetischen! Im höchstgelegenen Theater der Welt wird ein Lehrstück in Transzendenz dargeboten. In der Stille der Nacht transmutiert die lunare Energie zum merkurischen Quecksilber, zum Symbol der Seele, und fließt abwärts, um sich mit dem Silber des Wassers zu paaren.

Einmal schenkte mir mein Vater zum Geburtstag ein Büchlein und ein Couvert. Als er mir das Doppelgeschenk überreichte, meinte er: «Das Buch ist von Hans, das Geld von mir.» Stets sorgte sich mein Vater um das leibliche Wohlergehen von mir und meiner Familie, während sich mein Onkel um mein Wissen bemühte. Das Buch hieß «Mystische Fibel» und war ein Handbuch für die Schüler der praktischen Mystik. Viel lernte ich daraus über die abendländische Alchimie und ihre Urstoffe Merkur, Quecksilber, Schwefel und Salz als Symbole von Geist, Seele und Körper.

Und über dieser Bühne spannt sich der leere Raum, bestickt mit blinkenden Diamanten. In dieser Nacht verlor mein Ich seinen Schatten. Wie einst auf einer Sanddüne der Sahara entdeckte es im Spiegel der Natur für einen Windhauch sein Pendant, das Nicht-Ich.

Später, in den Stunden eines bleiernen Schlafs, musste der Himmel erzürnt worden sein. Es begann zu schneien und hörte bis zum Morgengrauen nicht auf. Wir erwachten in einer erschreckend vereinfachten Welt. Der Pass verschwunden. Die Zelte voller Schnee. Die Sträucher zu Boden gedrückt. Und die Pferde? Sie standen bis zu den Fesseln im Schnee, zitterten und mahlten mit den Zähnen. Mir blutete das Herz. Aus Mitleid band ich sie los und ließ sie wie am Vorabend zur Futtersuche frei. Mit einem hartnäckigen Wölkchen vor dem Mund machte ich mich daran, Schmelzwasser zum Sieden zu bringen.

«… horse run away!», schrie auf einmal Yama schrill, sprang hoch und rannte wie ein Verrückter aus der Mulde hinaus und weg.

Ich taumelte hoch, um über den Rand zu schauen. O nein! Alle drei Pferde galoppierten auf dem Weg zurück in Richtung Tal. Ich konnte mich vor Schreck nicht rühren. Längst rannte Yama, geduckt wie ein Späher mit wehendem Haar, nicht auf dem breiten Weg, sondern im Gestrüpp in einem großen Bogen talwärts, um die Ausreißer von der Seite her einzufangen. Endlich lief auch ich los, die verschneite Piste entlang. Die Pferde galoppierten, wie sie es noch nie gewagt hatten. Wie ihre wilden Brüder. Sie galoppierten immer schneller, immer weiter ihrer Freiheit entgegen. Mir verriegelte es die Kehle, die Brust schmerzte bereits vom Laufen in der dünnen Luft. Yama stolperte und stürzte über Wurzelwerk, rappelte sich wieder hoch. Rannte weiter. Die Tiere durften um nichts auf der Welt entkommen.

Plötzlich hörte ich hinter mir Motorengebrumm, das schnell anschwoll. Im Laufen blickte ich hastig über die Schulter nach hinten. Ein blauer Truck, einer von den ganz großen, speziell für Tibet gebaut, kam die Piste entlanggekrochen. Erstaunlich schnell kam der Koloss auf mich zu. Ich sprang mitten auf die Piste und zwang ihn anzuhalten. Über zwei Tritte kletterte ich zur Kabine hinauf, riss die Tür auf und warf mich auf den Beifahrersitz. Der Tibeter staunte nicht schlecht, als ich keuchend schrie: *«Da zou la!»* Diese drei Silben waren mein ganz persönliches SOS. Das tibetisch-chinesische Kauderwelsch hieß in etwa: Pferde weggegangen. Meine Lunge pumpte wie verrückt. Hustend, keuchend presste ich noch auf Chinesisch hervor: *«Kuai, kuai!»* Schnell, schnell! Zumindest verstand er mein Fuchteln mit dem vorgereckten Arm gegen die Frontscheibe. Abrupt und übertrieben drückte er auf das Gaspedal. Das hatte allerdings nicht zur Folge, dass wir schneller vorankamen, denn die Piste war unter dem Schnee voller Bodenwellen, Leisen und ausgewaschener Löcher und Tümpel. Kaum dass er Gas gab, hüpfte das fauchende Monster mehr, als es vorwärtseilte. Die Ausreißer waren ihm weit überlegen, und der Abstand vergrößerte sich. Doch das Motorengeräusch, das Fauchen und Hämmern, versetzte sie in Panik. Mein Beiger verhedderte sich im Führstrick, den er am Halfter hinterherschleifte, und stürzte böse. Die anderen jagten weiter. Obwohl er einige Meter auf dem Bauch über den Boden gerutscht war, kam er wieder hoch und sprang vom Weg ins Gebüsch. Der Schimmel und der Graue liefen nun langsamer und bogen ebenfalls seitlich ab. Ich bat den Fahrer anzuhalten. Ein Nicken. Ein flüchtiges Lächeln. Auch ein tibetisches Dankeschön: *«Tuksche she.»* Augenblicklich öffnete ich die Beifahrertür und sprang, mich am Türgriff festhaltend, hinab in den frisch gefallenen Schnee. Der Tibeter gab Gas, während ich mich bremste. Jetzt bloß keinen Fehler machen. Bloß keine Hast. Für den Moment hatte ich die Tiere aus den Augen verloren, so suchte ich erst einmal nach Spuren im Schnee.

Da eine Satteldecke am Boden. Dort ein Strick. Sie mussten ganz in der Nähe sein. Gebückt schlich ich einen Hang entlang und entdeckte Hufabdrücke im Schnee. Ich hechelte, ich rang nach Luft, statt eines Morgentees diese Hetzjagd, das brachte mich beinahe um. Schwer atmend stieg ich höher. Aus dem Nebel tauchten sie ganz nahe auf. Ihre Nasen hatten sie zu einem schneefreien Flecken gelenkt. Inmitten der schrecklich vereinfachten Welt hatten sie kargste Nahrung, immerhin aber Nahrung gefunden. Ohne große Anstrengung kam ich von hinten an sie heran. Zuerst trat ich mit dem Fuß auf den Strick, dann packte ich meinen Ausreißer am Halfter. Da ich einen eingefangen hatte, besaß ich alle drei. Ich stand inmitten der Pferde und keuchte und hustete vor Erschöpfung. Als die Anstrengung nachließ, kam auch Yama angelaufen. Ich schämte mich, als er mich streng ansah. Doch anstatt mich mit einem «stupid man» auszuschimpfen, lobte er mich für die Idee mit dem LKW. Völlig ausgepumpt marschierten wir mit den eingefangenen Schätzen an die vier Kilometer aufwärts zu den Zelten zurück.

Soweit ich mich erinnern kann, tranken wir den leckersten Morgentee der ganzen Reise. Gut gelaunt zogen wir die Winterausrüstung an. Ich schlüpfte in meine olivgrüne Thermoreithose, Yama in die grüne Chupa, die er mit einem gewebten Wollband fest um seine Taille verschnürte. Endlich hatten wir gepackt und konnten gemächlich losreiten. Zu unserem Glück hatten die Schneeketten des Schwerlasters tiefe Rinnen in die Piste gepresst.

Auf 4800 Meter Höhe türmte sich der Neuschnee bereits einen Meter. Mit Reiten war längst Schluss. Im Gehen gesellte sich zur körperlichen Erschöpfung die unbegründete, irrationale Angst, einfach umzusinken und, unendlich müde, in diesem weißen Bett einzunicken. Ich schaute meinem Pferd abwechselnd auf den rechten Vorderfuß und ins Auge. Am Vorderfuß blutete eine Risswunde von dem Sturz, verursacht durch einen Hufnagel. Im Auge fing sich der Schmerz. Ja, es litt unter Schmerzen. Aber es lief, und wir mussten um alles in der Welt über den verschneiten Pass. Eine Rückkehr kam nicht in Frage. Erfroren wären wir nicht sofort, aber vor Erschöpfung stecken geblieben und an Unterkühlung krepiert.

Mein Tibeter hatte mich verlassen. Geübt spurte er im Neuschnee voraus und spurte immer schneller. Ich fiel immer weiter zurück. Im einsetzenden Schneetreiben sah ich ihn nur noch als Schemen. Die Angst vor dem Versagen wich der Furcht und Hoffnungslosigkeit. Furcht ist größer als Angst, existenzieller, genauso wie ein Schneesturm bedrohlicher als Schneegestöber ist. Schon steigerte sich das Schneetreiben zu einem Sturm, der mit Nadeln in den Nasenrücken und die Wangenhaut stach. Die Sturmhaube befand sich im Gepäck auf dem Packtier, das mit Yama vorausstapfte. Also außer Reichweite.

Der Schneesturm löschte sowohl das Horizontale als auch das Vertikale von der Bildfläche. Er tilgte alle Konturen. Jegliche Spur verschwand und außerdem die Trennung zwischen Schneegrund und Schneehimmel. Dieser seltene Zustand machte mir Angst. Hier versagten meine Sinne. Was bedeutete ein Schritt, was hundert Schritte, wenn die Orientierung fehlte? Wie erblindet fühlte ich mich inmitten des weißen Nichts. So musste Shunyata sein, die vollkommene Leere, das höchste buddhistische Prinzip. Wörtlich übersetzt heißt Shunyata: «auf das Aufgeblähte bezogen». Damit ist gemeint, was von außen aufgebläht erscheint, ist innen hohl und leer.

Aber um die vollkommene Leere zu erkennen, bedarf es keines Schneesturms. Sowieso ist sie mit dem normalen Augenlicht, das sich im Alter eintrübt, nicht zu erkennen. Um Shunyata zu erleben, bedarf es des dritten Auges, das senkrecht über der Nasenwurzel sitzt und nach innen schaut. Nur dieses Auge kann die Einheit und die Vielfalt der Welt erkennen, kann sie erschauen als Ausdruck ein und derselben Wirklichkeit.

Auf dem steilsten Stück – der Schneesturm schwoll gerade zu einem heulenden Orkan an – überholte mich mein Pferd, als wollte es mir Mut machen. Meine Knie waren nicht mehr schwach, sondern taub, meine Atmung zirkulierte mittlerweile nur noch in der papptrockenen Mundhöhle. Nach der Anstrengung im steinernen Meer wusste ich, dass es half, wenn ich laut mit mir redete – so als ginge ich neben mir selbst her. Die Unterhaltung, das laute Zureden und Anspornen, half, und Tritt für Tritt kam ich voran und immer ein Stückchen höher. Als meine Augen in der Nische einer Schneewächte drei Gebetsfahnen entdeckten, kehrte meine Kraft schlagartig zurück. Die hartgefrorenen Wimpel, von Eiszapfen umrahmt, gaben mir die verloren geglaubte Hoffnung zurück. Nicht wegen ihrer sakralen Botschaft, sondern weil derartige Zeichen stets die Passhöhe markieren. Gleich müsste die Qual ein Ende haben. Und wirklich, das Gelände flachte ab, und schon sah ich Yama. Zuerst schemenhaft, dann deutlich – im Schnee sitzend und schützend die Hände über die Ohren haltend, den Kopf hatte er zwischen den Knien. Und als hätten wir beide auf 5250 Metern die Naturgewalten niedergerungen, sackte die Kraft des Orkans in sich zusammen.

Abwärts feierten wir ein Fest. Aufmunternd klopften wir unseren treuen Seelen auf die eisverkrusteten Mähnen und stemmten uns in die Steigbügel. Von Kehre zu Kehre genossen wir die volle Breite der Spur im lockeren, aber nicht zu üppigen Neuschnee. Da sich die Sicht rasch besserte und das Sticheln der Eiskristalle mit jeder Pferdelänge nachließ, brauchten wir die Augen nicht mehr zusammenzukneifen und konnten durchatmen, oder abschnauben, wie es in der Pferdesprache heißt. Yama fand zu seiner jugendlichen Heiterkeit zurück und fing an, im Reiten zu singen. Die Akkorde der tibetischen Lieder gaben den Rhythmus für eine schnellere Gangart. Immer dynamischer gestaltete sich der Wechsel zwischen Auffußen und Abfußen, immer stärker pendelten unsere Beine an den Flanken, und wir mussten achtgeben, dass wir nicht hinter die Bewegung der Pferde gerieten. Nicht ruckartig, sondern gefühlvoll und langsam verkürzten wir die Zügel, sodass der Kopf der Reittiere höher und immer höher angehoben wurde. Als wollten wir sie zum Stehen bringen. Aber nein, das war nur ein Teil unserer Aktion. Gleichzeitig erhöhten wir den Schenkel- und Wadendruck, indem wir die Fersen nach innen drückten und den Oberkörper über die Mähne vorschoben. Mit diesen scheinbar widersprüchlichen Kommandos signalisierten wir den Tieren, die Schrittfolge zu beschleunigen, ohne in den Galopp zu verfallen. Durch das kraftvolle Aufnehmen der Zügel entstand ein maximaler Zug auf das Gebiss, der die Tiere veranlasste, die ganze Bewegung aus den Hüften der Hinterhand zu holen und das Springen zu unterlassen. Sie gehorchten anstandslos und gingen gleichzeitig in den Pass.

Die Kunst beim Passreiten besteht darin, ruhig pendelnd im Sattel sitzen zu bleiben und nicht wie beim Traben mit dem Vorschwingen der Hinterhand aus dem Sattel zu gehen, um beim

Auffußen wieder einzusitzen. Obwohl Yama wie ein echter Tibeter ritt – mit hoher Belastung auf den sehr kurz fixierten Steigbügeln und mit wenig Last auf dem Sitzfleisch –, ritt er den Pass im Prinzip wie ich. Abgesehen von unserer straffen Zügelarbeit, überließen wir die Pferde einem zwanglosen Lauf. Je lockerer und aufrechter der Reiter beim Pass im Sattel sitzt, desto eher entsteht eine wiegende Seitwärtsbewegung, ein massierendes Schaukeln.

Kaum liefen die aufgereihten Pferde, das Lastpferd in der Mitte, im schnellen Schritt, ertönte ein Geräusch, das an das Ächzen der Metallfedern eines durchgesessenen Sofas erinnerte. Lockerte sich das Gepäck? Drohte neuer Schlamassel? Nein, keineswegs. Beim Pass kommt es zu einer Luftverwirbelung am hin- und herschwingenden Schlauch, in dem der Penis wie in einem Köcher steckt. So entsteht diese erstaunliche Abfolge von Tönen.

Natürlich übertönte Yamas Stimme das pfeifende Ächzen der drei Schläuche. Wie er so auf Tibetisch sang, drehten sich ihm sechs Pferdeohren wie Mikrofone zu. Das sah lustig aus und hob die Stimmung. Zügig überquerten wir eine Hochebene, unter deren Weiß sich ein gefrorenes Quellgebiet versteckt hielt. Als wir die Schneegrenze erreichten, wurde uns klar, dass wir dem jungen Flusslauf folgen mussten, um zum See von Rawu zu gelangen. Doch an diesem Tag war die Distanz nicht zu schaffen, so quartierten wir uns in einem hochgelegenen Hüttendorf ein. Vor der Nachtruhe genossen wir noch einen Blick auf die Majestäten Osttibets, auf die vergletscherten Sechstausender des Kangri Karpo.

Das Türkis ließ erahnen, wie eisig das Schmelzwasser von den Gletschern in die Talebene floss und sich in den Spiegelsee von Rawu ergoss. Obwohl sein Stand Ende April noch nicht die Höchstmarke erreicht hatte, leckten Wasserzungen an den Gattern der Yakweiden in Ufernähe. Hinter den Holzzäunen der Weiden duckten sich die Lehmbuden und Hütten der Einheimischen. Die zugezogenen Chinesen wohnten erhöht, entlang des Asphalts, in betonierten Kästen im Kasernenstil. Wir hatten uns von Rawu zu viel versprochen und waren maßlos enttäuscht, als uns bereits am Durchlass zwischen den Gattern eine schwärende Müllkippe empfing. Wegen der Begrenzung ringsum konnten wir sie nicht umgehen, sondern mussten darüber hinwegsteigen. Als nächstes Hindernis stellte sich uns eine tobende Schar tibetischer und chinesischer Internatsschüler in einheitlichen Trainingsanzügen in den Weg. In den kommenden Wochen sollte dieses Outfit, mal rot-weiß, mal blau-weiß, mal grün-weiß, aber immer gestreift, an Kindern und Jugendlichen als Rund-um-die-Uhr-Klamotte allerorts auftauchen.

Nachdem wir auf Quartiersuche eine Weile umhergeirrt waren, kamen mir die Ureinwohner vor wie jener Yak, der sich eine alte Konservendose in den Vorderhuf getreten hatte. Auf all seinen Wegen schleppte das arme Tier die chinesische Blechdose klappernd mit. Ähnlich dem Yak, steckten auch die Tibeter in einer Fußangel. Sie lebten im Ghetto. In der sumpfigen Zone eines chinesischen Straßendorfs mit Tankstelle, Fernsehmasten, Imbissen mit Fremdenzimmern, Krämerläden, Reparaturwerkstätten und einer Militärkaserne. Bereits am frühen Morgen posaunten die Lautsprecher der Garnison einen Zapfenstreich in den wehrlosen Himmel. Die versöhnliche Arie einer tibetischen Solistin, die nach dem Trompetensolo «Qinghai de Qinghai» sang, konnte nicht darüber hinwegtrösten, dass das chinesische Militär den Ton angab.

Im Ort nahmen wir uns einen Tag Zeit, uns und unsere Kleider zu waschen, mir den Kopf zu rasieren, den buntbewimpelten Chörten zu umrunden, seine Gebetsmühlen zu drehen und uns die Bäuche vollzuschlagen. Im Straßenrestaurant trafen wir auf Gruppen von chinesischen Outdoor-Touristen. In schweren japanischen Jeeps waren sie vorgefahren. Kaum ausgestiegen, verlangten sie im Kommandoton nach chinesischen Gerichten. Die Hetzjagd von Chengdu nach Lhasa oder vice versa musste ihren Appetit mächtig angeregt haben. Diese Großstädter, deren schlammfarbene Goretex-Kleidung mit dem grünlichen Grau um ihre Nasen korrespondierte, versuchten ihre Ängste vor der Höhe, vor der Natur und vor den Einheimischen durch einen dröhnenden Umgangston zu kaschieren. Sie verschanzten sich und ihre Ängste hinter fabrikneuer Allwetterkleidung. Auch bei Tisch trugen diese gut verdienenden jungen Chinesen Schlapphüte, Stirnbänder und schwarze, verspiegelte Sonnenbrillen. Vor der Brust Kameras mit fetten Zooms und blinkende Funkgeräte. Die Schenkeltaschen ihrer Armeehosen waren vollgestopft mit Equipment. Die Füße der Männer steckten in klobigen Trekkingstiefeln ohne eine Spur von Dreck. Hastig tranken sie ihr kaltes Bier, was ihnen überhaupt nicht bekam und ihre Gesichter noch wächserner erscheinen ließ. Ihr hohes Reisetempo hatte ihren Körpern keine Zeit gelassen, sich an die tibetische Höhe zu adaptieren. Wie sie sich nach dem Essen mit ihren Rollkoffern an der Treppe zu den Übernachtungszimmern abmühten, nach jedem Schritt keuchend am Geländer hingen, als wären sie sterbenskrank, und immer grünlicher um die Nase wurden, taten sie mir leid. Doch als sie in den folgenden Tagen in Landcruisern an uns vorbeibretterten, war es aus mit dem Mitleid. Sie überholten uns schnell und rücksichtslos, wirbelten jede Menge Staub auf und machten unsere Pferde scheu.

Für diese Instant-Touristen war die Natur ein Raubtier, weshalb sie tagsüber lieber im klimatisierten Fahrzeug hinter getönten Scheiben blieben und sich nur abends in Hotelnähe ins Freie trauten. Ihr Sensor für die Natur war ihre Digitalkamera, die sie durch einen Fensterschlitz nach draußen hielten. Ohne in den Sucher zu schauen, drückten sie andauernd ab. Diese Spezies sauste durch Osttibet, als würde sie verfolgt. Als wir im Restaurant nahe bei ihnen saßen und ihren lärmenden

Auftritt beobachteten, fragte ich Yama nach seiner Meinung zu Chinesen, zu Chinesen ganz allgemein. «Ich kann die nicht leiden. Sie sind Heuchler und Trickser. Machst du Geschäfte mit ihnen, dann wollen sie jetzt einen Preis und morgen einen anderen. Okay, sie sind als Geschäftsleute tüchtiger als wir. Früher hatten sie eine berühmte Kultur, aber das ist lange vorbei», sagte er. «Glaubst du, dass Tibeter allmählich wie Chinesen werden?» – «Wer weiß? Wenn unsere Kultur und unsere Sprache verlorengehen. Ja, durch das chinesische Fernsehen kann das kommen.»

Ich hatte Lust auf ein längeres Gespräch. Beim zweiten Bier fragte ich ihn: «Wenn du einem dummen Ausländer den Unterschied zwischen einem Chinesen und einem Tibeter ganz einfach erklären müsstest, was würdest du sagen?» – «Da fallen mir die Augen ein. Die Augen eines Tibeters sind anders. Sie sind größer, sie schauen stechender. Ein Tibeter kann Blicken standhalten, was ein Chinese nicht kann. Auch die Stimme ist anders. Ein Tibeter hat eine ausgeprägte Stimme. Er ist ein lauter Mensch, kann aber auch weich sein. Die Chinesen sprechen, wie sie singen. Hoch, hölzern, abgehackt, schnell.»

«Und sonst?» – «Unterschiede gibt es beim Arbeiten. Chinesen arbeiten zupackender, mit mehr Ausdauer. Tibeter arbeiten kurz und hart. Nicht so geübt, explosiver. Sie sind verspielter.»

Wie wir so über dem Trinken ins Plaudern und ins Ratschen kamen, tauchte das Wort «verspielt» immer wieder auf. Ich sagte zu Yama, auf mich wirke das Verspielte wie Faulheit. Und erinnerte ihn, wie oft wir beobachtet hatten, dass die Leute mit beiden Händen in der Tasche dastanden, ganz nahe, und nur die Augen laufen ließen. Und feinfühlig seien die Menschen ja nicht gerade, beschwerte ich mich jetzt, wo ich schon einmal am Reden war. Alles Unbekannte musste befummelt werden, als hätten die Fingerspitzen Augen. Ohne zu fragen, hatte sich einmal ein Wildfremder mein Klappscherchen geschnappt und sich emsig die Nägel geschnitten. Nicht nur die schmutzstarrenden Fingernägel, sondern auch die noch schwärzeren Fußnägel. Anschließend hatte er zwar mein Eigentum zurückgelegt, sich aber ohne Dank verdrückt.

Bevor wir endgültig absackten, wollte ich noch auf den chinesischen Einfluss auf die Tibeter zu sprechen kommen. Bei aller Trunkenheit um Sachlichkeit bemüht, zitierte ich Beispiele aus dem Alltag. Früher wurde das tibetische Fladenbrot auf dem Ofen gebacken und in der Asche aufbewahrt. Heute isst man chinesisches Dampfbrot, hergestellt aus Weizenmehl und Wasser und im Dampftopf gegart. Statt zu reiten, fährt der Tibeter Motorrad oder Moped. Anstelle der traditionellen Fellmütze trägt er eine tintenblaue Mao-Mütze und anstatt der Chupa seiner Väter eine olivgrüne oder tarnfarbene Militärjacke aus chinesischen Armeebeständen. Anstatt zu weben oder zu flechten und Heimarbeit zu verrichten, schaut man abends chinesisches Fernsehen. Statt morgens Sutras zu rezitieren, wird eine Kassette mit Mantra-Gesängen in den Recorder eingelegt. Selbst den Patriotismus ihrer Väter geben junge Leute zugunsten der Annehmlichkeiten des Konsums auf. Endlich durfte ich meiner Enttäuschung einmal Luft machen, ohne diplomatisch sein zu müssen. Mit schwerer Zunge redete ich noch eine Weile so, und Yama hörte schweigend zu. Bevor wir schwankend vom Tisch aufstanden, ermutigte er mich, alles aufzuschreiben.

War es unser Glück oder unser Pech, dass der langgestreckte Rücken des Kangri Karpo nicht wie die anderen Bergketten von Norden nach Süden verlief, sondern von Osten nach Westen? Selbstverständlich unser Glück. Wir brauchten uns nicht mehr an Steilpassagen und Pässen zu schinden. Andererseits zwang der Weiße Schneeberg die Route nach Lhasa auf eine einzige Trasse. So gerieten wir hinter Rawu auf ein glattes Asphaltband. In alter Zeit angelegt als Karawanenweg, ist die Nationalstraße 318 heute die Verbindung schlechthin von Chengdu nach Lhasa. Ganze Streckenabschnitte sind asphaltiert und gegen Erdrutsche mit Hangmauern versehen. Auf diesen Mauern aus grobbehauenem Stein liest man Parolen. Am häufigsten mahnen chinesische Zeichen: «Die Straße gehört dem ganzen Volk.» Exponierte Steiltraversen sind mit rot-weiß bemalten Betonquadern gesichert, Brücken und Furten sind glatt betoniert. Längere Abschnitte, die sich noch wie zu Zeiten der Yakkarawanen als Trail auf Schotter, Kies und Sand durch das bewaldete Flusstal und die Schluchten des Parlung Tsangpo winden, werden in Zukunft für den Autoverkehr ausgebaut. Noch hält er sich in Grenzen, vor allem der Schwerverkehr. Vermutlich wird er durch die Verlagerung des Gütertransports auf die Schiene sogar abnehmen. Zunehmen wird der Verkehr von Jeeps und Landcruisern voller Touristen, die an der Leine einer Pauschalagentur die Naturschönheiten an der Strecke beschnuppern dürfen.

Je entfremdeter ein Mensch der Natur, desto schneller durcheilt er diese. Das Autofahren in der chinesischen Zivilisation, in der man noch vor achtzig Jahren zu Fuß, zu Pferd oder in der Sänfte reiste, hat wenig mit Genießen, aber viel mit Einverleiben im übertragenen Sinne zu tun – mit Kilometerfressen. Und zwar nicht aus Lust an Rausch und Geschwindigkeit. Nein, man will schnell ankommen, damit man am Ziel wieder einkehren und sich den Ranzen füllen kann.

Abgesehen von alldem hat die 318 auch ihr Gutes. Sie wurde zum Förderband moderner Ideen und zeitgemäßer Bedürfnisse. In den Straßendörfern entdeckten wir Läden mit südchinesischem Orangenwein, den Yama sehr liebt, und mit englischer Schokolade. Auch deutsche Hautcreme fand ich in verstaubten Regalen. Einmal stießen wir sogar auf eine Straßendisco, in die wir uns vor dem strömenden Regen flüchteten. Den Zugang säumten Kartons und ein schulterhoher

Stapel grüner Bierflaschen. Unter einer blauroten, zusammengestückelten Plastikplane dröhnte Hardrock aus übersteuerten Boxen, und auf einem mächtigen Videoschirm wanden chinesische Bikinimädchen ihre Schlangenkörper um eine glänzende Stange.

Als wir nach fünf Tagen in das Markttreiben von Pome hineinritten, traute ich meinen Augen nicht. Mitten in der kleinen Stadt, am Ende einer öffentlichen Anlage mit struppigen Rabatten und zertretenem Rasen, erhob sich eine architektonische Absurdität: die verkitschte Raubkopie eines Loire-Schlösschens – mit Kegeltürmen, Erkern, pilzförmigen Vordächern und Bogentoren. Ich schaute genauer hin. Täuschte ich mich? Flimmerte vor meinen Augen ein frivoles Stück Disney-Barock in der tibetischen Sonne? Dem Gefühl nach absurd, aber keineswegs eindeutig, sprachen die Bauformen zu mir.

Das Städtchen Pome, auf 2772 Metern gelegen, haben chinesische Siedler geschaffen. Der urbane Laib war gut geknetet und mit kalligraphischen Zeichen bestäubt. Reklamespots an den Klinkerfassaden kamen mir vor wie Rosinen im Teig. Wie mit Streuseln war die Hauptstraße garniert mit Boutiquen, Restaurants und Friseursalons, außerdem mit Ersatzteillagern und Lebensmittelläden. Nur zwei Krämerläden und ein Shop mit Gebetsmühlen, Räucherwerk, Statuen, Tangka-Bildern und Altarzubehör gehörten Tibetern, ansonsten beherrschten Chinesen die Konsummeile. Nicht eines jener Etablissements, wo chinesische Frauen außer dem Friseurgeschäft auch noch einen Happy-End-Massagedienst betrieben, lockte uns, sondern ein züchtiges Badehaus mit verschließbaren Duschkabinen. Hier bereitete ein mit Sägemehl befeuerter Boiler heißes Wasser auf, und Deckenstrahler boten Wärme von oben.

Nach Wochen ohne Waschzwang stellten wir uns mit frischen Unterhosen, Socken und T-Shirts unter dem Arm im belebten Korridor an. Doch, offen gestanden, bekamen mir die heiße Dusche und die erzielte Leibfrische nicht sonderlich. Schon nach wenigen Minuten herrschte in meinem Kabuff ein Zustand wie in einem römischen Dampfbad, was mir schnell auf die Bronchien schlug. Als ich eine halbe Stunde später in den kühlen Wind hinaustrat, vermisste ich den liebgewonnenen Säuremantel. Als Münchner kam ich mir vor wie eine gepellte Weißwurst kurz vor dem Verzehr.

Viele Nomaden waschen sich ein Leben lang nicht, zumindest nicht von oben bis unten. Und trotzdem stinken sie nicht wie ein Puma oder ein Schneelöwe. Manchmal riechen sie etwas säuerlich, im schlimmsten Fall käsig. Unsereins würde empörend riechen. Vermutlich siedeln sich auf der weißen Haut mit ihren vielen Schweißdrüsen und fetthaltigen Sekreten eher Bakterien an als auf der gegerbten, mit dunklem Melanin durchsetzten Haut der Tibeter. Auf jeden Fall schwitzte Yama, als es wärmer wurde, viel weniger als der weiße Mann.

In der kommenden Nacht – wir hatten uns bei einem alten Bauern hinter Pome einquartiert – folgte die Rache für das Waschvergnügen. Ein Nestfloh oder mehrere dieser Parasiten, die wohl ein ganzes Jahr gehungert hatten, besprangen mich im Schlaf und verpassten meiner reinen Haut einen Denkzettel für die nächsten zehn Tage. Paarweise prangten juckende rote Papeln um den Nabel, an den Lenden, Schenkeln und Waden und brachten mich beinahe zur Raserei.

Nur wenige Stunden vor der Flohattacke hatten wir mit dem Hausherrn und seinem Sohn über die weitere Route beraten. Wie wir vier uns über die Landkarte beugten, meinte ich, geblendet von dem vielen Grün auf dem Papier, von Pome aus könnten wir geradewegs nach Chemnak gelangen. Denn die Karte wies in südwestlicher Richtung einen Pfad wie mit dem Lineal gezogen auf. Unser Gastwirt lachte, als Yama mein Anliegen übersetzte, und meinte, dass das glatte Papier und die örtlichen Gegebenheiten sich unterscheiden würden wie der Mann vom Weib. Alle lachten. Die hiesige Landschaft, meinte der Bauer und zeigte drei Stummelzähne, sei weder glatt noch grün, sondern durch Flusstäler zerklüftet und von hohen Bergbarrieren mit ewigem Schnee geformt. Mit seiner schwieligen Hand zeigte er aus dem Fenster der Stube. Gleich hinter Pome müssten wir die Gebirgskette dort drüben überqueren. Durch hüfthohen Schnee waten, um dann sehr, sehr tief in das Flusstal des Yarlung Tsangpo hinabzusteigen. Dort unten wäre es dann tatsächlich grün im Überfluss, ein wildes Dickicht mit Blutegeln, Schlangen und Affen. Als bereitete ihm der Gedanke großes Unbehagen, kratzte er sich die fisseligen Haarfransen am Kinn und meinte, anschließend müssten wir wieder zum Schnee hinauf. Das sei doch viel zu mühsam. Bevor er den Holzdeckel seiner Trinktasse hob, beugte er sich zu Yama hin und zog ihn flüsternd ins Vertrauen: «Dort unten wimmelt es von chinesischem Militär. Viele Soldaten bewachen die Grenze zu Indien.» Nach einem Schluck Buttertee riet er uns, besser noch einen oder zwei Tage die Eintönigkeit der Nationalstraße auf uns zu nehmen und dann auf die Pilgerroute zum heiligen Berg Bön Ri einzuschwenken. Unser Gastgeber verstand sich auf Pferde, außerdem kannte er die Gegend. So nahmen wir seinen Rat gerne an.

Am 15. Mai erreichen zwei Reiter und drei Pferde den Ort Nyingchi. Seit vier Tagen, selbstredend auch vier Nächten, regnet es mal stärker, mal schwächer, aber stetig und ohne Unterlass. Die Reiter sind bis auf die Knochen durchgeweicht, erschöpft und mürbe. Das Gepäck ist so nass, dass man Zelte und Rucksäcke auswringen könnte. Selbst das gutgehütete Tagebuch fühlt sich feucht an und wellig das Papier unter dem Kugelschreiber.

Auf die windige Kälte der Pässe ist der laue Regen des Tals gefolgt. Ob die Regenzeit das Schneeland verfrüht heimsucht?

Ist der anhaltende Regen ein Zeichen des Klimawandels? Für einen Gruß des indischen Monsuns, dessen nasser Arm tatsächlich über den Himalaya reicht, ist es Mitte Mai eigentlich noch zu früh. Bricht allerdings die Sonne hinter den Wolken hervor, dann so brütend heiß, dass die Anoraks schnell stören. Abrupt ist die Natur aus dem Winterpelz in den Minirock des Sommers geschlüpft.

Im Bindfadenregen machen die Reiter vor der örtlichen Tsampa-Mühle von Nyingchi die Pferde fest. Da das gusseiserne Mahlwerk ohrenbetäubend rattert und schlägt, muss die tibetische Besitzerin schreien, um sich mit den Kaufwilligen zu verständigen, die ungemahlene und ungeröstete Gerste als Tierfutter verlangen und die Frau auch um eine Unterlage bitten. Einen alten Sack oder eine Plane. Die Tibeterin kennt sich aus, und hilfsbereit bringt sie zwei Waschschüsseln für die Körner, damit die Tiere in ihrer Gier nicht den Gehweg vor ihrer Mühle vollschlabbern.

Während die drei gierig fressen, regt sich in ihnen die Lust. Allerdings für Hengste ziemlich bescheiden. Bei jedem schiebt sich aus dem Schlauch ein beachtliches rosa gesprenkeltes Glied mit schwarzer Spitze, das locker baumelnd verkündet: Meinem Besitzer geht es gut. Während sie also fressen und Kinder verlegen grinsend herumstehen, schaufeln die Reiter in einem Imbiss nebenan mit tief gebeugten Rücken Nudeln in sich hinein. Der Tibeter bedient sich am Chili-Mus, der Deutsche bestellt zwei hartgekochte Eier extra. Seit ihrem Aufbruch in Kangding vor knapp zwei Monaten sind die beiden schmal geworden, richtig knochig. Der Tibeter trägt ein T-Shirt mit Adler-Emblem, das er von seinem Honorar in Pome in einer Boutique gekauft hat. Das Shirt ist durchnässt, aber modisch. Die orangefarbene Goretex-Weste gäbe dem Deutschen eigentlich eine sportliche Note, doch sein Körper wirkt kraftlos. Man spricht nicht viel. Man ist voller Sorge um die Tiere, denn niemand bietet ihnen ein Quartier an.

Mittlerweile wissen die beiden, dass in Ortschaften mit chinesischer Verwaltung das Misstrauen und die Angst vor den Behörden die Haustüren verschlossen halten. Erst als sie auf ihrer abendlichen Quartiersuche an einer abbruchreifen Ladenzeile vorbeikommen, zeigt eine Chinesin Erbarmen. Schnell merken sie, dass die Ladeninhaberin ihnen nicht aus Mitgefühl hilft, sondern weil sie ein Geschäft wittert. Sie besitzt den Schlüssel zu einem verlassenen Laden in der Abbruchzeile, den sie den beiden für sechzig Yuan überlässt.

Auf nacktem Beton und dicht an dicht bringen die Reiter ihre Tiere für eine Nacht unter. Draußen gießt es wie aus Kübeln. Doch das Ladenlokal bleibt verschont. Mehr noch, ein neuer Raum tut sich hinter einem Vorhang aus zerfetzten Plastiksäcken auf. Darin schlagen die Reiter ihr Lager auf. Sie zerreißen alte Kartons und legen sie als Bettlermatratzen aus. Bei der Chinesin, die hinter ihrer Verkaufstheke auf einer Pritsche lebt, kaufen sie Kekse, Kerzen und eine kleine Flasche klaren Schnaps. Die ganze Zeit über haben sie wenig Alkohol getrunken, doch jetzt hilft der fünfzigprozentige Rachenputzer gegen die feuchte Kälte, die in den Kleidern und im Schlafsack steckt. Auf den alten Kartons schlafen sie leicht berauscht die gröbste Erschöpfung weg und kommen am Morgen bei Sonnenschein auf die Beine. Nach einem raschen Abschied folgen sie einem sandigen Pfad zum heiligen Berg des Bön. Natürlich schaut der Bön Ri aus wie ein Berg. Aber auch wie ein zu einem Berg gewordener Büffel mit müde geneigtem Haupt.

Nur drei Stunden später, nach wohltuendem Reiten im Sonnenschein, erreichten wir den heiligsten Ort der Mittelwelt. In dieser Welt leben nicht nur Menschen, sondern auch Geister, sie tummeln sich unsichtbar unter der Menschenrasse. Berggeister, Nyen, bevölkern die Gipfel der Mittelwelt und leben in den Kronen von Bäumen und in Steinen, die in ihrer Form an Krähenköpfe erinnern. So erzählen die Schamanen, von denen es noch viele im buddhistischen Tibet gibt. Auch Schlangengeister, Naga, bevölkern als Wasserwesen die Mittelwelt, in der wir uns bewegen.

Bevor Berge wie der Bön Ri von den Schamanen zu sakralen Kultstätten erkoren wurden, kannten die Menschen nur den Himmel als Omphalos, als heiligen Nabel des Kosmos. Dem Himmel entstammten der Legende nach die ersten acht Könige Tibets. Einst seien sie an einem Geisterseil aus jener Oberwelt in die Mittelwelt herabgestiegen, heißt es. Nachdem sich der achte König abgeseilt hatte, zerschnitt ein Bönpriester das magische Seil und vernichtete die Transzendenz der Sphären. Die Verbindung ins Jenseits war gekappt, vorbei die Unsterblichkeit der Könige. Sterblich, wie er nun war, wurde der achte König von Tibet im Schlaf gemeuchelt. Auf den Königsmord folgten der gemeine Mord und viele weitere Morde. Die Tragödie nahm ihren Lauf und findet bis heute kein Ende.

Über Stunden trotteten die Pferde auf hufschmeichelndem Grund am Bön Ri entlang und wiegten jeden von uns in seinen Gedanken. Obwohl wir wie die Anhänger des Bön dem Rundweg gegen den Uhrzeigersinn folgten, blieben wir unter uns und trafen auf keinen Pilger. Dafür erfreute uns der Schmuck am Bergfuß. Zwischen Felsrippen tanzten Girlanden von Tausenden von Gebetswimpeln wie bunte Drachenschnüre im Wind. Und neben dem Weg erhoben sich Steinhaufen, in denen Stangen und Stöcke mit himmelwärts weisenden, länglichen Fahnen steckten. Fahnen über Fahnen, ganze Fahnenteppiche wanden sich auch um die Stämme alter Weiden am Wegrand. Die geweihten Stoffbahnen, von einer erbarmungslosen Sonne ihrer Farben mehr oder weniger beraubt, sollten die Geister der Mittelwelt und auch die Dämonen der Unterwelt gnädig stimmen. Mit Schellen, Trommeln und Tamburins versetzen sich Bönpriester, die Fuchspelzmützen und dunkelblaue Gewänder tragen, in Trance und opfern Speisen und Yakbutter. Einst opferten sie sogar Menschen, später nur noch Tiere. Von all den grausamen Ritualen und Bräuchen haben nur noch der Fahnenschmuck, die Geisterfallen, die Hirschmaskentänze und die Trommelrituale die Jahrhunderte überdauert. Moment! Ein verbotener, heimlich ausgeübter und verdammt gefährlicher Brauch hat in diesem hintersten Winkel der Welt überlebt...

Mein Tibeter, der von Stunde zu Stunde stiller geworden war, fürchtete sich mehr vor dem alten Brauch als ich. Bereits in Nyingchi wollte er nur noch beim Chinesen essen. Nicht einmal tibetisches Fladenbrot fasste er mehr an. Unterwegs waren wir mehrfach gewarnt worden, dass in der Kongpo-Region Durchreisende vergiftet würden. Die Giftmorde geschähen im Namen des Schwarzen Bön, des Bön der Gräber, um einer Seele habhaft zu werden. Denn die Seele des Getöteten, so erzählten sie uns, würde verweilen und der Familie und dem betreffenden Dorf zu Glück und Segen verhelfen. Deshalb seien eigentlich nur höhergestellte Persönlichkeiten, sozusagen edle und herausragende Seelen, bedroht. Womöglich glaubte Yama, ich gehörte zu diesem Kreis und er als meine rechte Hand sei auch gefährdet. Weiter wurde uns erzählt, bei dem Seelenraub durch Gift handle es sich immer um einen Anschlag, der schleichend zum Tode führe. So könne der Lippenrand der Schale, aus der der Fremde den Begrüßungstee trinke, mit einem langsam wirkenden Pflanzen- oder Tiergift bestrichen sein. Der letzte Giftmord hätte einem hohen buddhistischen Lama, einem Rinpoche, gegolten, der erst ein Jahr nach seinem Besuch in der Kongpo-Region verstorben sei.

Yama beschwor mich, am Abend nichts zu essen oder zu trinken. Sollte ich diesen Humbug ernst nehmen? Zögernd willigte ich ein, als er mich so treuherzig ansah. Mich plagte weniger die Angst vor giftigem Tsampa oder giftigem Buttertee als vielmehr die Frage, wie wir trockenen Fußes ans Westufer des Nyang Chu gelangen könnten. Die braun verquirlten Wasser begleiteten uns schon seit dem Morgen. Gegen Mittag verschlangen und verknäuelten sich die Wasserbänder zu einem Wirrwarr, der im grauen Dunst verschwand. Im ersten Dorf, das wir passierten, beruhigten sie uns: Ja, es gebe ein eisernes Schiff, groß genug für unsere Tiere. Ich wollte wissen, wie weit die Fähre entfernt sei. Nicht weit, nicht weit, höchstens zwei Stunden zu Fuß, lautete die forsche Antwort.

Wir dankten dem Mann am Wegesrand, und weiter ging es. Die offene Landschaft verschwand schon bald hinter Sumpfweiden. Im nächsten Dorf, das wir nach drei Stunden zu Pferd erreichten, wusste niemand etwas von einem eisernen Schiff. Aber keine Sorge, im Nachbardorf, ja, da gebe es ein Holzboot über den Fluss. Das Dorf sei ganz nahe, keinen Steinwurf entfernt. Wir dankten und ritten weiter, schneller jetzt, denn über unseren Köpfen braute sich Gewaltiges zusammen. Schon bald erspähten wir die ersten Häuser, aber kein Boot. Der Inhaber des Dorfladens am Weg gab uns wieder eine andere Auskunft: «Nein, hier gibt es so etwas nicht. Das nächste Boot, ein großes aus Eisen, fährt vierzig Kilometer von hier über den Yarlung, davor gibt es keine Fähre.» Wieder hätte ich heulen und alle für ihre willkürlichen Auskünfte ohrfeigen können. Warum brachte keiner den Mut auf, unumwunden einzugestehen: «Ich weiß es nicht. Ich hab keine Ahnung!»

Nur Minuten bevor die Regenwand über uns zusammenbrach, hatten wir im nächsten Dorf einen Unterschlupf gefunden. Auch wenn über dem Hauseingang das Hakenkreuz linksgedreht prangte, blieben wir, weil es das Wetter so wollte. Yama zögerte zwar, über die Schwelle zu treten, doch ich schob ihn ins Trockene und flüsterte ihm zu: «Erinnere dich an unsere Nacht im Böndorf, da ging es auch gut.» – «Okay, aber heute Abend koche ich.» – «Einverstanden!»

Während er wieder in den Regen hinauslief, nahm ich unsere Bleibe unter die Lupe. Gab es einen Hinweis auf getrocknete Kräuter? Oder okkulte Behältnisse? Oder verwegen zubereitete Nahrungsmittel? Ich schaute ratlos an die Decke. Wie sollte ich den runzligen Blutwürsten und den schrumpeligen schwarzen Brocken von Trockenfleisch, die dort oben hingen, ansehen, ob sie zum Vergiften illustrer Gäste präpariert waren? Sie hingen doch so appetitlich an der Decke. In diesem Haushalt war einmal nicht alles um den Ofenherd gruppiert, sondern um eine Augenweide von Tisch. Eine begnadete Zimmermannshand hatte das kleine Möbel um die Mittelsäule des Raums gebaut. Und zwar so exakt, dass die grün und blau bemalte Säule aus der Mitte der Tischplatte zu wachsen schien. Der Säulentisch gefiel mir ungemein, denn er vereinte die farbenfrohe Ornamentik der tibetischen Kunst mit der traditionellen Symbolik – und sah als eine Art Kummerbund auch noch witzig aus. Die Schubladen und das Gestell waren mit Blumendekor und mit naiven Bildern bemalt, die einen weißen Affen, einen blauen Elefanten und einen schillernden Pfau darstellten. Doch damit nicht genug der Buntheit. Die Tischbeine zeigten die Krallen und Pfoten eines Schneelöwen. Gelb bemalt, mit einem schwarzen Fellmuster versehen, umschloss die Tischplatte die Säule. Ebenfalls bemalt, standen Beistelltische vor den Bettpodesten, die sich wie üblich unterhalb der Fensterbänke entlang der Wände aufbauten. Der weißgekalkte Putz war fächerförmig verstrichen, und die Holzdielen waren naturbelassen. Das einzige Relikt der Neuzeit bildete eine nackte Glühbirne über dem Herd, die mit Einbruch der Dunkelheit dank der solar eingefangenen Sonnenenergie wie ein Kienspan zu glimmen anfing. Säuberlich aufgerollt hingen Yakhaarstricke, Yakhaarsäcke und Lederriemen an Haken neben der Tür, damit man sie auf dem Weg zur Arbeit gleich zur Hand hatte.

Nachdem der Hausherr unsere Pferde mit Stroh versorgt hatte, kam er mit Holz auf der Armbeuge in den Raum, wo ich auf dem Fensterbrett saß. Als sich unsere Blicke trafen, wusste ich augenblicklich: Dieser Tibeter, auch wenn er sein Heil im Bönglauben suchte, würde mich niemals vergiften.

Lange qualmte das nasse Holz aus allen Herdritzen, bis es endlich Wärme spendete. Inzwischen war Yama mit einer Plastiktüte vom Dorfkrämer zurückgekehrt, darin zwei Suppenterrinen, eine Pepsi und eine Packung Kekse. Noch während wir auf heißes Wasser für den Suppenaufguss warteten, besprach er sich mit dem Hausherrn, und ich sah, wie sich sein Gesicht langsam aufhellte. Mehrmals musste er nachfragen. Offenbar hatte er Schwierigkeiten mit dem näselnden Kongpo-Dialekt. Immerhin befand er sich mehr als tausend Kilometer von seiner Heimat entfernt. Wieder und wieder nickte Yama unserem Gastgeber lächelnd zu und sagte irgendwann zu mir: «Er besitzt ein Boot und sein Freund ein Pferd. Morgen werden sie uns über den Fluss bringen. Jeder will dafür fünfzig Yuan.» Ohne lange zu überlegen, sagte ich ja, denn der Preis schien mir gering für das Ausmaß des zu erwartenden Abenteuers. Das Mündungsdelta war drei Kilometer breit und wies unzählige Wasseradern auf.

Nach Sonnenaufgang sattelten und beluden wir die Pferde und führten sie zu einem nahen Hof, vor dessen Holzgatter der Freund bereits wartete. Sein Tier, ein wohlgenährter Hengst, hatte er mit prächtigem Zaumzeug voller Schellen und einer gezackt gewobenen Satteldecke herausgeputzt. Das Silbergrau des Fells glänzte über den kraftvollen Flanken wie bei einem Zuchthengst erster Güte. Dagegen wirkte der Freund in seiner verschossenen Armeejacke und mit der ausgebleichten Armeekappe wie ein abgerissener Vagabund. Wir stiegen auf und ritten zwischen Weiden mit seltsam hellen Stämmen zum Ufer hinab. Rinder und Kühe fraßen den Weiden die Rinde vom Stamm und hinterließen stinkende Fladen. Nach kurzem Ritt saßen wir am Rand des seichten Wassers ab. In der nächsten Bucht lag etwas, das aus der Ferne einer angeschwemmten

Zigarrenkiste glich. Beim Näherkommen entpuppte sich die Kiste als eckiger, mit zwei verklebten Yakhäuten bespannter Kasten. Unser Gastwirt drehte das graubraune Ding mit einem wendigen Griff auf den Bauch. Erst jetzt war sein Innenleben zu erkennen. Die beiden wabbeligen Häute waren mit Stricken über ein rechteckiges Gestell aus Ästen und Balken gespannt. Leicht versetzt hing ein Querbrett, eine mögliche Sitzgelegenheit, im Rahmen.

Entschlossen wie ein Matrose in Seenot, hob ich ein Bein über den Rand und stellte mich mitten in die schwimmende Kiste. Sofort gab die schlaffe Haut unter meinem Stiefel wie eine Luftmatratze nach. Das Kastenboot wäre beinahe gekentert, hätte ich nicht hastig das zweite Bein nachgezogen und mein Gewicht auf das Sitzbrett geworfen. Schon reichte mir der Bauer die Gepäckstücke. Das Paar Satteltaschen mit den Schätzen durfte auf keinen Fall nass werden. Wie eine Halskrause hängte ich mir die miteinander verbundenen Taschen um den Nacken. Als ich so schulterlastig dasaß, fragte ich mich, was bei dem eckigen Hautboot wohl der Bug und das Heck sei, denn beide waren gleich stumpf. Egal, manchmal ist vorn und hinten wie bei einem Hundeknochen eben gleich. Das andere Ufer war kaum zweihundert Meter entfernt. Als guter Schwimmer hatte ich keine Angst, zumindest nicht um mein Leben. Als alles Gepäck, bis auf die Sättel und Decken, verladen war, lag das Gefährt bis zum Kragen im Wasser, und das Rahmengestell bog sich in der Mitte wie ein Flitzebogen. Ohne ein Zeichen von Panik nahm der Rudergänger mir gegenüber auf dem Gepäck Platz und rief aufmunternd: «O ja!» Alsbald stieß er das Hautboot mit den plumpen Riemen vom Ufer ab und überantwortete den tief hängenden Kasten der Strömung. Und diese bewies sehr schnell ihre Kraft. Sofort nahm sie uns in die Mangel. Schon wollte sie mit uns ringen, uns drehen und schleudern. Doch auf diesen Moment hatte er nur gewartet. Mit aller Kraft legte er sich in die handgeschnitzten Riemen. Nahe der Mitte erwischte der Fluss uns doch und schleppte uns ein Stück mit. Wir trieben gehörig ab, aber mit jedem Ruderschlag schoben wir uns weiter aufs Ufer zu. Dem anwachsenden Sog setzte der Ruderer eine erhöhte Schlagzahl entgegen. Schneckengleich krochen wir auf die Sanddüne zu. Es wurde höchste Zeit, denn das Wasser sickerte immer schneller durch die geklebten Nähte. Noch krochen wir, da umspülte es bereits meine Stiefel.

Flussaufwärts entdeckte ich die Reiter auf den Pferden, wie sie nach einer Furt Ausschau hielten. Zu Beginn hatten unsere drei gescheut und mussten mit Tritten und Schlägen ins Wasser getrieben werden. Wie ich jetzt wieder zu ihnen hinüberschaute, bewegten sie sich bereits bis zu den Mähnen im Wasser. Es musste noch Grund unter ihren Hufen sein. Während der Pferdeführer, der meinen Beigen und das Packpferd am Führstrick hinter sich herzog, mit durchgedrückten Beinen in den Steigbügeln stand, kauerte Yama mit angewinkelten Knien und rundem Rücken im Sattel des Grauen. Wie er mir später gestand, konnte er nicht schwimmen und ängstigte sich sehr.

Jetzt erreichten die beiden die Furt, die tiefste Stelle des ersten Wasserarms. Müssten die Tiere gleich schwimmen? Mir wurde schon bang, wenn ich nur hinsah. Die Pferde tauchten bis zu den Sattelblättern in die Strömung ein. Sie brauchten nicht zu schwimmen. Auch wenn für kurze Zeit nur noch die Köpfe, Hälse und die Kruppen aus den Wellen schauten, kamen sie doch heil ans Ufer. Wir Bootsfahrer hatten unsere Haut bereits auf dem Kiesufer entladen und drehten sie zum Ausgießen des eingesickerten Wassers gemeinsam um. Wie eine aufgeklappte Schatulle ruhte das Boot mit einer Schmalseite auf den aufrecht im Kies steckenden Rudern, während wir uns in seinem Schatten ausruhten. Nach einer Weile tauchten die Reiter zwischen den Büschen auf. Jämmerlich hager kamen unsere Pferde daher. Unter dem tropfnassen Fell sah man jede Rippe, und die Hüftknochen standen wie

Spoiler von den Flanken ab. Sechs Hände beluden die zitternden Tiere mit dem Gepäck, dann schlüpfte mein Bootsführer unter die aufgestellte Haut, hob sie leicht an und trug sie mit mehrmaligem Absetzen wie einen Dachspitz über Rücken und Kopf zum nächsten Wasserarm. Mit den beiden Ruderstangen stolperte ich durch Sand und um Tümpel herum hinter ihm her. Auch am nächsten Arm – dem zweiten von fünfen – das gleiche Drama für Boot und Tiere. Dann, nach einem kurzen Landgang, die dritte Querung. Inzwischen zögerten die Pferde vor dem eisigen Wasser nur noch kurz, die Überquerung des breitgefächerten Deltas vollzog sich rascher. Den vierten Arm durchquerten wir unter einer Sonne, die beim Eintauchen und Auftauchen das hochspritzende Wasser um die Läufe blinken und blitzen und diamanten sprühen ließ. Auf der größten der Mündungsinseln lebten Schafhirten mit ihren Herden. Erst als wir in ein Wäldchen aus Weiden vordrangen, entdeckten wir ihre Hütten, die sich hinter dem Lindgrün der Baumwedel tarnten. Bei einer ihrer Hütten wurde der herausgeputzte Hengst festgebunden und zurückgelassen. Nach kurzer Rast im Schatten galt es zur Hauptschlagader des Nyang Chu vorzudringen.

Lange mussten wir unter stechender Sonne über einen versandeten, mit Büffelgras gespickten Dünenteppich laufen und vielen Tümpeln mit auffliegenden Mückenschwärmen ausweichen, bevor wir an die breiteste und tiefste Ader gelangten.

Am Ufer kam es auf größte Entschiedenheit an. Ein Zögern und Zaudern hätte die Tiere nur verwirrt und von der letzten Überquerung abgehalten. Im schnell fließenden, weißlich grünen Schmelzwasser mussten die Pferde mit einer starken Strömung rechnen. Würde ihre Kraft ausreichen, um zum ersten Mal in ihrem Leben über hundert Meter zu schwimmen? In der Mitte zog das Wasser bedrohlich Kreise und verwarf sich zu trügerisch glänzenden Wellen.

Das nasse und schwere Hautboot fuhr mit mir und dem meisten Gepäck zuerst los. Schon umzingelte uns eilendes Wasser. In der Flussmitte erzeugte die Trift ein anwachsendes Rauschen unter den Füßen, und die locker gespannte Haut fing an, im Takt der ankommenden Wellen zu schlagen. Hatte mich anfangs noch die Abenteuerlust gekitzelt, so wurde mir auf dem breiten Wasserband doch mulmig. Unser volles Bötchen fing an, wie ein Tennisball zu hüpfen und sich zu drehen, obwohl wir noch immer nicht die Flussmitte erreicht hatten. Mein Bootsmann deutete mir mit einem Funkeln in den dunklen Augen an, mich bloß nicht zu bewegen. Während ich mich zusammenkauerte, legte er sich mächtig in die Riemen. Mit größter Anstrengung, unter Einsatz aller Muskelkraft, schaffte er es, das kiellose Boot auf Kurs zu halten und es langsam, ganz langsam durch den Sog zu dirigieren. Er musste sich beeilen, denn je länger wir in der Strömung verweilten, desto mehr Wasser drückte wieder herein. Der Schweiß verwandelte seine nussbraune Haut in blinkende Bronze, die schwarzen Haare in gebürsteten Stahl. Mein Bootsmann gab sein Bestes. Schnell war mir klar, dass er die Eigenheiten des Wassers an dieser Stelle genau kannte. Mit Muskelkraft und Geschmeidigkeit balancierte er zwischen Anspannen und Loslassen und brachte das fragile Gefährt unbeschadet ans letzte Ufer.

Als ich zurückschaute, erschrak ich, wie weit wir abgetrieben worden waren. Doch die Trift hatte er einkalkuliert. Hastig entluden wir das Boot, drehten es auf den Rücken, und ein Schwall Wasser platschte auf den Kies. Allein ruderte er in einer großen Schleife zurück. Sobald er angelandet war, trieben die Tibeter unsere Tiere mit Schlägen und Steinwürfen ins Wasser. Aber erst als sich diese für das kleinere Übel, das Wasser, entschieden hatten und zögerlich, immer wieder von Steinwürfen getrieben, tiefer und tiefer in das eisige Nass vordrangen, bestiegen die drei mit den Sätteln und Satteldecken den wunderbaren Hautkasten. Vom Ufer aus erblickte ich inzwischen auf der weiten Wasserfläche nicht mehr als drei buckelartige Erhebungen, die auf mich zuhielten. Anfangs schwammen sie wie in militärischer Formation dicht an dicht. Noch immer im Team, näherten sie sich der Mitte des Stroms, doch hier, wo die obere und untere Strömung am heftigsten zerrten, begann ein Kampf auf Leben und Tod. Würde die verbleibende Körperkraft ausreichen, die Trift zu überwinden? Beim Grauen ja. Beim Beigen vermutlich. Aber unser Senior, der inzwischen zurücklag, kämpfte um sein Leben. Könnte ich ihm doch nur helfen! Aber wie? Das Ringen fand siebzig Meter entfernt im eisigen Wasser statt. Ich sprang auf, ich schrie, ich fuchtelte mit den Armen. Schließlich beruhigte ich mich und murmelte ein Mantra vor mich hin – die Luft über dem Fluss berührend.

Wenn ich nicht nach den Tieren sah, dann sah ich nach den Männern, wie sie diesen folgten und sie mit Schreien und Händeklatschen antrieben. In dem winzigen Boot, das vom Ufer aus wie ein Waschzuber aussah, kamen sie dem Packpferd nahe. Es drohte zu ermatten. Je näher sie kamen, desto lauter brüllten sie. Deutlich hörte ich ihre heiseren Schreie, die im Takt der Ruderschläge wie Trommelschläge klangen. Der Graue hatte bereits die Todeszone überwunden, aber mein Beiger und der Schimmel schwammen noch immer um ihr Leben. Meter um Meter zog die Strömung sie mit. Nur noch ihre nassen, hochgereckten Nüstern mit den Ohren waren zu sehen. Ich lief am Ufer auf und ab und klatschte und feuerte sie an. Die Tiere standen Todesängste aus. Ihre Augäpfel traten aus den Höhlen hervor. Dann plötzlich bekam der Graue Grund unter die Hufe. Kopf, Mähne und Kruppe tauchten nacheinander auf. Das spornte seine Kumpane an, das Letzte zu geben. Wenig später stiegen alle drei ans Ufer und schüttelten wie Hunde ihr nasses Fell.

Kurz danach landete auch das Hautboot an. Yama sprang ans Ufer und lud die triefend nassen Sättel aus. Kaum auf dem

Trockenen, zündeten sich der Bootsmann und sein Freund eine Zigarette an und sanken auf die aufgeheizten Kiesel. Ich bezahlte mehr, als sie gefordert hatten, und erfreute mich an ihrem Dank. Wir banden die immer noch verstörten Pferde zusammen und breiteten die nassen Decken zum Trocknen aus. Eigentlich hätte es ein Moment des Innehaltens, der Freude über die gelungene Querung werden können, aber nein. Es sollte anders kommen. Unsere Führer verabschiedeten sich und bestiegen das Boot, während wir ausgepumpt auf dem Kiesbett zurückblieben. Yama und ich saßen Seite an Seite. Die Beine angewinkelt und den Kopf zwischen den Knien, spielte er mit Kieseln vom Boden. Ohne mich anzuschauen, brach es aus ihm heraus: «I am afraid of you.» Verwirrt sah ich ihn an. Was meinte er? Vermutlich bezog sich die ruppige Bemerkung auf den Vortag. Gestern war ich explodiert, weil wir immerfort ungenaue, wohl auch erlogene Auskünfte bekommen hatten. Ich war wütend auf seine Landsleute und wütend auch auf ihn. Als gut verdienender Guide war er nicht in der Lage, eine klare Auskunft bei den Einheimischen einzuholen. Jetzt beschwichtigte ich ihn. Doch verstockt warf er Kiesel um Kiesel ins dümpelnde Uferwasser und ärgerte mich durch sein trotziges Schweigen. Barsch fragte ich: «Was sollen wir jetzt machen?» – «Du kannst dir ja einen neuen Guide suchen. Ich muss auf jeden Fall in zwei Wochen zu meinem Abschlussexamen zurück in Kangding sein.»

Ein Faustschlag traf mich in die Magengrube. In zwei Wochen! Und er hatte mich in dem Glauben gelassen, wir hätten alle Zeit der Welt für unseren Ritt nach Lhasa. Wie einen nassen Lappen hatte er mir seine knappe Erklärung ins Gesicht geschlagen. In zwei Wochen konnten wir unmöglich am Yarlung entlang nach Lhasa gelangen. Sein Bekenntnis, das einer Kündigung gleichkam, schmetterte mich nieder, und zu meiner körperlichen Erschöpfung gesellte sich ein Gefühl von Einsamkeit. Mir war übel. Tränen traten mir in die Augen.

Die Erschöpfung hatte mein Nervenkostüm zerschlissen. Erst Tage später sollte ich begreifen, dass Yamas spätes Eingeständnis einen Dominostein angestoßen hatte, der weitere Steine anstoßen und das ganze Spiel in Aufruhr bringen würde.

Der Hinterhalt

Da kommt ja der Tierarzt, wollte ich schon erfreut ausrufen, doch ich verschluckte meine Erleichterung und hielt den Rand. Der fremde Tibeter setzte seine Schritte mechanisch. Ein ungutes Lüftchen umwehte den Auftritt. Auf der flachen Nase trug er eine Sonnenbrille mit dunklen Gläsern. Seine Kleidung, eine graubraune Jacke und eine graue Hose, passte zu einem Mann in mittleren Jahren. Ein Ledertäschchen verbarg sich in der Armbeuge, und ein Mobiltelefon baumelte ihm am Handgelenk. In seinem Rücken ein junger Tibeter in einer olivgrünen Armeehose und ein chinesischer Polizist in einer schwarzen Uniform, die über dem Bauch spannte.

Soeben hatten wir mein Pferd vor der Baracke einer staatlichen Veterinärstation verarztet. Hinter dem Sattel hatten die seitlich herabhängenden Taschen Milchkaffees Haut aufgescheuert. So war die Kruppe an einer Stelle aufgeplatzt, und das Fleisch hatte sich uringelb entzündet. Die Veterinärin strich gerade eine Salbe auf die Wunde, als die drei Männer auf uns zukamen. Schon stand der Herr mit der dunklen Brille dicht vor mir und maß mich von Kopf bis Fuß. Auch Yama musste sich eine Observierung aus Atemnähe gefallen lassen. Seit geraumer Zeit rechnete ich mit solch einer Begegnung. Es bedurfte keiner barsch gebellten Befehle und keiner vorgezeigten Polizeimarke, um zu begreifen, dass wir in einen Hinterhalt geraten waren. Der Tibeter in der schlammfarbenen Kleidung verlangte in gebrochenem Englisch meine Papiere. Bereitwillig öffnete ich das Hemd vor dem Bauch und holte aus der Hidden Pocket, wie heutzutage eine umschnallbare Bauchtasche heißt, den Reisepass und das Permit hervor und reichte ihm beide Dokumente. Meinen Pass gab er mir gleich wieder zurück. Aber das Permit aus Chengdu nahm er unter die Lupe. Entweder bist du schwer von Begriff oder sehr gründlich, dachte ich, als er noch immer auf das Papier starrte und dieses hin und her wendete. Dann brach neben mir ein Wortgewitter los.

Auf die Bemerkung, dass wir uns in einer «closed area» befänden und gegen die chinesischen Gesetze verstoßen hätten, sagte Yama patzig und herrisch, wir seien auf tibetischem und nicht auf chinesischem Gebiet und er als Tibeter könne sich in Tibet frei bewegen. Auf diese Widerrede schien der Sonnenbrillenmann nur gewartet zu haben. Er nickte seinen Begleitern zu, die augenblicklich ihre frisch angezündeten Zigaretten wegwarfen und uns umstellten. «Einsteigen!», bellte er. Mit den drei Beamten im Rücken liefen wir zur Straße hinab, wo ein alter Armeejeep mit verschossenem Faltdach parkte. Kaum waren dessen Türen ins Schloss gefallen, startete der Bursche in der olivgrünen Hose den Motor und wendete, um zurück in die Stadt zu fahren. Ich, der ich seit einigen Tagen unter erhöhter Temperatur, Husten und einem schlecht heilenden Hundebiss in der Wade litt, hing ausgelaugt auf dem Rücksitz des bockenden Jeeps zwischen einem Beamten und meinem Guide, der nun auch kleinlaut schwieg. Wir fuhren in mäßigem Tempo zu einem Allerweltsklotz an der Hauptstraße. Von der weiß verklinkerten Fassade sah das rotgoldene Staatswappen Chinas höhnisch auf uns Kriminelle herab, als wir in den Hof fuhren. Kaum hielt der Jeep hinter einem Gitter, rissen chinesische Polizisten die hinteren Verschläge auf und zerrten uns heraus. Gewaltbereit packten sie Yama an den mageren Schultern und stießen ihn an einer rostigen Balustrade entlang. Als er Anstalten machte, sich zu wehren, schlug ihm einer mit der Faust so heftig auf das Brustbein, dass er husten musste. Mit beiden Armen ging ich dazwischen, um zu verhindern, dass mein Guide grundlos von einer Übermacht zusammengeschlagen würde. Ich gab mich forsch, weil ich aus Erfahrung wusste, dass chinesische Polizisten vor einem Ausländer kuschen.

Der vermeintliche Tierarzt trug noch immer die schwarze Sonnenbrille. Noch immer sprach er kaum. Er stand herum und tat, als ginge ihn die Rempelei der schwarzen Uniformen nichts an. Abrupt, mit einem knappen Wink, drehte er sich um und lief, vorbei am stinkenden Männerklosett, dessen Tür schief in den Angeln hing, den Flur entlang. Über eine abgewetzte Betontreppe stieg er nach oben. An seinem Gürtel hing ein dicker Bund, aus dem er einen Schlüssel pflückte und eine namenlose Bürotür aufschloss. Alles hier erinnerte mich an eine Amtsstube in Peking. Ich glaubte im Raum einer chinesischen Danwei zu stehen, einer Organisationseinheit mit Einheitsschreibtischen und einem Einheitssofa. Und zwischendrin Einheitssessel mit Einheitsschonbezügen in einem landesweit einheitlichen, pflegeleichten Beigegrau. Die Sonne, die durch die Gardinen mit Einheitsbambusmuster in den kargen Raum schien, schmeichelte lediglich einem tibetischen Dolch, der in einer Silberscheide steckte. An den Schreibtisch, auf dessen blanker Glasplatte ein Papierstapel mit dem Dolch obenauf lag, setzte sich der PSB-Mann. Wortlos forderte er mich auf, am zweiten Schreibtisch ihm gegenüber Platz zu nehmen. Sein Adjutant in der Armeehose schloss die Tür und verriegelte sie zu meiner Verwunderung von innen. Als würde er sich entkleiden, nahm der Kader nun seine schwarze Brille aus dem Gesicht, schaute mich aus erstaunlich großen, milden Augen an, um im nächsten Augenblick zu explodieren. Brüllend baute er sich vor dem hageren und nicht sonderlich hochgewachsenen Yama auf und stieß ihm mit dem ausgestreckten Zeigefinger bei jeder Wortattacke heftig auf die Mitte der Stirn. Dorthin stieß er, wo für einen Buddhisten das dritte Auge sitzt. Erschreckend, wie schlagartig die Stimmung umgesprungen war. Der Funktionär tat meinem Guide sichtlich weh. Von dem kurzen Gebrüll verstand ich kein Wort. Schon bald war die Wut verpufft. Er ließ von Yama ab und verzog sich schwer atmend wieder hinter seinen Schreibtisch. Jetzt widmete er sich mir, zuvorkommend und sachlich. Als Erstes verlangte er erneut meine Papiere. Wieder kramte ich diese aus dem Bauchbeutel hervor und reichte sie über die beiden Tischplatten in die ausgestreckte Hand.

«You come to Menling. Menling is closed area!», sagte er, während er aufstand und zu einem Metallschrank schritt, diesen aufschloss und einen Stapel loser Blätter herausholte. Die Blätter warf er mir hin wie nutzlose Wische. Zwischen chinesischen Schriftzeichen, roten Sternen und roten Stempeln entdeckte ich deutsche und englische Namen. Es mussten Amtsdokumente für durchreisende Touristengruppen sein. Mit großem Ernst erklärte er mir in einem verquirlten Chinglisch, dass wir uns ganz nahe an der indischen Grenze befänden und dass Menling und diese Region militärisches Sperrgebiet seien.

Wie durch einen Schleier dringt der Wortcocktail in meinen fiebrigen Kopf vor. Natürlich weiß ich das alles, ich weiß genau, dass vier Permits erforderlich sind, die man nur als Gruppenreisender, nur nach langer Wartezeit und nur durch eine registrierte Reiseagentur gegen sehr, sehr viel Geld bekommen kann. Doch ich schweige, während er mit blecherner Stimme zu schimpfen beginnt, dass Yama gar kein Guide sei, weil er keine Lizenz besitze, sondern nur eine ID-Card, die ihn lediglich als Bürger der Volksrepublik China ausweise. Anschließend studiert er amüsiert das Bild in meinem Pass und sagt mit einem breiten Grinsen auf Chinesisch: «Du bist ein Sohn Hitlers.»

Ich protestiere. Aber irgendwie gefällt dem Zyniker in mir die absurde Abstammungslehre, so protestiere ich nur matt.

Er scheint in seinem Tun zwischen Pflichterfüllung und Angeödetsein zu schwanken. Betulich fingert er sein Handy aus dem Gürteletui hervor und telefoniert und telefoniert. Vier Danwei telefoniert er ab, ohne einen Zuständigen für unseren Fall zu finden. Schon hoffe ich, dass er uns wieder laufen lässt. Trotzdem bin ich angespannt und kaue auf meinen Lippen herum. Prompt platzt der wässrige Herpes auf. Mit fiebrigem Kopf füge ich mich in mein Schicksal. Eine halbe Stunde mögen wir bereits bang dagesessen haben, als er endlich Kontakt zur übergeordneten Danwei findet und Anweisungen erhält. Wir sollen zurück und uns bei Mister Tashi in der PSB-Einheit von Bayi melden. Dort sei man zuständig für uns. Yama erhält noch eine Warnung, die er kleinlaut nickend zur Kenntnis nimmt, dann sind wir entlassen.

Wie ertappte Pennäler trotteten wir durch die Einfahrt des Klinkerbaus, wo die Gruppe raufgeiler Polizisten rauchend und schwatzend dem Müßiggang frönte, hinüber zu einem chinesischen Esshaus auf der anderen Straßenseite und bestellten Rührei mit gekochten Tomatenscheiben. Beim Essen sprachen wir wenig. Es wäre nicht so weit gekommen, wenn wir zwei Tage zuvor nicht über die Yarlung-Brücke geritten wären. Hätten wir den unscheinbaren Karrenweg am dünn besiedelten Nordufer eingeschlagen, wären wir wohl unbehelligt zu unserem nächsten Etappenziel, dem Orakelsee Lhamo Latso, vorgedrungen. Yama hatte mich gedrängt, für das verletzte Pferd Hilfe zu suchen, und ich wollte nicht erneut die Querung eines breiten und tiefen Flusses riskieren. Genau genommen waren wir einfach zu erschöpft, war unsere Beziehung zu angespannt, als dass wir die Gefahr einer Verhaftung erkannt hätten. All diese Gedanken schwirrten mir durch den Kopf, während wir die zweite köstliche Speise, Eintopf mit Rindfleisch und Kartoffeln, verschlangen. Mitten im Essen legte Yama die Stäbchen aus der Hand und sagte mampfend:

«Und wenn wir einfach abhauen?» «Daran habe ich auch schon gedacht. Aber ich bin krank, mein Pferd lässt sich mindestens eine Woche nicht reiten, du musst schon bald zurück nach Kangding – und vor allem, die Polizei und die Armee sind alarmiert. Die finden uns garantiert. Selbst wenn wir den Fluss überqueren und uns verstecken. Wir müssen kooperieren. Würden wir abhauen, dann würdest du dich sehr gefährden, glaub mir», erwiderte ich.

Am späten Nachmittag packten wir das Gepäck zusammen und brachten es zu den Eltern der Veterinärin, wo man uns überaus freundlich und verständnisvoll empfing und die Lasten im Wohnhaus verstaute. Ihr Vater versprach, sich um die Pferde zu kümmern. Am frühen Abend bestiegen wir einen Minibus und fuhren hundert Kilometer zurück in die Chinesenstadt Bayi, wo wir uns in einem besseren Hotel einquartierten. Die Fahrt erlebte ich wie einen zu schnell abgespulten Film. Vermutlich wird den meisten Tibetern auch deshalb beim Autofahren schlecht, weil der Landschaftsraum in einem ungewohnten, höchst unangemessenen Tempo, eingehüllt in Abgasschwaden und Motorenlärm, durcheilt wird und nicht wie zu Zeiten der Väter mit allen Sinnen erarbeitet.

Am Empfang im Ausländerhotel von Bayi wollte die chinesische Stöckelschuhdame mein Permit sehen, worauf ich ihr versicherte, ich würde es am nächsten Morgen nachreichen. Erst nach einigem Gezicke und einem längeren Telefonat mit dem PSB und der Hoteldirektion gab sie uns ein Doppelzimmer mit separaten Betten, Wasserkocher, Dusche und TV.

Am nächsten Morgen stehen Yama und ich pünktlich um neun hinter den Gitterfenstern auf dem Flur der Polizei. Vor dem wieder weiß verklinkerten Betonkasten parken die modernsten Japaner mit Allradantrieb, der englischen Aufschrift Police und chinesischen Schriftzeichen. Überdrehte Geschäftigkeit herrscht zu Wochenbeginn auf den Amtsfluren. Nur der Verantwortliche des Büros der Öffentlichen Sicherheit lässt auf sich warten. Endlich schiebt sich ein korpulenter Mann an uns vorbei den Flur entlang. Er ist in Zivil und wirkt so leger, als wäre er auf dem Weg ins Kino. Nur seine dunkle Gesichtsfarbe verrät seine tibetische Abstammung. Seine Art, sich zu bewegen, gleicht der eines Großstadtchinesen. Uns scheint er gar nicht wahrzunehmen. Erst als er sein Büro aufgeschlossen hat, winkt er uns wortlos in den Raum und zeigt mit einer knappen Handbewegung auf das bekannte Einheitssofa, dessen Schonbezüge erstaunlich individuell mit Elefantendekor gestaltet sind. Nebeneinander, unsere wenigen Habseligkeiten in einer Hotel-Laundry-Tüte zwischen uns, sitzen wir armen Sünderlein und warten auf das, was da kommt.

Erst mal muss aus einem riesigen Bund der richtige Schlüssel für den Metallschrank herausgefischt werden. Der dickliche Kader kommt nicht zurecht, so setzt er sich an seinen Einheitsschreibtisch, auf dessen Platte eine tannengrüne Polyesterdecke liegt, und telefoniert nach Assistenz. Eine junge Chinesin stöckelt gut gelaunt plappernd in den Raum, entwendet dem behäbigen Tibeter den gewaltigen Schlüsselbund, und im Nu lässt sich der Aktenschrank öffnen. Sie zieht ein gewaltiges Buch, ein bauchiges braunes Couvert und viele Vordrucke aus einem Fach. Immer noch plappernd, setzt sie sich auf ein zweites Sofa hinter einen Rauchertisch. In chinesischen Zeichen bemalt die Sekretärin peinlich sauber einen der Vordrucke. Der Tibeter, der sich mir als Tashi vorstellt, buchstabiert ihr meinen Namen. Dabei unterläuft ihm ein Fehler. Meinen zweiten Vornamen, Michael, hält er für meinen Familiennamen. Ich widerspreche nicht. Inständig hoffe ich, dass dadurch meine Identität verschleiert wird. Von früheren Reisen weiß ich, dass die Namen aller ausländischen Tibetbesucher in einem national vernetzten Computer gespeichert werden. So schweige ich, als mich Tashi ab sofort in bestem College-Englisch mit Mister Michael anspricht. Gegenüber seinem Landsmann, meinem Guide, spielt er sich als chinesischer Funktionär auf. Yama wird zu Chinesisch gezwungen. Immer wieder flötet die Sekretärin dazwischen, weil sie das Verhör handschriftlich protokollieren muss. Nach dreistündigem Bohren und Nachfragen setze ich den Fingerabdruck meines rechten Daumens unter sechs Exemplare eines Eingeständnisses. Ich gebe zu, dass ich gegen die Gesetze der Volksrepublik China verstoßen habe, und bin bereit, fünfhundert Yuan Strafe zu bezahlen. Es ist der neueste Behörden-Chic, das chinesische Gesetzbuch zu zitieren. Dass Paragraphen nur so viel Rechtssicherheit gewähren, wie Rechtspraxis vorhanden ist, wird gerne verschwiegen. Denn mit der ist es nicht weit her. Meine fünf roten Scheine mit Maos Kopf landen in dem braunen Couvert, in dem sich bereits einige tausend Yuan an Strafgeldern befinden. Wie mein Fingerabdruck in einer Spalte des dicken Buches einen vorübergehenden Schlusspunkt setzt, entdecke ich jede Menge ausländischer Namen. Die Vermutung drängt sich auf, dass der rote Daumen von Mister Michael nicht der letzte Daumen eines ausländischen Straffälligen sein wird.

Versöhnlich redet Kader Tashi auf mich ein. Er habe Gnade vor Recht ergehen lassen, weil ich ein F-Visum besäße. Aber er könne auch andere Saiten aufziehen. Eine Drohung? Aus dem Regal neben dem Schreibtisch holt er eine schmale Broschüre. Er legt die Stirn in Falten und zeigt mir einen Paragraphen, unter dem von fünfhundert Yuan Strafe und gleichzeitigem Expellieren vom chinesischen Staatsgebiet die Rede ist. Er würde mich nicht ausweisen, wenn ich kontrolliert nach Lhasa weiterreiste. Daraufhin frage ich ihn, was mit meinem tibetischen Freund geschieht. Und den Pferden. Mein Freund darf nicht weiterreisen, und die Pferde müssen wir abgeben, am besten verkaufen. Betretenes Schweigen. Schock.

In überraschend barschem Ton poltert er jetzt: «No more questions!» Dann greift er zum Handy, das wie ein Schokoriegel auf der Polyesterdecke liegt. Keine Viertelstunde später stehen zwei junge Chinesen mit Bürstenhaarschnitt und grauschwarzen Anzügen im Raum und verteilen erst mal Zigaretten. Nein, nicht an uns, sondern an Tashi und die beiden Polizisten, die stumm das Geschehen verfolgen. Uns streifen ihre Blicke, als gehörten wir zum Mobiliar. Yama, den ich im Verhör als meinen Freund aus Chengdu bezeichnet habe, sitzt in seinem rosa ausgebleichten Anorak zusammengesunken neben mir. Die beiden Schnösel mit den gegelten Haarbürsten spielen sich als die wahren Herren auf. Weder begrüßen sie uns, noch stellen sie sich als Funktionäre des Staatlichen Tourismusbüros von Bayi vor. Ihr ganzes Augenmerk gilt meinem Entry-Permit, das Tashi ihnen aushändigt. Zuerst glauben sie, es sei eine Fälschung, in Chengdu erstellt. Als diese Annahme telefonisch aus der Welt geräumt ist, entwickeln sie einen erstaunlichen Ehrgeiz, um herauszufinden, welche der rund fünfzig Reiseagenturen in Lhasa das Dokument ausgestellt hat. Während des nun folgenden Verhörs stelle ich mich wieder dumm. Die Eintragung Chengdu–Lhasa–Chengdu hätte nach meinem Verständnis die Durchquerung Osttibets beinhaltet. Da lachen sie nur und meinen, ich bräuchte vier Permits. Und in jedem Permit müsse exakt jeder Ort amtlich genehmigt und notiert sein.

«Das hat mir keiner gesagt. Ich gebe zu, ich habe einen Fehler gemacht. Es war falsch, dass ich die Strecke nicht in den vorgeschriebenen sieben Tagen zurückgelegt habe. Okay, ich war länger unterwegs. Aber mit Pferden ist es einfach unmöglich, in sieben Tagen nach Lhasa zu kommen.» Mehr sage ich nicht. Natürlich verschweige ich auch, dass ich das Permit in einem Chengduer Hotel nahe dem Busbahnhof bekommen habe.

Da diese jungen Chinesen offensichtlich wenig Erfahrung im Umgang mit Ausländern haben, lassen sie bald von mir ab. Verbissen telefonieren sie wieder und wieder mit Chengdu und Lhasa, während ich nur so staune, wie astrein die schnurlose Telekommunikation in Tibet funktioniert. Das Überwachungssystem zeigt sein Gesicht: ungeschminkt und bedrohlich. Nach zehn Anrufen wissen sie, welche Agentur in Lhasa mein Permit ausgestellt und nach Chengdu gefaxt hat. Und voller Häme ruft einer von ihnen dort an und schildert meinen Fall in dramatischen Farben. Grinsend legt er nach kurzer Unterhaltung auf, und zu Tashi gewandt sagt er genüsslich: «Heute Abend bekommen wir Besuch aus Lhasa.» In meine Richtung lässt er Tashi auf Englisch sagen: «Heute Abend kommt der Generalmanager der Agentur ins Hotel, da haltet ihr euch bereit, verstanden?»

Ich nicke und will schon gehen, da verlangt Tashi meinen Reisepass als Pfand, damit ich nicht türme. Beiläufig fragt er, ob ich Tagebuch schriebe? Alle Ausländer schrieben Tagebuch, behauptet er. Überrumpelt nicke ich, zu schwach, um ja zu sagen. Gut, sehr gut, das Tagebuch solle ich ihm bitte das nächste Mal vorlegen. Angewidert und hilflos dem nächsten Hustenanfall ausgesetzt, flüchte ich durch die Tür, die von außen dezent von zwei Polizisten bewacht wird. Durch den grellen Sonnenschein gehe ich mit Yama eine staubige Häuserzeile hinab, ich friere. Yama schlägt vor, eine Apotheke zu suchen. Dankbar nehme ich seinen Vorschlag an. Ein Haus weiter essen wir eine Nudelsuppe, danach trennen wir uns. Er geht ins Internet und ich auf ein Schläfchen ins Hotel.

Die Verhaftung, die eigentlich keine ist, zerrt an unseren Nerven. Nun soll ich auch noch mein Tagebuch offenlegen. Im Hotelzimmer fällt mir siedend heiß ein, dass der erste Band im Gepäck steckt und der zweite, den ich in einer Plastiktüte bei mir trage, erst einige Seiten umfasst. Tashi würde das merken. Wir mussten tricksen. Am Abend gegen einundzwanzig Uhr fand sich ein wohlgenährter, seltsam bleicher Tibeter in der Lobby ein. Der aus Lhasa herbeizitierte Generalmanager. An seiner Seite hechelte ein echter Guide in roter Fleeceweste mit North-Face-Aufdruck und einer ins borstige Haar geschobenen Sonnenbrille. Der Generalmanager – er nannte sich Norbu – hatte ein offenes Gesicht, in dem die hohen Backen wie zwei gutgefüllte Kissen die tiefliegenden Augen stützten. Er gab sich ruhig, während sein hagerer Begleiter, ein gewisser Tsering, mich gleich wie ein wütender Kettenhund ansprang. Was ich mir erlaubte! Mit einem Entry-Permit durch ganz Osttibet zu reisen, auch noch zu Pferd. Mein Permit sei gerade mal gut, um in sieben Tagen per Flugzeug oder Eisenbahn ohne Zwischenstopp von Chengdu nach Lhasa und zurück zu gelangen. Speichel rann ihm von der Unterlippe. Immer dunkler wurde sein Gesicht, immer widerwärtiger seine Ansprache in bestem Englisch. Immer dreister machte er mich für die Unannehmlichkeiten verantwortlich, die auf seine Agentur zukämen. Inzwischen waren PSB-Kader Tashi und die beiden Tourismusspitzel eingetroffen und hatten sich zu uns gesellt. Mit krummem Rücken bot er ihnen Zigaretten und Feuer an. Ich wiederholte mein Sprüchlein. Es sei mir entgangen, dass man mehrere Permits bräuchte. In Chengdu hätte man mir davon nichts gesagt, nur dass ich in sieben Tagen in Lhasa sein müsste. Da wir mit Pferden unterwegs seien, hätten wir diese knappe Zeit unmöglich einhalten können. Schon bald schien sich der Konflikt zu verlagern. Weg von meinem Fall, hin zu einer Konfrontation zwischen der Agentur und den Staatsbütteln, die sich Touristikmanager nannten. Sie bliesen sich immer mehr auf, während der Generalmanager immer tiefer in seinen Fettpolstern versank. Nachdem er stotternd versichert hatte, dass er mich von nun an persönlich betreuen würde, erhielt ich meinen Reisepass zurück, und die Herrschaften, drei Tibeter und zwei Chinesen, verschwanden in einem nahen Restaurant zu einem Essen, dessen Sinn und Zweck ich am nächsten Morgen erfahren sollte.

Bevor er sich zum Gehen wandte, drehte Tashi meinen Pass in der Hand und raunzte: «Am nächsten Morgen müsst ihr zurückfahren. Euer Gepäck wird durchsucht. Haltet euch um neun Uhr zur Abfahrt bereit.» Dann klatschte er mir den Pass in die Hand, und mich durchzuckte ein Schreck.

Noch waren wir nicht auf der sicheren Seite. Wenn sie meine professionellen Rollfilme, den ersten Band meines Tagebuchs, immerhin zweihundertachtzehn Seiten mit vielen tibetischen Eintragungen und Namen, und das von mir geschriebene Tibetbuch entdeckten, würde ich an die Zentrale in Peking gemeldet. Yama würde vermutlich von der Hochschule relegiert und ich des Landes verwiesen. Kaum dass wir uns im Hotelzimmer eingeschlossen hatten, platzte es aus Yama heraus: «Wenn die mein Schwert finden, nehmen sie es mir ab.» Unterwegs hatte er in einem abgelegenen Dorf ein antikes Ritualschwert erstanden und hatte es die ganze Reise über wie seinen Augapfel gehütet. «Nicht nur dein Schwert, auch meine Filme und das Tagebuch mit unserem Vertrag, wo schwarz auf weiß steht, dass du gegen Geld für mich arbeitest. Und mein Tibetbuch! Das dokumentiert, dass ich kein naiver Null-acht-fünfzehn-Tourist bin.» – «Sag mir, Uli, was sollen wir tun? Was schlägst du vor?» – «Du musst zurückfahren und diese Gegenstände an dich bringen und verstecken. Das muss heute Nacht geschehen. Am besten suchst du dir gleich einen Motorradfahrer und fährst zurück.»

Gesagt, getan. Seinen Cowboyhut tauschte er gegen eine Wollmütze, und ich überließ ihm zur Tarnung meine olivgrüne Steppjacke. Wir mussten mit Spitzeln rechnen. Bevor er aus dem Zimmer schlüpfte, gab ich ihm dreihundert Yuan und schärfte ihm nochmals ein, was er verschwinden lassen sollte. Nun verschloss ich die Tür von innen, bereitete mir einen Halswickel und legte mich ins Bett, ohne jedoch Schlaf zu finden. Nach langem, schweißtreibendem Grübeln musste ich eingedämmert sein, denn irgendwann weckte mich ein lautes Klopfen. Nach der ersten Verwirrung öffnete ich, und ein zitternder Tibeter stand mit blauen Lippen im Türrahmen. Er fror von der Nachtfahrt, doch in seinen Augen glomm der hitzige Funke des Triumphs.

«Na? Hat alles geklappt wie besprochen?» «Besser, besser! Der Motorradfahrer, mit dem ich gefahren bin, hat alles bei sich daheim verstaut. Unser Karma ist nicht das schlechteste», meinte Yama lachend und warf sich auf das freie Bett. In kurzen Sätzen schilderte er, wie er vorgegangen war. Die Genugtuung über den kleinen Sieg ließ uns wie Babys schlummern.

Am nächsten Morgen kreuzten zur verabredeten Zeit der bleiche Generalmanager und sein grimmig guckender Begleiter im Hotelhof auf. Wir stiegen in ihren Citroën made in China und fuhren wieder nach Menling, um unser Gepäck zu holen. Unterwegs lockerte sich die Stimmung unter den drei Tibetern, und Guide Tsering erzählte, dass beim Versöhnungsbankett der PSB-Mann versprochen habe, den Vorfall nicht nach Lhasa an die Zentrale zu melden. Andernfalls hätte ihre Agentur mit einer Strafe von zehntausend Yuan rechnen müssen. Erst vor einem halben Jahr wäre ein Tibeter mit US-Pass, der mit ihrer Agentur nach Lhasa gekommen sei, ohne Permit und ohne Guide zum Everest Basecamp gefahren. Dort sei er verhaftet und nach Nepal abgeschoben worden. Ihre Agentur wäre dafür mit einer Strafe von zehntausend Yuan belegt worden. Zusätzlich hätte das Staatliche Tourismusbüro bei Wiederholung mit dem Entzug der Lizenz gedroht. Nun sei durch uns ein solcher Fall eingetreten. Sie hätten die größte Angst, dass ihre Agentur würde schließen müssen. Als Yama sein Mitgefühl kundtat, geriet der hagere Tsering ins Plaudern. Früher sei er Mönch gewesen, und davor habe er in Dharamsala in der Dorfschule Englisch gelernt. Auch der Generalmanager begann ohne Scheu zu erzählen, dass er am Pekinger Fremdspracheninstitut Englisch und Betriebslehre studiert und früher auch als Touristenführer gearbeitet hätte. Während ich zuhörte, flog die mir bekannte Landschaft zum dritten Mal an den Fenstern vorbei, und nach zwei Stunden trafen wir auf der Polizeistation von Menling ein.

Der Sonnenbrillenkader erschien am Tor, begrüßte mit knappem Händedruck seine Landsleute und bestieg den alten Jeep, der uns zu der Familie fuhr, die unser Gepäck auf den Innenhof geschafft hatte, um eine gewisse Distanz zu uns zu dokumentieren. Von dort schleppten sie das Gepäck Stück für Stück auf den Hangweg. Auf dem matschigen Boden wurde nun alles gefilzt. Die Schlafsäcke mussten aus ihren Hüllen gepellt, die Zelte entrollt, die Töpfe des Kochgeschirrs auseinandergenommen werden. Selbst die muffelnden Kleidungsstücke mussten einzeln auf der Erde ausgebreitet werden. Zu meiner Verwunderung entdeckte ich in einer eingerollten Plastiktüte eine flache Box, in der ein Kenner drei feine Havannas luftdicht verwahrt hatte. Ihre Existenz war dem Kenner wohl in Vergessenheit geraten. Um die Stimmung zu heben, klappte ich den Dosendeckel auf und bot dem Sonnenbrillenmann generös eine an. Er lachte, traute sich aber nicht, den Glimmstängel anzunehmen. Als er, augenblicklich wieder ernst und kalt, auf eine Plastikmappe zeigte, bekam ich einen Riesenschreck. Vor lauter Hektik hatte ich vergessen, dass ich Adressen aus Lhasa, Bhutan und Dharamsala darin aufgelistet hatte. Auch mein buddhistischer Ausweis mit meinem tibetischen Namen, Karma Dendup Namgyel, befand sich darin. Zum Glück versteckte sich kein Dalai-Lama-Foto in der Mappe. Dafür aber ein ebenfalls riskantes Bild. Für Eingeweihte dokumentierte es meine enge Beziehung zum dritthöchsten Lebenden Buddha von Tibet, zum XVII. Karmapa. Auf dem Schwarzweißfoto war er noch als achtjähriger Junge zu sehen, als ich ihn im Kloster Tsurphu besuchte und wir Freundschaft schlossen. Mit finanzieller Unterstützung durch Vater und Onkel hatte ich vor vielen Jahren das Stammkloster der Karmapa, wohin ich jetzt wieder wollte, besucht. Im Jahr 2000 war der Karmapa aus Tibet nach Indien geflohen, wo er heute in Dharamsala lebt.

Dieses Schwarzweißfoto erweckte die Aufmerksamkeit des Funktionärs, und er wollte wissen, wer der Junge sei.

«Ein junger Lama aus der Mongolei», entgegnete Yama geistesgegenwärtig, und der Sonnenbrillenmann nickte und legte das Foto beiseite. Mit zitternder Hand zog ich die Adressenliste aus der Plastikmappe. Er schaute sie an und murmelte etwas von, «das muss mein Kollege untersuchen, davon verstehe ich nichts». Als Nächstes griff er sich die Mittelformatkamera und fragte: «Wo sind die Filme?» – «Die habe ich alle weggeworfen, denn die Kamera ging gleich zu Beginn unserer Reise kaputt. Ich wollte die schweren Filme nicht mitschleppen.» Er wog das schwere, altmodische Gehäuse in der Hand und überlegte lange, dann gab er sich zufrieden und meinte: «Hier sind wir fertig, alles einpacken.» An den Generalmanager gewandt, fügte er hinzu: «Ihr müsst mit dem Gepäck nach Bayi zurück, damit noch die Dokumente untersucht werden können.»

Die Stunde des Abschieds zwischen Yama und mir war nun gekommen. Bereits beim Frühstück hatten wir unsere Taktik besprochen. Er sollte einen Truck auftreiben, um die Pferde nach Lhasa zu transportieren. Dafür händigte ich ihm tausend Yuan in bar aus. Wenn er keinen Laster fände, dann sollte er die Tiere verkaufen. Der Erlös sei Teil seines Honorars, und wir würden uns in Lhasa wiedersehen. Ich würde seiner Freundin in Kangding telefonisch meine Unterkunft mitteilen. Wie wir uns jetzt brüderlich umarmten, flüsterte er mir ins Ohr: «Sie wollen dich nach Lhasa locken und dich in ein Flugzeug setzen.»

Ich war gewarnt. Um nichts in der Welt durfte ich meinen Auftrag gefährden. Mit doppeltem Geschick müsste ich nun weiterreisen. Aus Leichtsinn und Rechthaberei einen Fehler zu begehen, konnte ich mir nicht erlauben. «Pass bloß auf und lass dir Zeit!», hätte mein Vater in diesem Moment gesagt.

Milchkaffee, Silbergrau und der Senior grasten hoch oben

am Hang. Ohne den drei Freunden adieu sagen zu können, stieg ich in den Fond des Wagens und ließ mich wieder zur Polizeiwache nach Bayi fahren. Unterwegs überlegte ich krampfhaft, wie ich die Adressenliste und das Karmapa-Foto verschwinden lassen könnte, bevor Tashi nochmals das ganze Gepäck durchwühlte. Zugegeben, über der ganzen Verhaftung mit all ihrem Hin und Her lag eine Lässigkeit, die man auch als Schlamperei bezeichnen könnte. Unter meinem Hemd wölbte sich die Bauchtasche mit dem Geld und einigem mehr, und auf meiner Brust sah man deutlich eine Ausbeulung, die von einer kleinen Digitalkamera herrührte. Trotzdem hatten die PSB-Kader bisher von einer Leibesvisitation abgesehen. Aber auf keinen Fall durfte Tashi meine Liste mit den Adressen, unter denen sich sogar die Telefonnummern des Dalai-Lama-Bruders in Hongkong und Darjeeling befanden, in die Hände fallen. Die Geheimnummern hatte mir ich vor der Abreise von einem tibetischen Freund aus Amerika besorgt.

Die ganze Autofahrt über grübelte ich. Ich müsste ihm einen Kieselstein hinwerfen, um ihn von meinen Diamanten abzulenken. Wie ich an meiner Jägerhose mit den Schenkeltaschen hinabsah, kam mir die Idee, die Digitalkamera in einer der seitlichen Taschen verschwinden zu lassen. Genau, das wäre das richtige Versteck! Ich beugte mich vom Rücksitz nach vorn und schob blitzschnell die Bauchtasche und die Adressenliste unter die schwarze Gummimatte auf dem Boden des Wagens. Als jenen wertlosen Kiesel steckte ich die Tibetkarte, mein Malbuch, eine Loseblattsammlung von Sutras und ein kleines tibetisches Wörterbuch in die Laundry-Tüte des Hotels. Derart organisiert, betrat ich nun zum dritten Mal den vergitterten Flur des Büros der Öffentlichen Sicherheit.

Schon beim ersten Blick in Tashis pfefferbraune Augen wusste ich, dass etwas Unangenehmes passieren würde. Ich leerte die Plastiktüte auf dem Besuchertisch aus, und er nahm als Erstes das schwarz eingebundene Malbuch zur

Hand. Kommentarlos blätterte er die Aquarellsammlung durch, dann die buddhistischen Andachtstexte. Fotokopien meines Passes, zwei Fotos meiner Kinder und eine Liste mit den Namen wichtiger Orte schaute er sich auch an. Kaum entdeckte er diese Liste, begann er zu schnüffeln. «More lists like this?» – «No that's all.» Schließlich griff er nach der Tibetkarte, faltete sie in ihrer Gänze auf und begann mit einem eindringlichen Studium, zu dem er sich eine Lesebrille aufsetzte. Ja, er rief sogar einen Kollegen an, der wenig später in den Raum trat, und gemeinsam beugten sie sich über das präzise Kartenmaterial. Flüsternd tippte Tashis Finger auf einige Orte entlang der indischen Grenze. Aber auch die Rückseite der Karte erweckte seine Aufmerksamkeit. Dort prangten Anzeigen von Reisebüros von Exiltibetern in der Schweiz und Logos von Hilfsorganisationen und Tibetinitiativen unter der alten Tibetflagge. Da diese verboten ist, nahm Tashi ihre Abbildung zum Anlass, um zu sagen: «Diese Karte ist illegal, sie zeigt verbotene Dinge. Ich muss sie beschlagnahmen.» Ich protestierte. Doch ohne sich beeindrucken zu lassen, faltete er die Landkarte zusammen und schob sie in die Schreibtischschublade, wofür er die grüne Polyesterdecke zurückschlug. Nun könne ich gehen, meinte er kühl. In aller Ruhe stand ich auf, und ohne böse Absichten sagte ich zum Abschied: «In Lhasa I must go to prison?» Dieser einfache Satz, erwachsen aus ängstlicher Hilflosigkeit, ließ ihn wie eine Granate explodieren. Hasserfüllt schrie er mich an: «I told you many times, your case is finished. Get out! Get out!» So war ich seit Jahrzehnten nicht mehr angebrüllt worden. Es fehlte nur noch der Schlag ins Gesicht. Ein Schlag, und er hätte seine Überlegenheit auch physisch ausgespielt. Verdattert schlich ich aus seinem Büro. Lange musste ich über diesen Tibeter in chinesischen Diensten nachdenken. Hasste er Ausländer, weil seine Familie durch sie einst Schaden genommen hatte? Empfand er sich als minderwertig und wollte sich rächen? War er ein Psychopath? Ein Verdränger? Ein besonders eifriger Lakai im Dienst eines fremden Regimes? Auch über die Leute zu Hause dachte ich nach, die noch immer den hauptsächlichen und ausschließlichen Widerspruch zwischen Chinesen und Tibetern konstruierten. Im Zuge meiner Verhaftung hatte sich kein einziges Mal ein hoher chinesischer Beamter blicken lassen. Aufgepasst und nicht zu früh geurteilt! Noch befand ich mich nicht in Lhasa. Auf jeden Fall sollte ich schon am übernächsten Tag erfahren, dass PSB-Tashi den Vorfall en détail an seine Vorgesetzten gemeldet hatte.

Stadt der Gesänge

Würzig schwelender Wacholderbrand kitzelte meine Nase. Und im Ohr das Tack, Tack, Tack des Hackmessers, mit dem eine geschickte Hand frisches Gemüse klein schnitt. Ich fühlte mich ausgeruht. Das Zischen eines Dampftopfs verscheuchte den Rest Schlaftrunkenheit und stimmte mich heiter. Bald müsste es Essenszeit sein. Erwartungsvoll strampelte ich mir die Bettdecke vom Leib und zog den schwarzen Plastikvorhang zurück. An Schnüren tanzten Hunderte bunter Gebetsfahnen vor einem hellblauen Altar, dem blanken Himmel von Lhasa. Mir dämmerte, dass ich angekommen war. Zwar unbeabsichtigt schnell, aber angekommen in der Sonnenstadt. Schneller als gedacht und auch gewollt, war ich mitten im Bettwäsche- und Waschbeckenkomfort eines Ausländerhotels erwacht.

Noch im Liegen verdrängten Gewissensbisse meine Heiterkeit. War der Verhaftung in Menling meine Kapitulation vorausgegangen? Okay, ich empfand mich nicht als Versager, aber eben auch nicht als Gewinner. Entsprechend meiner Erschöpfung fühlte ich mich als jemand, der eine gewaltige Herausforderung angenommen und sein Bestes gegeben hatte. An meine Grenzen, vor allem an meine physischen, war ich gestoßen. Das offenbarte der Spiegel in der Schranktür. Als ich mich das erste Mal nach neun Wochen nackt sah, erschrak ich über den ausgezehrten Körper, den erschreckenden Schwund nicht nur des Hüftgolds, sondern auch der Muskeln an Oberarmen, Brust und Beinen. Dass ich dünner geworden war, hatte ich bereits auf halbem Weg begriffen. Ein Dorfschuster hatte meinen Ledergürtel um ein Loch enger gemacht. Aber aus dem Spiegel starrte mir kein abgespeckter Mensch entgegen, sondern ein Hungergeist. Auf diesen Mister Michael traf Milarepas Selbstbetrachtung zu: «Sieh meinen Leib, nur ein Skelett, selbst Feinde müssten bei dem Anblick weinen.» Ich versuchte die Fassung zurückzugewinnen, indem ich mir sagte, wenn Fettleibigkeit für eine niedere Bildung signifikant ist, dann muss dieser Hungergeist ein sehr kluger Kopf sein. Und der kluge Kopf sagte sich, erst einmal muss ein leckeres Frühstück her, und zwar ohne Buttertee, Tsampa und Yakfleisch.

Da ich immer noch mit dem Letzten Willen meines Vaters beschäftigt war, fiel mir ein, dass er immer ein schlanker Mann gewesen war. Zwar körperlich im Alter nicht mehr fit, aber geistig bis zum Tod erstaunlich rege.

Zu meinem Vorteil verfügte das Snowland, in dem ich zwangsweise einquartiert worden war, über ein Restaurant mit einem jungen Team, das westliche Wünsche zu erfüllen verstand. Wie ein entlassener Häftling gönnte ich mir in einer der gemütlichen, schäbigen Nischen ein doppeltes Frühstück – zwei Tassen Milchkaffee, zwei Omeletts, sechs Toastscheiben, zwei Joghurts. Leider merkte ich schnell, dass die Kapazität meines Magens dem Magen eines Yogi wie Milarepa alle Ehre gemacht hätte. Kaum war das erste Verlangen gestillt, begann die Unruhe an mir zu zerren, denn im Hotel befanden sich auch die Büroräume der Agentur, die mich nach Lhasa expediert hatte. Mit Yamas Warnung im Ohr, dass sie mich hierherlocken wollten, um mich leichter abschieben zu können, befiel mich wieder Misstrauen. Yamas Warnung im Ohr, schaute ich mich immer wieder um.

Nach meiner Vorstellung war die Reise noch lange nicht zu Ende. Lhasa war doch nur als Zwischenetappe, als Erholungsstopp geplant gewesen. Noch stand mir das Vollenden meiner Mission bevor. So kurz vor dem Ziel gelte es nochmals alle

Kräfte anzuspannen, hatte mir mein Vater ein Leben lang beigebracht. Nicht länger als eine Woche hatte ich für das Verschnaufen und Vorbereiten der letzten Etappe hier eingeplant.

An diesem sonnigen Morgen im späten Mai lockte die Altstadt. Von der Straße roch es noch immer nach Wacholderbrand, und an mein Ohr drang Mönchsgesang. Allerdings schepperte der spirituelle Lockruf doch sehr, denn er entstammte kleinen schwarzen Boxen. Ich verkniff mir den Gang durchs Tor auf die belebte Straße. Erst musste ich ins Agenturbüro. Ich stieg über eine Holztreppe nach oben und kam an den Schlafsälen vorbei, deren Türen offen standen. Keines der Stockbetten war belegt. Wurde Lhasa von den Budgetreisenden und Travellern aus aller Welt gemieden? Ohne Eile spazierte ich die Holzveranda entlang. Unter meinen Bergschuhen knarrten die Dielen. Auf dem Hof des Hotels, neben den Blumenbeeten und dem Granatapfelbäumchen, schraubten und richteten chinesische Cyclisten an ihren teuren Spezialrädern für die Fahrt zum Everest Basecamp oder nach Chengdu oder gar Golmud. Sie trugen verspiegelte, schnittige Sonnenbrillen und hautenge Trikots und bewiesen wieder einmal, dass die Outdoor-Welle auch in China angekommen und dass Tibet zum Outback der besser verdienenden Individualisten geworden ist.

Hinter einem geöffneten Rollgitter befand sich eine spaltbreit offene Tür. Darauf steuerte ich zu. Ohne anzuklopfen, trat ich in ein vollgestopftes Büro. Drei Schreibtische mit Computern und ein mit Broschüren beladener Einheitssessel zwangen den Besucher, vom Flur aus sein Anliegen vorzutragen. Die Wände waren zugepflastert mit rauchvergilbten Postern des Potala und der gängigen Sehenswürdigkeiten. Auf den Arbeitstischen standen fünf orangefarbene Telefonapparate, von denen mindestens zwei alle drei Minuten schrillten. Vor mir war ein junger Franzose dran, der Hilfe erbat für einen Tagesausflug ins nahe Kloster Drepung. Nimm doch den Bus, dachte ich bei mir, lass dir doch keinen Guide für diesen lächerlichen Trip aufschwatzen. Doch stumm und steif verharrte ich an der Tür. Kaum hatte Tsering mich wahrgenommen, sprang er auf und deutete mit dem Zeigefinger anklagend auf meine Nase. Auf Englisch rief er bitter: «Das ist der Kerl, der uns so viele Probleme macht.»

Ich glaubte nicht recht zu hören. Die Versammelten starrten mich an, und ich errötete vor Scham. Tsering fauchte weiter: «Wir haben keine Arbeit mehr. Deinetwegen verlieren wir unseren Job. All unsere Permit-Anträge sind gestoppt. Dreißig Reisegruppen können deinetwegen umkehren. Die Agentur ist pleite und muss schließen. Das haben wir dir zu verdanken. Aber was können wir anderes tun? Das ist unser Karma.»

Der hagere Tsering kam hinter seinem Schreibtisch hervor und sagte mit gesenkter Stimme zu mir: «Verlass am besten Lhasa noch heute, am besten gleich. Das ist besser für uns und besser für deine Sicherheit, sonst wirst du noch verhaftet.» Aha, nun war die Katze aus dem Sack. Yama hatte es ja gesagt. Müde versuchte ich mich zu verteidigen: «Dieser Tashi hat euch angelogen. Er hat sich schön zum Bankett einladen lassen, euch ausgehorcht und dann doch den Vorfall nach Lhasa gemeldet. Ihn solltet ihr mal kritisieren, nicht mich.» Tsering lachte bitter. «Das PSB kritisieren! Weißt du überhaupt, wie mächtig das Büro ist? Du kannst das Schlimmste abwenden, wenn du eine Selbstkritik schreibst und unsere Agentur von jeglicher Verantwortung entbindest.» – «Gut, aber dann will ich mein Permit zurück, sonst besitze ich kein einziges Dokument, dann kann ich gleich abgeschoben werden.» – «Nein, das geht nicht, dein Permit ist illegal ausgestellt worden ...» «Moment», mischte sich nun der Grünschnabel von Franzose ein, «ich besitze auch kein Permit, das braucht man nicht.»

Um Himmels willen! In was für einen Club war ich da hineingeraten? In eine Amtsstube voller Kleingeister, die alles besser wissen. Harsch antwortete ich: «Kein Permit, keine

Selbstkritik. Basta!» Wütend drehte ich mich um und verließ ein Büro, das es vielleicht schon bald nicht mehr geben würde. Aber das war mir im Moment völlig egal.

Mein Entschluss stand fest. Ich würde mich niemals, um nichts in der Welt, stillschweigend abschieben lassen. An mir sollten sich diese behördlichen Schattenboxer und ihre Lakaien die Zähne ausbeißen. Das schwor ich mir, und gleich ging es mir besser. Lausbübisch rief ich vom Flur *tashi delek*. Auf Wiedersehen. Und ward in diesem Durcheinander von Büro nie wieder gesehen.

Ich sprang die Holzstufen hinab und lief aus dem Tor. Mich lockte der Gesang aus der Altstadt. Weit in der Brust, lenkte ich meine Schritte zum großen Platz vor dem Götterhaus des Jobo-Buddha, dem Jokhang. Dass das hinter einem weißen Segel mit dem blauen Knoten der Unendlichkeit befindliche Tor verschlossen war, schmälerte keineswegs die Heiligkeit der Stätte. Auf dem Platz vor der geschlossenen Pforte verrichteten Hunderte von Gläubigen ihre Niederwerfungen zur Reinigung von Körper, Rede und Geist. Wie ich mich so zwischen den Männern, Frauen und Kindern bewegte, fühlte ich mich bedrängt. Regelrecht eingekesselt fühlte ich mich, nach so langer Zeit in der Einsamkeit. In drei Tagen würde das höchste buddhistische Fest, Saga Dawa, stattfinden. In drei Tagen würde ich Jobo meine Reverenz erweisen. Heute wollte ich dem Gesang der Stadt lauschen. Vielleicht würden auch Verfolger abgeschüttelt werden müssen.

Klänge, mehr oder weniger schön, wogten in der Sommerluft. Bauchtöne heiliger Männer verquirlten sich mit dem Wortschwall aus verzücktem Pilgermund. Dazu das Geschrei aus dem Inneren der Marktstände, und auch von chinesischem Kassettengeplärr wurde der tibetische Wortgesang attackiert. Orientalische Straßenmusik machte Lust auf Bewegung. Zugegeben, auch ein wenig der Duft von Räucherwerk und frittierten Speisen.

Ich schlenderte vor mich hin und ließ die hastende Masse an Tibetern, Chinesen und geordneten Ausländergruppen an mir vorbeiziehen. Den hohlen Lockrufen der Händler am Barkhor schenkte ich keine Beachtung. Ich horchte auf die Gesänge von Lhasa. Teilten sie sich mir mit? Fröhlich oder klagend? Gar anklagend – wegen der jüngsten Übergriffe, bei denen Blut geflossen war? Mitten im Straßenlärm musste ich an den Meister der Hunderttausend Gesänge, an Milarepa, denken, und irgendwann meinte ich ihn zu hören, den Gesang einer ewigen Sehnsucht. Aber ich konnte mich nicht recht auf ihn einlassen. Zu lange hatte ich in der Stille verweilt.

Die Tibeter eilten über das Pflaster, als wollten sie das letzte Sonderangebot nicht verpassen. In den letzten Jahren war das Warenangebot regelrecht gewuchert, ja explodiert. In dem Maße, wie der Konsum zugenommen hat, sind auch die Ängste vor materiellem Verlust angewachsen. Wie sonst waren die geschmiedeten Gitter vor den Wohnungsfenstern der alten Häuser am Barkhor zu verstehen? Oder die Metallgittertüren vor den Wohnungseingängen? Nachdem mir noch die Straßenlüster à la chinoise in Form von Chrysanthemenblüten aufgefallen waren, hatte ich fürs Erste genug. Ich bog in eine Seitengasse ein und entdeckte ein frisch eröffnetes Gästehaus, privat und günstig, sauber und traditionell. Über eine hofseitig gelegene Holztreppe stieg ich aufs Dach, wo der Gast essen und trinken und schauen konnte. Über die Flachdächer hinweg zum Weltwunder, dem Potala. Nur auf den ersten Blick wirkte das Bauwerk auf dem Roten Berg wie ein Festungsklotz. Wer genauer hinschaute, entdeckte ein wohlgesetztes Ensemble aus Gebäuden, Treppen, Zinnen, Erkern und Paraden von Lichtbändern. Und über allem – goldene Palastdächer. Weiter wanderte der Blick über das Chaos der Fernsehantennen und Kabelbäume, hinaus zu den graslosen Hängen einer ariden

Hügelkette, die das Lhasatal säumt. Vor deren Kargheit, deren tragischer Schönheit wirkte die Großstadt synthetisch wie ein in die Natur geworfener Satz Klötze, Quader und Würfel.

Das neu eröffnete Gästehaus hatte ich betreten, weil ich eine preiswerte, aber auch eine versteckte Bleibe brauchte. Ich suchte einen Ort, wo mich die Obrigkeit nicht so leicht aufspüren könnte. Diesen Ort fand ich wenig später nur eine Gasse vom Jokhang entfernt. Der besondere Reiz meines neuen Quartiers bestand zum einen in seiner Gestalt, zum anderen in seinen Gästen. Das von außen graue und unscheinbare Gassenhaus ummantelte ein überdachtes Atrium mit umlaufenden Wandelgängen auf drei Etagen, deren Wände prachtvolle Malereien zierten. Viele Lamas standen auf der Gästeliste, ihre weinroten Roben gaben dem Innenhof Wärme, Farbe und Leben. Zupackend brachten zwei Bedienstete mein Gepäck aus dem Snowland mit einem Lastenfahrrad herüber. Ihr Eifer ging so weit, dass sie einen Kanister Yakbutter, der mir gar nicht gehörte, anschleppten. Außer dieser unfreiwilligen Gabe, die ich zurückgehen ließ, verstauten sie alles in einem Zweibettzimmer. Jetzt war ich bereit, wieder mit Yama Kontakt aufzunehmen.

Ich rief die Mobilnummer seiner australischen Freundin in Kangding an und gab ihr meine Adresse durch. Am übernächsten Morgen stand Yama am Empfang. Zwei Freunde hatten wieder zusammengefunden. Nach einer herzlichen Umarmung berichtete er: Mit dem Nachtbus sei er gekommen. Einen Pferdetransport hätte er nicht gefunden. Mehrere Fahrer hätten wegen der Kontrollen an der Straße das Vorhaben abgelehnt. Schließlich habe er unsere Tiere an einen Bauern für dreitausendsechshundert Yuan verkauft. Zweifellos ein jämmerlicher Erlös, hatten wir doch über zehntausend bezahlt. Zur Besänftigung meiner leicht reizbaren Nerven habe er was mitgebracht, sagte er dann augenzwinkernd und schnallte den Rucksackdeckel auf.

Vierzig Rollfilme, den ersten Band meines Tagebuchs, sein

Ritualschwert und mein Tibetbuch legte er mit Festtagsmiene auf den Teppich zwischen unseren Betten.

Zum Dank lud ich ihn zum Mittagessen ein. Von den Teigtaschen bestellten wir dreißig Stück und dazu viel Chili. Die schlüpfrigen Momo schmeckten so köstlich, dass wir ganz einfach nachbestellen mussten. Mit dicken Bäuchen schlenderten wir anschließend zum Friseur drei Häuser weiter. In dem chinesischen Salon orderte jeder für sich eine Behandlung, eine Dienstleistung entsprechend der Beschaffenheit seines Hauptes. Ich wünschte mir die Reduktion. Eine Totalrasur des Schädels. Yama hingegen verlangte nach Opulenz: Waschen mit Fönwelle. Der chinesische Haarkünstler gab sich alle erdenkliche Mühe, um dem Freund des Ausländers etwas Besonderes angedeihen zu lassen. Unter den Augen des ganzen Salons verwandelte er meinen Guide in einen tibetischen Moshammer, jenen ermordeten Münchner Modezar, den man in der Szene nur den eitlen Mosi nannte.

Auf der Reise sollte ich nie wieder so lachen wie nach diesem Friseurbesuch, als Uli und Mosi, der eine bis zum Maximum reduziert, der andere auf das Maximum onduliert, über den Barkhor spazierten. Gemeinsam durchstreiften wir noch einige Boutiquen und kauften an der Beijing Lu für Yama eine löcherige Vintage-Jeans und in einem Nepalshop ein Shirt mit der heiligen Silbe *Om* auf Brust und Rücken. Doch die Stunde des Abschieds ließ sich nicht mehr aufschieben, denn Yama musste zurück nach Kangding zum Examen. Wir tauschten unsere E-Mail-Adressen aus, er bekam sein Honorar, und ich wurde mit seinen guten Wünschen überschüttet. Als wir uns ein letztes Mal in die Augen schauten, sah ich bei ihm und er bei mir die Gewissheit einer tiefen Verbundenheit.

Bevor ich einen neuen Guide zu suchen begann, machte ich mich auf die Suche nach einer deutschen Reisegruppe, der ich die Rollfilme und mein Tagebuch anvertrauen wollte. Ich müsste den Humus des Manuskripts für dieses Buch außer Landes und in Sicherheit wissen, bevor ich weiterreisen könnte. Die Suche nach einem Sendboten in die Heimat gestaltete sich schwierig, offenbarte sie doch, wie leicht sich Pauschalreisende von Behörden einschüchtern lassen und wie schnell selbst junge Deutsche ihre Zivilcourage verlieren. Vermutlich trifft diese Menschen gar keine Schuld, dafür aber die westlichen Medien, die die Chinesen in Tibet dämonisieren und so unter Touristen Ängste schüren. Obwohl fast alle, die ich in einem exquisiten nepalesischen Altstadthotel ansprach, mich als Autor kannten, ja zum Teil meine Bücher im Koffer mitführten, lehnten sie es aus Angst vor Repressalien ab, zwei Hände voll Filme und ein schlankes Notizbuch mit nach Deutschland zu nehmen. Am Ende des dritten Tages – ich bettelte bereits um Hilfe – fand sich ein souveräner Berliner Reiseleiter. Dank seiner Erfahrung wusste er, dass der chinesische Zoll bei der Ausreise niemals kontrolliert.

Ein großes, ein gigantisches Unterfangen ist die Urbanisierung von Lhasa. Das Aufblähen einer alten, über Jahrhunderte gewachsenen Stadt in wenigen Jahrzehnten zu einem verkehrsbereinigten Siedlungsverbund. Heute leben in der Sonnenstadt über sechshundertfünfzigtausend Menschen, unendlich viel mehr Chinesen als Tibeter. Und stetig lassen sich neue chinesische Siedler aus der Ebene hier nieder. Die Sonnenstadt Lhasa und Shanghai, die Stadt über dem Meer, sind die eigentlichen Boomstädte Chinas.

Mal mit dem Taxi, mal mit der Fahrradrikscha durchmaß ich die Neustadt in allen Himmelsrichtungen auf der Suche nach einem Guide. Auch an der Lhasa-Universität suchte ich unter Studenten. Doch kein Tibeter wagte, mich auf einem selbstorganisierten Ritt zu begleiten. Wollte ich nicht erneut festgenommen und dann gewiss abgeschoben werden, musste ich notgedrungen auf die Unterstützung einer registrierten Agentur zurückgreifen. Das verstand ich nach zwei Tagen Recherche. Die Agentur First International Travel wollte ich meiden, für mich war sie der verlängerte Arm der Öffentlichen Sicherheit. Was ich bis zu diesem Zeitpunkt noch nicht wusste: Es gibt bis zu fünfzig tibetische und chinesische Reiseagenturen, aber nur ganz wenigen von ihnen, nicht mal einer Handvoll, ist das Privileg vergönnt, Permits beim PSB zu beantragen. Alle anderen Agenturen müssen über diese Monopolisten, die auch Filialen in Peking, Chengdu und Kathmandu unterhalten, ihre Permit-Anträge stellen. Nach außen hin ist der Reisemarkt wie ein kunterbunter Prospekt gestaltet. Im Inneren aber hierarchisch und lückenlos vernetzt. Durch Nachhaken und Hinterfragen erfuhr ich, dass kleine Reisebüros mit blumigen Namen wie Shangri-La, Yak Tour, Sherpa Travel oder Mountain & River nur Filialen der Monopolisten sind und wie Tarnorganisationen funktionieren. Noch fehlte mir diese Kenntnis, als ich auf Empfehlung eine kleine Agentur im Yakhotel aufsuchte, weil mich ihr individuelles Angebot reizte. Im Yak steigen Traveller und Budgetreisende ab. Hier treffen sich die Freaks, für die es zum Sport gehört, ohne Permit zu reisen. Wer in Tibet allein reist, ist auf die informellen Tipps solcher Leute angewiesen.

Falschmeldungen über Falschmeldungen, aufgebläht zum Mysterium, kursieren im Ausland über Tibet. Auch die Falschmeldung, dass nur noch Chinesen als Guides geduldet seien. Weit gefehlt: Die allermeisten Guides sind Tibeter. Wohlgemerkt: Guide ist nicht gleich Guide. Als offizieller Führer gilt nur derjenige, der eine Lizenz des staatlichen Guide-Büros besitzt. Nun ist es gang und gäbe, dass ein offiziell registrierter Führer seine Lizenz an einen inoffiziellen verleiht und dafür nicht schlecht kassiert. Im Büro von Agenturen erlebte ich, was hinter den Kulissen für ein Geschacher abgeht. Nicht nur mit Guide-Lizenzen. Auch mit Permits, mit Jeeps und Trucks samt Fahrern, mit Spritrationen, mit Zelten und Ausrüstung.

Die zweite Etappe meiner Mission müsste ich mit einem lizenzierten Guide fortsetzen, das war mir inzwischen klar. Im Yak hoffte ich, endlich fündig zu werden. Durch eine angelehnte Tür nahe der Rezeption trat ich eines Morgens ins Büro der Mini-Agentur und kam zwischen zwei beigegrauen Einheitssofas zum Stehen. Am Einheitsschreibtisch saß eine Tibeterin und las Zeitung. Kaum knarrten die Dielen unter meinen Stiefeln, schaute sie von ihrer Lektüre auf. Ja, dieser Agentur würde ich mich anvertrauen, dachte ich, als ich die Frische in ihren Augen sah. Die Tibeterin, sie mochte um die vierzig sein, erhob sich kurz, und ich sah, dass sie Hosen über korpulenten Hüften trug. Schwarze Hosen an den Beinen und eine schwarze, schlank machende Bluse über dem Busen. Einladend wies sie auf das Sofa und fragte in geübtem Englisch nach meinen Wünschen. «Ich brauche einen Guide und ein Permit für ein Trekking von Lhasa nach Tsurphu und von dort weiter über die Berge nach Gyantse.» Aufmerksam hörte sie sich meine Wünsche an und atmete erstaunlich heftig aus. «Not easy, not cheap, but possible.» Dass ich alleine reisen wollte, ganz ohne Gruppenzwang, spielte für sie keine Rolle. Das größte Problem sei der Guide. So wie sie mich einschätze, bräuchte ich einen mit Trekking-Erfahrung. Ich nickte und freute mich, dass sie so schnell zur Sache kam. Schon hörte ich sie sagen: «Die meisten wollen nur im Auto mitfahren. Ehrlich gesagt, wissen die wenigsten, was ihre Beine können.» Für diesen Ausspruch hatte sie ein Lächeln verdient. Resolut, wie ich es ihren gemütlichen Rundungen nicht zugetraut hätte, startete sie eine Telefonaktion, und eine Stunde später saß mir Sonam auf dem Sofa gegenüber. Der junge Mann saß erwartungsvoll und stumm auf der Sofakante, als ginge es um einen Auftrag von historischer Tragweite. Anders als Yama wirkte er verletzlich und weich. Überhaupt nicht hart, nicht maskulin. Eine weiße, angestaubte Baseballkappe mit Strassbesatz am Schild und ringsherum unterstrich die etwas schräge, weibische Note. Aber seine Stimme war sonor und sein Englisch mehr als passabel. Schläfrig saß ich dem jungen Tibeter gegenüber und forcierte nichts. Diesmal ließ ich alles geschehen und wunderte mich, wie geschmeidig sich die Vorbereitungen zur zweiten Etappe anließen. Dass ich mit Pferden reisen wollte, verriet ich der Agenturfrau und Sonam, der ihr Sohn hätte sein können, nicht. Keinem von beiden teilte ich mit, dass ich bereits Osttibet mit Pferden durchquert hatte und verhaftet worden war. Ich präsentierte mich als Laie, als Pauschaltourist, dem seine Reisegruppe inzwischen zum Hals raushing. Einschmeichelnd, oder einfach sehr locker, hörte ich die in die Jahre gekommene Tibeterin sagen: «Nenn mich Lakpa. Du weißt anscheinend, was du willst. Ich will dir helfen. Lass deinen Pass da und fünfhundert Yuan Anzahlung. Nach 16.30 Uhr kannst du dein Permit bei mir abholen.» Ich dankte Lakpa, nickte Sonam aufmunternd zu und trat durch die Tür auf den Hof des Hotels hinaus. Schwere, schlammverkrustete, staubbraune Allradjeeps und Landcruiser mit Seilwinden vor der Fronthaube und Gepäckträgern auf dem Dach parkten dicht an dicht zwischen den Gebäuden. Die Sonne lachte, T-Shirt-Wetter. Warum also nicht den Auftakt der zweiten Etappe feiern? Im Restaurant zweier Holländer, die vor fünfzehn Jahren an der Beijing Lu hängengeblieben waren, gönnte ich mir eine Portion Vanilleeis mit einer Schnitte Apfeltorte.

Auf der Sonnenterrasse flirrte die Luft, und über der Geschäftigkeit an der Hauptstraße lag eine Melodie aus Geschrei und Straßenlärm, die mir heute harmonischer vorkam als in den Tagen zuvor. Rhythmisch wiederkehrende Akkorde verwandelten das Lhasatal in einen Resonanzkörper, aus dem die heilige Melodie von Saga Dawa satt ertönte. An diesem höchsten buddhistischen Feiertag wollte ich nicht nur Süßes schlemmen, sondern auch Buddhas Geburt gedenken, seiner Geburt im Feuer-Schwein-Jahr 2143 nach dem tibetischen Almanach. Immerhin gilt Shakyamuni als der einzige von vierundachtzigtausend Buddhas, der unter Menschen zur Welt gekommen ist. Aber noch mehr als seiner irdischen Geburt wollte ich an diesem Tag seines Todes gedenken. Auch wenn er durch verdorbene Speisen gestorben ist, bleibt dieses traurige Ereignis von ewigem Wert. Auf seinen Tod, so sagt man, folgte nicht die Wiedergeburt im samsarischen Kreislauf der Existenzen, sondern das Eingehen ins Nirwana. Im Tod erfuhr er Erleuchtung. Im Tod gelang es dem Buddha, ein für alle Mal das karmische Gesetz der Wiedergeburt zu durchbrechen und sich über die Gesetze von Zeit und Raum zu erheben.

Seit langem fühlte ich mich wieder richtig glücklich. Leicht im Gemüt und gesundheitlich ganz auf der Höhe. Und dieses Glück wurde zu meinem Weg. Meine Schritte lenkten mich zum Jokhang, wo vor der Polizeiwache zwei geparkte Armeelaster mit Soldaten den erhobenen Zeigefinger der Staatsmacht repräsentierten. Eingequetscht saßen die Soldaten in olivgrünen Nahkampfuniformen mit Plastikschilden, Helmen und Stöcken auf den Pritschen, während ich im quirligen Strom Hunderter Pilger durch das geöffnete Tor in den Jokhang hineinschlenderte. Enorm, wie stark ich mich fühlte, umringt von Menschen mit einem Glauben, der ihnen Hoffnung und Schutz bot. Einem Glauben, nicht erfassbar mit dem bloßen Verstand. Einem Glauben, gleich einer Frucht aus eigener Ernte. Keineswegs Geschenk göttlicher Intervention. Deutlich war es während der ganzen Reise und erst recht hier und heute zu spüren: Die Tibeter praktizieren den Buddhismus in einem fort, als würden sie sich durch ihn ernähren.

Außer mir trugen alle Plastiktütchen voller Yakbutter, aus deren oberem Ende der Stiel eines Blechlöffels ragte. Sie plapperten und schwatzten, und augenblicklich schämte ich mich, dass ich so wenig von der lebhaften Gefühlsmelodie ihrer Sprache verstand. Als wäre ich einer von ihnen, schoben mich ihre

Hände vorwärts. Je näher wir dem Inneren Tor kamen, desto heftiger wurde gedrängelt und geschubst. Mönche ermahnten die Gläubigen zur Disziplin und stießen Uneinsichtige zurück in die Schlange. Ich musste an die Zuchtmönche mit ihren langen Lederpeitschen denken, die im alten Tibet in den Klosterhöfen für Disziplin sorgten. Nicht unbedingt ist Disziplin die Sache von Tibetern und Chinesen.

Die Schlange schob sich über den glitschigen Boden, über diese Butterrutschbahn, ganz langsam auf die geöffnete Nische mit der heiligsten Statue Tibets, der des Jobo Shakyamuni, zu. Vor der Nischenkapelle Gewusel: Die einen warfen sich auf dem fettglänzenden Boden nieder, die anderen opferten Butter aus ihren Tüten, indem sie mit den Blechlöffeln große Stücke in die Lampen tauchten. Die diensthabenden Mönche kamen mit dem Leeren der Butterlampen kaum nach, so häufig wurde feste Butter in die verflüssigte gespendet. Andere standen wie erstarrt oder legten weiße Khatak auf dem Sockel der Statue nieder und berührten mit der Stirn das bauschige Kissen aus Hunderten dieser weißen, aus Plastik gewebten Glücksschals. In der überfüllten Kapelle herrschte wegen der Lampen eine derartige Hitze, dass ein Mönch abkommandiert war, mit einem altmodischen Fön das Kondenswasser vom goldenen Antlitz des edlen Jobo zu pusten. Die ehrwürdige Statue stammt aus dem siebten Jahrhundert, aus dem Reich der chinesischen Tang-Dynastie, und gilt als älteste Buddhastatue Tibets.

Vom Jokhang aus brauchte ich nicht weit durch die Gassen der Altstadt zu laufen, um wieder zum Yak zu gelangen. Dort würde schon das Permit auf mich warten, denn meine Armbanduhr zeigte bereits 17 Uhr Beijing Time. Freudestrahlend und immer noch im Saga-Dawa-Schwung, betrat ich das Agenturbüro durch die offen stehende Tür. Alles erschien mir unverändert, bis auf die Unbekannte, die auf Lakpas Bürostuhl saß. Wir begrüßten uns, und ich trug mein Anliegen vor. Die Vertretung wusste von nichts, erklärte sich aber schnell bereit, ihre Kollegin auf dem Handy anzurufen. Während die beiden telefonierten, schaute mich die junge Frau immer wieder forschend an. Leicht irritiert versuchte ich, in ihren dunklen Augen zu lesen, denn vom Gespräch verstand ich nichts. Nachdem sie aufgelegt hatte, vertröstete sie mich, Lakpa käme gleich. Schon schlüpfte sie zurück in eine verblüffende Teilnahmslosigkeit, in der nur ein Stapel Papiere zu existieren schien. Matt vom Spaziergang, ließ ich mich aufs Sofa plumpsen und richtete mich auf längeres Warten ein. Schwer atmend, ein Opfer ihrer Pfunde, trat Lakpa durch die Tür und stellte seufzend ihre Handtasche auf dem Schreibtisch ab. Eindringlich schaute sie mir ins Gesicht, als wäre ich womöglich ein anderer als am Vortag. Einen Hauch zu harsch fragte sie: «Are you the guy, who travelled with horses?» Mehr als ein schockgefrorenes «Yes» kam mir nicht über die Lippen. Nach kurzem Grübeln fragte ich, woher sie das wüsste? Von Norbu, ihrem Chef. Verdammt! Norbu! So hieß doch der Generalmanager, der mich hierher verfrachtet hatte. Also gehörte auch diese winzige Agentur zu First International Travel, der Agentur, die ich für den verlängerten Arm des PSB hielt. Lakpa unterbrach mein Grübeln und meinte, dass auch die Behörden über mich Bescheid wüssten. Also doch enttarnt! Trotz des Versteckspiels mit Mister Michael. In anklagendem Ton redete sie auf mich ein, über zwei Stunden hätte sie im Wartesaal des PSB vertrödelt. Normalerweise würde ein Bote mit den Anträgen dorthin geschickt, und die Permits könnten vier Stunden später abgeholt werden. In meinem Fall wäre sie extra angerufen worden. Der Leiter hätte ihr telefonisch mitgeteilt, sie solle morgen nochmals persönlich vorbeikommen. Der Ordnung halber hätte sie Norbu informiert. «Gut, dann komme ich morgen mit», sagte ich fest entschlossen. Sie hatte nichts einzuwenden, und so verabredeten wir uns für zehn Uhr. Yama war bereits abgereist, ohne seine Handynummer zu hinterlassen. Sonam kannte ich noch zu wenig. Ich war allein.

Erst als weit nach Mitternacht in der Gasse die Rollgitter vor den Läden polternd herabgelassen wurden, fiel ich in einen bleiernen Schlaf.

Zur verabredeten Stunde stand ich am nächsten Morgen im Büro der Agentur. Als Lakpa mich im Türrahmen erblickte, griff sie zu ihrer schwarzen Handtasche, und Seite an Seite bogen wir auf die stark befahrene Beijing Lu ein. Aus dem Augenwinkel konnte ich sehen, dass sie sich die Wimpern getuscht und die Augenbrauen nachgezogen hatte. Wir gingen zügig und redeten wenig. Als wir an einer Kreuzung warten mussten, erwähnte sie nebenbei, dass ihre Tochter in Shanghai studiere. Doch mehr sollte ich nicht erfahren, vor uns ragte ein vielstöckiger Betonklotz in den Himmel. Neu erbaut, wachte die PSB-Zentrale am Ende der Beijing Lu über den Osten der City. Über einer getönten Glasfront im Hochparterre bis zum Dach hinauf rauchgrau verspiegelte Fensterbänder. In seiner vertikalen Flucht flößte das Gebäude größten Respekt ein. Und in seiner Scharfkantigkeit symbolisierte es Pekings Machtanspruch. An zwei Polizeiposten vorbei traten wir durch eine Lichtschranke. Glastüren schwangen auf, um sich hinter unseren schnellen Schritten sofort wieder zu schließen. Der Boden war ausgelegt mit schwarzgrauem Stein, der glänzte wie frisch gewischt. An der Breitseite des Saals reihte sich ein Counter mit fünfzehn nummerierten Schaltern auf. Waren wir in der Bank of China? Hinter den Schaltern saßen aparte Frauen – Chinesinnen und auch Tibeterinnen. Auffordernd nickten sie den Wartenden zu, wenn im Display über ihren Köpfen Zahlen aufleuchteten. Die einzige männliche Autorität aufseiten der Obrigkeit war der Kassierer. In einer Kabine aus kugelsicherem Glas ganz am Ende der holzgetäfelten Schalterreihe saß er über der Geldschatulle. Im Rücken der Damenriege hing an den dunklen Paneelen das Staatswappen in Rotgold. Wer an die Schalter wollte, musste sich in Korridoren zwischen roten Kordeln aufstellen. Das Wartemilieu hätte nicht kühler ausfallen können. In Gegenwart des Wappens, der Kordeln und der versteckten Kameras wagte niemand auf den Boden zu spucken oder eine Kippe auszutreten, was sonst auch in öffentlichen Gebäuden gang und gäbe war. Selbst mobiles Telefonieren wurde dezent und rasch erledigt. Wer länger warten musste, nahm auf einem Sofa Platz, das statt mit beigegrauen Schonbezügen mit schwarzem Lederimitat gestaltet war. Einige der wartenden Tibeter begrüßten Lakpa und machten mir, dem einzigen Ausländer weit und breit, auf dem schwarzen Sofa ein Plätzchen frei. Anscheinend wussten sie, dass ein Ausländer viel Zeit mitbringen müsste. Und tatsächlich – wir mussten lange warten. Lakpa schaute mich missbilligend an, als ich nach mehr als einer Stunde aufstand und anfing, in meinen staubigen Bergstiefeln auf dem edlen Stein umherzuwandern. Bitte setz dich, schien ihr Blick zu flehen. Ich gehorchte, aber ich bat sie, am Schalter nachzufragen, ob wir vergessen worden seien. Anstandslos kam sie meinem Wunsch nach. Wenig später hieß es im Flüsterton, dass wir noch warten sollten. Die Leitung sei noch in einer Besprechung.

Nach einer zweistündigen Geduldsprobe wurden wir endlich in den fünften Stock gebeten. Wir glitten in einem nagelneuen, verspiegelten Lift hinauf und standen nach wenigen Schritten in einem Büro vor drei Schreibtischen mit Chromversatz. Wie in einer Malerwerkstatt roch es nach frischer Farbe. Außer der Rotation eines Ventilators war nur das Knistern von Papier zu hören. Eine ehrwürdige Tibeterin, längst im Rentenalter, las an einem der drei Schreibtische Zeitung. In traditioneller Tracht kam sie auf uns zu, begrüßte Lapka wie eine Tochter und bat uns, auf dem Besuchersofa Platz zu nehmen. Sie brachte gekochtes Wasser in kleinen Pappbechern und meinte, die Leiterin sei gleich bei uns.

Kaum dass wir am Wasser nippten, ging die Tür auf, und eine überaus elegant gekleidete zierliche Frau trat in den weiten Raum. Auf ihrer feinen Nase trug sie eine Designerbrille, die aus Hongkong stammen musste. Lakpa erhob sich, und ich tat es ihr gleich. Kaum dass die Leiterin mich erblickte, verwandelten sich ihre vollen Lippen in einen harten Strich. Dann stob aus ihrem Mund ein Schwall chinesischer Laute. Ich hätte Gesetze verletzt. Ich hätte dieses und jenes verbrochen. Und überhaupt hätte ich mich kriminell verhalten. Zum Glück verstand ich nur die Hälfte. Als sie so erstaunlich schrill auf mich einschimpfte, senkte ich den Kopf. So viel hatte ich immerhin verstanden: Diese aus der Niederung aufs Dach der Welt verpflanzte Blume wollte dem Ausländer eine Lektion erteilen. Eine Lektion, die in etwa lautete: Sieh erst mal den Balken in deinem Auge, bevor du mich auf den Splitter in meinem hinweist! Anstatt China für Menschenrechtsverletzungen zu kritisieren, sollte sich der besserwisserische Westler erst einmal und gefälligst an die Gesetze Chinas halten. Ich hatte höflich geschwiegen, Lakpa hatte ab und an genickt. Endlich ging der kleinen Person die Munition aus, und sie endete in schnarrendem Ton: «Heute Nachmittag entscheidet die Leitung über Ihren Antrag. Nun gehen Sie.»

Hastig eilte mir Lakpa voraus zum Lift. Ich hatte Mühe nachzukommen. Auf dem Weg ins Büro erzählte ich ihr, dass ich mich im Falle einer Abschiebung mit Händen und Füßen wehren würde. Vor ihr, der Tibeterin, legte ich die Karten auf den Tisch: Ich hätte drei Jahre in Peking gearbeitet und sei ein bekannter Chinaexperte. Sollte das PSB eine Abschiebung ins Auge fassen, würde ich augenblicklich und vehement die Deutsche Botschaft und die internationale Presse einschalten. Sie nickte stumm nach dieser Offenbarung und meinte, sie würde die Leiterin später noch einmal anrufen. In ihrem Büro angelangt, verabredeten wir uns für den nächsten Morgen. Mehr wütend als enttäuscht tauchte ich in die Gassen der Altstadt ein. Schnurstracks lief ich in ein Internetcafé. Dort genehmigte ich mir einen Cappuccino und recherchierte die 24-Stunden-

Notfall-Nummer der Deutschen Botschaft in Peking. Leider suchte ich die Pekinger Nummer des deutschen Fernsehens vergeblich. Ansonsten vergrub ich mich in meinem Hotelzimmer und war für niemanden zu sprechen.

Am nächsten Morgen passierten Lakpa und ich pünktlich auf die Minute die Polizeiwachen und traten in die Halle, deren Größe mir jetzt noch gewaltiger vorkam. Meiner Begleiterin war die Anspannung der letzten Tage anzusehen. Doch womöglich spiegelte sich auf ihrem Gesicht nur meine Anspannung wieder. Zuvorkommend wurde mir wieder ein Platz auf dem Lederimitat eingeräumt, während Lakpa via Handy unsere Ankunft meldete. Keine fünf Minuten später saßen wir wieder im Büro bei den beiden Damen, der adretten Chinesin, die diesmal ein Seidenkostüm trug, und der ehrwürdigen Tibeterin, die in einem Versandhauskatalog blätterte.

Lächelnd überbrückte die zierliche Chinesin auf Stöckelschuhen die Distanz zwischen ihrem Chrommöbel und uns. Wir sollten wieder auf dem Sofa Platz nehmen. Sie plauderte ein wenig mit Lakpa, und dann wandte sie sich mir zu: «Die Leitung hat lange beraten! Der Direktor hat persönlich entschieden! Der Vorfall in Menling ist bereinigt, die Strafe wurde bezahlt! Damit ist Ihr Fall erledigt. Wir wissen, dass Sie ein alter Freund Chinas sind, deshalb erhalten Sie ein spezielles Trekking-Permit. Mit dem können Sie auf Ihrer geplanten Route weiterreisen. Alles Gute.»

Lakpa atmete hörbar aus. Ich kaschierte meinen Jubel mit einem kühlen Dankeschön. Wir erhoben uns gleichzeitig, und noch im Aufstehen bedankten wir uns erneut und verließen rasch den klimatisierten Raum. Kein Mensch begegnete uns auf dem Flur, und in der Halle sprachen die Wartenden nur gedämpft. Kaum standen wir im Freien, umbrandet vom morgendlichen Verkehr, fiel die Lähmung von mir ab. «Damit habe ich nicht gerechnet.» «Ich auch nicht», erwiderte Lakpa und schlenkerte ihre Handtasche im Gehen. «Wie hast du das hingekriegt?», fragte ich. «Gestern habe ich die Leiterin gleich noch einmal angerufen und gesagt, dass du in Peking gearbeitet und eine Reihe Bücher über China geschrieben hättest. Vermutlich hat sie mit Peking telefoniert und Informationen über dich eingeholt. Sie wollen keine internationalen Verwicklungen. Tibet ist für sie äußerst sensibel. Sei froh, dass alles so glattgelaufen ist.» – «O ja! Du kannst dir gar nicht vorstellen, wie froh ich bin.»

Geweihter Weg

Sind heilige Männer unter sich, können sie so kindisch sein. So menschlich, so gar nicht heilig. Die heiligen Männer um uns herum, allesamt Mönche, kamen mir vor wie Schüler auf Klassenfahrt. Während am Fenster die karge Steinwüste vorbeizog, ging es im Bus höchst lebendig zu. Einer der Jungen saß auf der Blechhaube des innen liegenden Motors, prominent neben dem Fahrer. Mitten im Geholper auf der steil bergauf führenden Piste zog er eine Pistole aus der Brustöffnung seiner Robe hervor. Gezielt schoss er einen Wasserstrahl auf einen Mönchsbruder auf der ersten Sitzbank hinter dem Einstieg. Diese Attacke war der Startschuss für ein ganzes Gefecht. Im Handumdrehen kam die Antwort aus einer Plastikflasche von hinten. Ein Wasserstrahl, gefolgt von einem zweiten, schoss durch die Luft und klatschte gegen die Frontscheibe. Sofort erfolgte unter Gejohle der Gegenangriff. Schüsse um Schüsse aus der Pistole. Schon glänzten die geschorenen Köpfe vor Nässe und die Gesichter der heiligen Männer vor Erregung. An Schultern, Brust und Beinen wiesen die roten Roben dunkle Flecken auf. Zwischen den Fronten saßen wir, ans Fenster geduckt, um trocken zu bleiben.

Noch im Morgengrauen hatten zwei junge Tibeter und ein jugendlicher Senior die Hauptstadt in nordwestlicher Richtung verlassen. Sonam und Namo begleiteten mich. In der Morgenkälte waren wir mit einem grünen Taxi der Marke Santana losgefahren, entlang der Eisenbahntrasse in die Berge hinein. Mehrmals unter Gleisbrücken hindurch, bis zu einer rostigen

Eisenbrücke über den Tölung Chu. Ab dem Startpunkt der zweiten Etappe ging es wieder bergauf. Anfangs kaum merklich, aber stetig.

Letztendlich hatten mich die amtlichen Schlitzohren doch noch ausgetrickst. Sie hatten mir das Trekking-Permit nur mit der Auflage erteilt, dass ich einen offiziellen Guide anheuern müsste. Sonam erfüllte diesen Status nicht. Er besaß keine Lizenz. So begleitete er mich gegen ein schmales Honorar der Agentur und in Erwartung eines besseren Trinkgelds. Dem staatlichen Büro hatte ich viertausend Yuan für einen Guide bezahlen müssen. Ein unverschämter Preis, natürlich, aber billiger hatte ich mich nicht freikaufen können.

Zu Fuß, mit verschlanktem Gepäck, hatten wir an der Brücke über den Tölung Chu den Anstieg zum Bergkloster Tsurphu begonnen. Leider hatten wir keine Pferde, denn diese waren aus der Milchebene, wie das Lhasatal einst hieß, verschwunden. Noch vor einer Woche hatten Yama und ich nach frischen Reittieren gesucht. Zum eigenen Erstaunen waren wir sogar fündig geworden. Mehr als dreißig wunderschöne Hengste, Wallache und Stuten mit beachtlichem Stockmaß und wohlgenährten Flanken hatten wir in der Stadt entdeckt. Doch diese Tiere gehörten der Lokalregierung von Lhasa und wurden ausschließlich für Wettrennen auf dem Parcours an der Zhaji Lu gehalten. Obwohl sie die meiste Zeit nur ihre Hufe flach standen, waren alle unverkäuflich. Hilfsbereit verwiesen uns die Jockeys an einen nahen Picknickgrund, auf dem sich ausschließlich Tibeter in weißblauen Zelten verlustierten und zerzauste, ponygroße Pferdchen über die mit leeren Bierflaschen, Coladosen und grünen Scherben gespickte Grasfläche führten. Hier sollten ihre Kinder ein erstes Gefühl für das Reiten bekommen. Ein Pferdchen, das ausschlug und biss, wollten die Zeltleute überteuert loswerden. Dankend lehnten wir ab.

Nicht wegen ihrer Verdrängung durch Motorrad oder Moped, wie in Markham und anderswo auf dem Land, gibt es in

Lhasa keine Pferde. Nein, wegen der chinesischen Esshäuser in der Stadt. Nach Auskunft eingeweihter Tibeter kauften hier die Restaurants in den letzten zwanzig Jahren die Pferde als Schlachtvieh auf. Wie durch ein Wunder verwandelte sich das Pferdefleisch auf der Speisekarte in Rindfleisch. Ein übler Betrug, niemals würden Tibeter das Fleisch von Pferden essen. Im Vajrayana werden das Windpferd und seine Artgenossen als heilige Tiere verehrt.

So kam es, dass wir drei uns das Bergtal aus eigener Kraft aufwärtsschleppen mussten. In zwei Bauerndörfern, durch die wir bleiernen Fußes marschierten, hielt ich die Augen nach Pferden offen. Noch erlaubte meine Reisekasse einen Kauf. Auf halbem Weg zum Kloster verhandelten wir in einem Gehöft geduldig und zäh. Doch das dreijährige Tier war noch nicht zugeritten und sollte eine horrende Summe kosten. So schleppten wir uns weiter. Schon lange vor dem Senior war der offizielle Führer am Ende seiner Kräfte. Als Kettenraucher tat er sich in der dünner werdenden Luft mit dem Atmen schwerer und schwerer. Immer öfter hielt er an und hockte sich hin, um eine zu rauchen. Für diese Art Pause hatte ich keinerlei Verständnis. Am liebsten hätte ich ihn an den schmächtigen Schultern talwärts gedreht und ihn auf der Stelle nach Hause geschickt. Für die Vollendung meiner Mission fehlte mir gerade noch solch eine Belastung.

Der rauchende Namo trug die teuersten Outdoor-Klamotten, die man sich vorstellen kann. Zwar hübschte das Outfit den dürren Jüngling auf, doch konditionell half es ihm wenig. Sein Anorak der Edelmarke H_2O behinderte ihn nur. Er hielt ihn davon ab, sich wie wir zum Ausruhen in den Staub zu setzen. Mit durchgestrecktem Kreuz hockte er am Wegrand und rauchte. Nach der dritten oder vierten Pause beschlich mich der Verdacht, dass er seine Lizenz durch eine große Portion Vitamin B ergattert haben musste. Für einen offiziellen Guide hatte er viel zu wenig Kondition, er hatte null Kondition. Und erschreckend wenig Wissen. Aber ungefähr nach der zehnten Zigarettenpause verrauchte meine Wut, denn Namo packte aus. Er habe ein Mädchen geschwängert und werde sie nun heiraten müssen, seine Eltern seien sehr streng. Und wirklich, sein Handy klingelte alle zwei Stunden. Das Mädchen fühle sich so allein, so verlassen. Es sei so einsam in Lhasa. Und, und, und ... Nach vier Stunden und verdammt vielen Zigarettenpausen witzelten Sonam und ich bereits über unseren Pantoffelhelden im Edel-Look, aber meinem Spott fehlte die Spitze, weil auch ich erschöpft dahinwankte. Noch lagen zwanzig Kilometer vor uns, die wir bis zum Abend würden meistern müssen, denn keiner hatte ein Zelt oder eine Campingausrüstung dabei. Mein großes Gepäck befand sich bereits auf dem Weg nach Gyantse.

Unendlich langsam quälten wir uns höher und höher, bis wir endlich einen Bach erreichten, an dem ein ausgedientes Armeezelt stand. Unsere Rettung vor der eisigen Nacht. Völlig ausgepumpt erreichten wir das geflickte Zelt, unter dessen Dach auf einem Lehmofen eine Suppe köchelte und wo Feldbetten zum Liegen einluden. Es wäre unfair, nicht auch meine Schwäche zu erwähnen. Die Woche Nichtstun hatte an meiner Kondition genagt. Das Gehen in der dünnen Luft strengte mich wieder enorm an, obwohl ich doch seit mehr als zwei Monaten auf über dreitausendsechshundert Metern lebte. Nur Sonam, der lizenzlose Guide, der zu seinem Säckchen auch noch meinen Rucksack schleppte, war meistens singend voranmarschiert. Wir saßen auf den Betten unter der von Böen aufgebäumten, schlagenden Zeltbahn, als der Minibus mit den heiligen Männern stoppte.

Ja, den Mönchen von Tsurphu wollte ich mich anschließen. Dieses Fuhrunternehmen harmonierte mit dem Ziel meiner Mission. So saßen wir bereits Minuten später zwischen den albernden Lamas und holperten und schwankten im ersten Gang über Kies und Schotter eine Mondlandschaft bergauf, dem abgelegenen Bergkloster entgegen. Mit Einbruch der Dunkelheit erhaschte ich gerade noch die Rundungen eines weißen Stupa. Schon heulte der Motor auf. Der Fahrer gab Vollgas, um das überladene Gefährt eine steile Rampe zum Klosterhof hinaufzupeitschen. Mit absterbendem Motor rollten wir auf dem Pflaster aus. Sofort warfen sich alle wie ein Mann gegen die aufschwingende Bustür und drängten ins Freie. Mit unseren Rucksäcken stiegen wir als Letzte aus. Mein Blick erfasste die Weite des Klosterhofs, wo Hunde wie Schakale umherschlichen. Ohne zu knurren, drängten sie sich mit bettelnden Schnauzen an unsere Knie. Doch meine Taschen waren leer. Mein Blick streifte ihre räudigen Rücken und wanderte nach oben in einen glasigen Himmel. Über dem Flachdach des roten Lakhang wehte die Ordensfahne der Kagyüpa. Überwältigt von der Erinnerung, rieselte mir ein Schauer den Rücken hinab.

In den zurückliegenden sechzehn Jahren hatte ich diesen Platz dreimal besucht, denn Tsurphu ist das Stammkloster des XVII. Karmapa, und ich bin einer seiner Schüler. Einst herrschte Volksfeststimmung auf diesem Hof der streunenden Hunde. Auf der Veranda der Tempelhalle pflegte sich damals zu festgelegter Stunde ein siebenjähriger Junge zu zeigen. In rotem Rock und goldgewirktem Hemd winkte er seinen Anhängern, Tibetern wie Chinesen und Ausländern, zu und schenkte ihnen ein freudiges Lächeln. Jetzt, in der frostig gewordenen Nacht, winkte kein Lebender Buddha vom Dach herab, und niemand rief «Karmapa!» hinauf. Einsam bewachten im letzten Abendlicht zwei Gazellen das Rad der Buddhalehre. Hoch ragte hinter dem Gebäude der Scherenschnitt einer Felswand empor. Zu dieser schwarz verschatteten Wand müsste ich am kommenden Tag hinauf, um meine Mission zu erfüllen.

Im Klosterhof standen einige neue Gebäude. Das langgestreckte mit den vielen Fenstern war sicher das Gästehaus. Hier müssten wir uns einquartieren, denn die örtliche Polizeiwache schrieb das Ausländern vor. Als ich das Haus betrat, erlebte ich einen Schock: In den Gästezimmern nisteten Tauben, hereingeflogen durch zerbrochene Scheiben. Betten, Tische und Stühle waren vollgeschissen wie die Sitzstangen in einem Taubenschlag. Das halbe Mobiliar – kaputte, mutwillig zertrümmerte Möbel. Die Schlösser oder das, was von ihnen noch übrig war, hingen aufgebrochen in den Aluminiumrahmen der Türen. Fleckige Stoffe, die einmal Vorhänge gewesen waren, trauerten als jämmerliche Lappen vor sich hin. Kartons mit leeren Bierflaschen und Batterien von leergegessenen Suppen-Pappbechern sowie jede Menge Wegwerfstäbchen und Plastiklöffel bedeckten die verdreckten Tischplatten. Zum Glück konnte ich mich in meinen Schlafsack einigeln. Meine beiden Guides, die in Kleidern unter einer gemeinsamen Decke auf einer Matratze schliefen, holten sich nämlich Flöhe. Maßlose Enttäuschung verwandelte sich in Wut, hatte ich doch von Deutschland aus über die Jahre nicht unerhebliche Geldsummen für den Wiederaufbau des kulturrevolutionär zerstörten Klosters gespendet.

Die Wut und wegen der Höhe eine pulsierende Hektik in der Herzgegend erlaubten nur einen flachen Schlaf. Es musste weit nach Mitternacht gewesen sein, als es im Nebenbett summte. Eine ganze Weile vor Namo und Sonam war ich hellwach. Ich lauschte und hörte dann Namo flüstern. Ich hätte schwören können, dass der Anruf von seiner schwangeren Freundin kam, und schlief, von dem Geturtel gewiegt, bald wieder ein.

Am Morgen blieben wir lange liegen – starr vor Kälte und übermüdet. Erst als die Strahlenflut der Junisonne das enge Hochtal überschwemmte, erhoben wir uns von den verlausten Matratzen. Zum Frühstück stiegen wir über eine schmierige Betontreppe hinab in einen abgedunkelten Raum, in dem alles vor Schmutz starrte. Nur nicht die Mattscheibe eines Fernsehers, auf dem schon zur Morgenstunde eine bonbonfarbene chinesische Seifenoper in vollem Gange war. Ich kaufte dreimal Instantsuppe in der Box. Die Kochleistung des Wirts bestand darin, dass er die verschweißten Deckel abriss und heißes Wasser in die Pappbecher kippte. Wir warteten drei Minuten, bevor wir schlürfend und schmatzend mit Plastikgäbelchen die aufgeweichten, dünnen Nudeln aßen. Die Wärme tat gut. Der heutige Tag sei frei, sagte ich meinen Guides, sie könnten sich allein vergnügen. Allerdings bat ich Sonam, sich im nahen Dorf nach Pferden umzuhören. Beim Wirt fragte ich nach abgekochtem Wasser, *tschiki*, für die Thermosflasche. Ohne zu trödeln, schnürte ich meine Stiefel mit kräftigem Zug und schlüpfte in die olivgrüne Überjacke. Den verschossenen Hut tauschte ich gegen eine neuerworbene Ohrenkappe. So hoch in den Bergen musste man stündlich mit einem Wetterumschwung rechnen.

Die Sonne ist verschwunden, eine Wolkendecke hängt wie eine fette Schwarte am Himmel. Ihr Schwarzgrau und das Grau des steinigen Bodens verfließen zu einem Einerlei. Dieses gaukelt mir vor, hinter der Klostermauer beginne ein Tunnel.

Voller Bedacht setze ich die ersten Schritte. Der Puls spielt mit. Im Schneckentempo gewinne ich an Höhe. Wie ich auf dem Pfad aufwärtssteige, kommen zwei Mönche mehr gesprungen als gelaufen den Hang herab. Junge Männer, vermutlich Novizen. Ihre erhitzten Gesichter strahlen, als sie mir ein «good morning!» zurufen. Unter dem rechten, bis zur Schulter nackten Arm tragen sie Sutratexte, eingeschlagen in safrangelbes Tuch. Sie kommen von der Quelle, deren Kristallwasser das Kloster am Leben erhält. Als wir drei zusammenstehen, zeige ich den Hang hinauf und frage: «Chora?» Sie nicken, und wortlos, als hätten sie bei ihrer Morgenandacht ein Schweigegelübde abgelegt, laufen sie weiter. Abwärts auf dem Weg, den ich bereits beschritten habe.

Bald erreiche ich einen Steinhaufen voller Glyphen. Voller Sagen. Voller Schätze. Mit der rechten Schulter ihm zugewandt, umrunde ich die steinernen Votive mit dem gravierten *Om mani peme hung*. Das Mantra lockt mich. Ich rezitiere, ich summe *Om mani peme hung*. Aus meiner Kehle fließt der Urlaut *Om*. Die Formel, die den Kosmos, diesen unendlich leeren Raum der Fülle, in einer einzigartigen Einfachheit umschließt. Aber nicht nur diese buddhistischen Glyphen bereiten mir den Weg, sondern auch Kultschädel toter Schafe. Kultisches von Buddhismus und Bön. Mit der Hand berühre ich das Horn eines Schädels, der inmitten gehörnter und mantrisch bemalter Schädel den heiligen Steinhaufen krönt. Die Berührung des einen wird zum Dank an alle. In großer Zahl sind uns Mani-Steine bei Dörfern, an Furten und Pässen begegnet und haben uns Glück gebracht auf unserem Ritt.

Der Pfad ist nicht zu verfehlen. Auf den Geröllfeldern und verschorften Felsrippen zeichnet er sich deutlich als helles, geritztes Band ab. Verlaufen kann man sich auf einer geweihten Umrundung nicht, denn überall liegen Schuhe, Jacken, Pullis, Hosen und zerschlagene Flaschen am Weg. Von der Chora um den Berg Kailash weiß ich, dass dem Unrat eine symbolische Bedeutung zukommt. Dass er von Menschen zurückgelassen wird, die eine lebensbedrohliche Krankheit oder einen großen Verlust überwunden haben. Die weggeworfenen Kleider, Schuhe oder Scherben gelten als Beweis eines glücklich überstandenen Bardo, eines Zwischenzustands, eines Lebensabschnitts. Auf dem Weg der Reinigung von Körper, Rede und Geist wird Altes, Verunreinigtes zurückgelassen. So will es der Glaube.

Inzwischen blicke ich auf zwei Hochtäler hinab, die sich keilförmig ineinanderschieben. Allerdings könnten sie im Augenblick nicht unterschiedlicher sein: Das eine zeigt sich in einem bastbraunen Sommerkleid unter einem blauen, luftig hohen Himmel, während das andere in einem aschgrauen

Winterkleid unter einer Wolkendecke zu ersticken droht. Aufs Neue offenbart der Blick auf das Talpaar: Das Licht der Sonne bringt jene Faszination hervor, von der jeder Tibetreisende schwärmt. Das Licht auf dem Dach der Welt wechselt in atemberaubendem Tempo, weil der Wind nicht von seiner Wolkenjagd ablassen kann.

Endlich erreiche ich den höchsten Punkt der Chora, geschmückt mit Sträußen aus Gebetsfahnen in den Farben Rot, Grün, Blau, Gelb und Weiß, den Farben der fünf Elemente. Über dem Schmuck knattert das gelb-blaue Wellenornament der Kagyü-Fahne und knattert und schlägt immer lauter im heraufziehenden Sturm. Ich verschnaufe nur kurz und prüfe den Sitz der Kappe. Auch wenn der geweihte Weg einer Chora um ein Kloster oder einen Berg weder einen Anfang noch ein Ende kennt, kommt mein persönlicher Endpunkt in Sicht. Der weitere Weg zu meinem Ziel verläuft ab jetzt nahezu eben im Fels und erlaubt mir, schneller zu gehen. Höchste Zeit, schon baut sich in meinem Rücken eine böse Wetterfront auf.

Mitten in der Felswand überfällt sie mich, ich bin mutterseelenallein. Auf die Fersen hocke ich mich und mache mich klein. Gleich wird der Angriff erfolgen. Mir fehlen Brille und Handschuhe. Über dem schnellen Aufbruch habe ich beides vergessen. An mir nagt die Kälte. Während meines Aufstiegs hat sich die Luft schockartig abgekühlt. Schon spannt sich die Haut über den Wangen, und die Nase tröpfelt wie bei einem alten Mann. Ich friere, vor allem an den Fingerspitzen. Vergebens balle ich die Fäuste und hauche hinein. Aber auch in den feuchten Bergstiefeln krümmen sich die Zehen vor Kälte. Ich fühle es bereits am ganzen Körper, die Temperatur wird gleich unter null stürzen. Eine fahle Sonne verlischt über mir, und von überall her bemächtigen sich schwarze Wolken des leeren Raums. Die Luft über den Felsen knistert und beginnt zu tosen. Schon weichen Windböen einem brüllenden Orkan, und eine Hagelfront stürzt auf mich herab, als wäre ich ein

Eindringling in dieser himmelsnahen Welt. Der Hagel zwingt mich zum Unterbrechen meiner Mission.

Die Felsspalte, in die ich mich rücklings geschoben habe, ist von Steinen und erodiertem Geröll übersät. Tiefer hineinkriechen kann ich nicht, denn meine Schultern berühren bereits den überhängenden Fels. Geduld muss ich aufbringen, bis sich der Hagel verzieht. Nur einmal wage ich, den Kopf zu heben und talwärts zu schauen. Sofort schießen mir steinharte Körner ins Gesicht. Augenblicklich kneife ich die Augen zusammen. Kein Tal, kein Berg, keine Konturen. Nur das Wogen einer Wand aus Nebel.

Haben sich die Berggeister gegen mein Vorhaben verschworen? Jedenfalls habe ich sie nicht erzürnt. Weder die Erde verletzt noch den Himmel beleidigt. Mein einziges Vergehen gegen die Natur mag gewesen sein, dass ich auf der Reise zu einem Sammler von Wind, Sonne und Regen wurde. Der rechte Augenblick scheint nun gekommen. Der Hagelsturm verliert an Kraft. Der Fels, die Chora und selbst die Landschaft bis ins Tal sind wie mit Zucker bestäubt. Ich zippe die Reißverschlüsse von zwei Jacken auf, anschließend auch den Verschluss meiner Weste. Unter einem khakifarbenen Hemd verwahre ich vor dem Bauch den Beutel. Zwischen dem Geldbündel, meinem Reisepass und anderen wichtigen Dokumenten finden die klammen Finger mit Mühe das Jadetiegelchen und ein Foto. In Schwarzweiß sind auf dem Bild mein Vater und ich im vertrauten Gespräch zu sehen. Wir sitzen uns gegenüber und unterhalten uns. Wie so oft redet er, und ich höre ihm zu. Ich weiß noch genau, es ging um den Tod, um das Weggehen der Seele. Am Scheitel sei die Pforte, durch die die Seele den Körper verlasse, sagte er damals zu mir. Woher er das wüsste, fragte ich ihn. Die Antwort, die er mir gab, war erstaunlich. Er hätte es erlebt. Mit der Hand hätte er den Austritt der Seele bei seinem Vater erspürt.

Nur zwei Wochen nach diesem Gespräch, an seinem vierundachtzigsten Geburtstag, starb mein Vater, ohne dass ich ihm hätte Lebewohl sagen können. Viele Erinnerungen werden wach, als ich das Foto zwischen den Steinen platziere. Jetzt hole ich das Abschiednehmen nach. Nochmals betrachte ich das mitgebrachte Foto. Er und ich im vertrauten Gespräch. Seit seinem Tod ist schon wieder ein Jahr verstrichen, und dass ich diese Chora das letzte Mal beschritt, ist länger als zehn Jahre her. Der Tod meines Vaters mahnt mich, dass auch meine Jahre gezählt sind.

Der Hagelsturm hat sich in Wohlgefallen aufgelöst, und die Sonne brennt vom Himmel herab. Im Nu schmilzt der Zuckerguss um mich herum, der Orkan zieht seine Klauen ein und wird zum harmlosen Wind. Ich krieche unter der Felsplatte hervor und setze mich auf ein winziges Plateau. Endlich wieder Arme und Beine bewegen. Dann drehe ich mich um und knie mich mit dem Gesicht zur Spalte hin. Die Jade lege ich auf einen flachen Stein unter dem Überhang. Dann nehme ich das Foto zur Hand und führe es zum Scheitel. Gerade als ich die zarte Berührung spüre, ertönt in meinem Rücken, dicht über mir, ein garstiges Krächzen. Ich reiße den Kopf herum und erblicke eine Krähe. So nahe, dass ich die gespaltene Iris in ihrem Auge erkennen kann. Im Gleitflug beäugt sie mein Tun. Schon dreht sie ab, um nicht an der Wand zu zerschellen.

Die Krähe kehrt nicht mehr zurück. Und ich glaube nicht, dass sich im schwarzen Federkleid ein verwunschenes Wesen verborgen hält. So fahre ich fort mit meinem kleinen Ritual. Das Foto stelle ich zum Döschen. Vom Deckel löse ich das Klebeband und öffne ihn behutsam. Ein pulvriges Häuflein, vermengt mit Krumen, liegt nun als winziges, rundes Äckerchen auf meiner Hand. Banal das graue Braun. Banal die Konsistenz. Das winzige Quantum körnigen Pulvers könnte auch Dünger sein, so alltäglich schaut es aus. Erhaben nur der ideelle Wert in meiner Hand. Es ist die Asche meines Vaters. Sie wiegt fast nichts. Doch tonnenschwer erscheint mir die Essenz. Die Essenz seines Letzten Willens, in Tibet begraben zu sein.

Kein erschütternder Moment, keine Tränen, keine Engelsmusik. Ich blicke auf Knochenasche, vermischt mit der Asche des Sargs, wie sie mir die freundliche Frau des Bestattungsinstituts in ein Tütchen abgefüllt hat. Mit dem Daumen und dem Zeigefinger stippe ich in das Häufchen. Nein, ich koste nicht mit der Zungenspitze, und ich schnupfe auch nicht von der verbliebenen Materie.

Nur mit den Fingern berühre ich sie. Spuren von Asche, die an meinen Fingerkuppen verblieben sind, schnippe ich in die Luft, damit der Wind sie forttrage. Da geschieht etwas, das an ein Wunder grenzt.

Die Asche in der Jade zerfällt und teilt sich, teilt sich in die Asche zweier Väter. Meines leiblichen und meines geistigen Vaters. Mein Geistvater, der Mentor, der mir den Buddhismus nahebrachte, steht dicht vor mir und sieht mich an. Mit ernstem Gesicht und voller Erwartung. Ich erblicke einen Mann, der im Jahr 2479 nach Buddhas Geburt, im dunklen Jahr 1934, in Berlin-Frohnau zum Buddhisten geworden ist und in den deutschen Zweig der Maha Bodhi Society aufgenommen wurde. Ich sehe meinen Onkel vor mir in all seinen Lebenszyklen. Als Schüler mit runder Nickelbrille in der Gymnasialuniform. Als Vater, der um seine tödlich verunglückte Tochter weint. Als Drogist und Buchgelehrter. Vor mir sehe ich einen großen, kahlköpfigen Mann, der mit spöttischem Lächeln das Wissen anderer prüft. Und neben ihm sehe ich Bilder aus dem Leben meines Leibvaters, meines Erzeugers. Dieser Mann, von verblüffender Ähnlichkeit mit seinem Bruder, steht vor mir. Als Soldat in Wehrmachtsuniform. Erschreckend abgemagert als Kriegsheimkehrer. Als alleinerziehender Vater mit seinen beiden Söhnen an der Hand. Als Feinkosthändler im weißen Kittel. Als Pensionär dezent gekleidet. Als Greis auf Krücken. Und schließlich als Leichnam auf dem Totenbett. Er steht vor mir, und aus seinem Mund drängen Anweisungen, wohlgemeinte Anweisungen.

Ein Gelehrter und ein Soldat schauen auf ein Kind herab. Lange mustern sie den Kleinen. Schließlich streckt der Soldat den Arm aus und fordert sein Söhnlein auf, die Hand zu ergreifen. Doch der Kleine zögert. Erst als jeder der Brüder die Hand ausstreckt, schöpft das Kind Vertrauen und greift mit beiden Händchen zu. Es lacht, das Kind in mir hat seine Väter gefunden.

Die Zeit ist gekommen, auch das dokumentarische Bild der Vergänglichkeit zu übergeben. Mit einem Feuerzeug zünde ich das Foto an und sehe zu, wie es qualmend in fettig schwarze Asche zerfällt. Einige Flocken streue ich über die braungraue Knochenasche und verschließe das Jadetiegelchen wieder. Ein gutes Gefühl, wie nach einer bestandenen Prüfung, kommt über mich. Alte Zweifel lösen sich auf, Fragen klären sich. Wie weit muss die Wertschätzung des Vaters gehen? Oder: Kann ein Sohn nicht zwei Väter haben, vor allem dann, wenn er ohne Mutter aufgewachsen ist und der Leibvater den mütterlichen Part übernahm? Plötzlich höre ich eine innere Stimme, die mir ein Wort, ein einziges Wort zuflüstert – Aussöhnung! Da beginne ich zu verstehen, dass Frieden einkehrt, sobald man die Eifersucht, die aus einer unguten Familienhierarchie erwachsen ist, überwunden hat. Und ich erkenne auch, dass es dieser beschwerlichen Reise bedurfte, um mir das Eingeständnis abzuringen, dass ich beide, Vater und Onkel, gleichermaßen und von Herzen liebe.

Jetzt muss die Asche meiner Väter nur noch sicher deponiert werden. Erstaunt stelle ich fest, dass meine Hände nicht zittern und mein Kopf ganz klar ist, so als ginge es um eine Aufgabe, bei der einem kein Fehler unterlaufen darf, wie etwa das Reparieren einer elektrischen Lampe. Die anfängliche Trauer macht einer großen Erleichterung Platz.

So tief wie möglich krieche ich in die Spalte hinein, und mit vorgerecktem Arm versenke ich die Jade in einer abwärtsführenden, vermoosten Ritze. Meine Mission ist erfüllt. Als ich den Ort der Klärung verlasse, nehme ich ein Andenken mit. Einen daumengroßen Stupa, geformt aus Knochenbrei und Ton, ein Tsatsa. Die Asche meiner Väter wurde nicht an einem beliebigen Ort deponiert, sondern an einem geweihten Ort. Einem Ort, der den Tibetern heilig ist, wo sie seit Menschengedenken die Überreste ihrer Toten der Natur zurückgeben.

Zeit ohne Gewicht

Erledigt, der Auftrag, erfüllt, das Testament. Reinen Gewissens könnte ich jetzt zurückkehren. Bis Lhasa sind es nicht mehr als siebzig Kilometer, und von dort aus kommt man schnell weg in die Bequemlichkeit. Mit dem Flieger oder dem Zug. Aber Bequemlichkeit war noch nie mein Ding. Gewiss war am Anfang der Auftrag, die Asche nach Tsurphu zu bringen, das Ziel meiner Tibetreise, zumal ich sie auch dadurch finanzierte. Aber nach meinem Lebensverständnis ist jede Reise ein Weg in die Welt und zu sich selbst und zugleich das Ziel. So freue ich mich nun auf die Berge und Hochtäler und die Nomaden, die mich in der Himalaya-Region erwarten. Gewiss würde noch einiges in den nächsten Tagen passieren.

Guter Dinge lasse ich die kleine Höhle hinter mir und folge der Chora auf schmalem Weg weiter nach Osten. Tief unter mir ruht das Karmapa-Kloster ohne den Karmapa. Dafür stemmt sich eine rotbraune Tempelburg mit vielen neuen Gebäuden vom Talgrund empor. Bescheiden im Vergleich zur großen Buddhahalle, auf der satt ein goldenes Walmdach glänzt, die beiden Stupas, weiß und grün, auf der Klostermauer. Viele der leer stehenden Gebäude und verwaisten Hallen sehen von oben wie versiegelte Grabmale aus.

Zwei Stunden später traf ich wieder auf dem Klosterhof ein. Auf den Tempeltreppen saß neben Namo, meinem Raucherguide, noch ein ganz junges, zerbrechliches Mädchen. Schüchtern wie in der ersten Tanzstunde lächelte das Mädchen zu mir her. Namos' angehende Frau war in aller Frühe mit einem

Minibus von Lhasa aufgebrochen, um ihrem Zukünftigen auch körperlich nahe zu sein. Die beiden turtelten, sie schienen einander zu lieben. Und ich schlug vor, etwas essen zu gehen.

An der Klostermauer klebte eine Ansammlung hutzeliger Behausungen. Wir lenkten unsere Schritte mitten durch das Gewirr von rissigen Lehmmauern, auf deren Kronen Yakdungfladen aufgeschichtet lagen. Dahinter duckten sich Flachbauten. Keines dieser Lehmhäuser besaß ein Obergeschoss. Um sich gegenseitig zu wärmen, drängten sich die Katen eng an eng. Im langen Winter musste es hier lebensbedrohlich kalt sein. An einem grünen Bierflaschenberg und zwei Mopedskeletten vorbei gelangten wir zu einem winzigen Haus mit einer Schießscharte von Fenster. Hier hieß es für alle den Kopf einziehen, so niedrig war die Holztür gezimmert. Am Ofen, der inmitten eines Gevierts von Bettsofas bullerte, ließen wir uns nieder und bestellten beim Hausherrn ein Essen. In einem angebauten Schuppen wurden die Speisen unter Zischen und Hackbrettlärm zubereitet. Während wir warteten, fragte ich meine beiden Guides, wie sie sich die weitere Reise vorstellten.

Lange schwiegen Sonam und sein lizenzierter Kollege. Vermutlich hatten sie den ganzen Tag verplaudert und die Pflicht verdrängt. Aufmerksam sah ich sie mir an, meine Jugend. Wie von schlechtem Gewissen geplagt, schlug das Mädchen die Augen nieder. Übertrieben väterlich setzte ich die Worte. «Wie stellt ihr euch das vor? Wir zu viert? So können wir unmöglich gehen! Nein, nein. Zweihundert Kilometer liegen vor uns, und wir haben nur noch elf Tage Zeit. Bitte, Namo, schau dir die Schuhe deiner Freundin an. Wie soll sie damit über Pässe laufen?», fragte ich.

Das zierliche Wesen war in Sommerkleidung und mit Handtäschchen angereist. Fehlten nur noch die Stilettos. Da sie sich auch noch in anderen Umständen befand, wäre es verantwortungslos gewesen, sie mitzunehmen. Überzeugt von der

Richtigkeit meiner Entscheidung, legte ich fest: «Sonam und ich gehen allein! Ihr beide fahrt nach Lhasa zurück! Wir treffen uns in Gyantse in elf Tagen! Ich werde weder dem Guide-Büro etwas verraten noch mein Geld zurückverlangen!» Kaum hatte ihr Namo meine Anweisungen übersetzt, hellte sich ihr liebes Gesicht auf, und ihre Augen flossen über vor Dankbarkeit. Auch Namo freute sich, und vor Erleichterung zündete er sich gleich eine an. Er inhalierte und stieß den blauen Rauch mindestens so energisch aus, wie ich gesprochen hatte. Als ginge es um eine Verschwörung, beugte er sich zu mir her und sagte leise: «Gut, in Gyantse treffen wir uns wieder, dort können wir bei meinem Onkel wohnen.»

Mein Hintern, zumindest das, was von den Hinterbacken noch übrig ist, brennt und fühlt sich heiß an. Vermutlich ist die Haut entzündet. Und zwar vom Sitzen auf kleinen, harten Teppichen, die nur wenig polstern, denn sie liegen über dem unnachgiebigen Gestell eines tibetischen Sattels. Acht Stunden Reiten mit kleineren Gehpausen liegen hinter mir, als wir die Hochebene von Yangpachen erreichen. Morgen werde ich meine zusammengefaltete Liegematte als zusätzliches Polster in die Sattelmulde legen. So viel Komfort werde ich mir gönnen.

Raureif knirschte unter den Schuhsohlen, und wolkig stand der Atem vor dem Mund, als am Morgen des 3. Juni Sonam und ein angeheuerter Tibeter ein Pferd sattelten und ein weiteres mit dem Gepäck beluden. Anfangs hatte ich Mühe mit dem Aufsitzen. Kaum hob ich das Bein an und trat in den wuchtig runden Steigteller, kam mir der Sattel mitsamt seinen bunten Teppichen entgegen. Erst als Lobsang, der Pferdemann, in den anderen Steigteller trat, kam ich in den Sattel. In einem Stocksattel, einem Sattel mit hochgezogenem Vorderzwiesel, glaubte ich zu sitzen, solch einen stabilen Halt bot das teppichbelegte Holzgestell. Während ich Fliegengewicht einem Wallach im

Kreuz saß, war das Gepäck einem jungen Hengst aufgehalst worden. Mit Sonam und Lobsang als Fußgänger konnte nun der Ritt durch Tibets Herzkammer beginnen. Da ich ursprünglich geplant hatte, die ganze Strecke von Osttibet bis Lhasa zu Pferd zurückzulegen, wollte ich die Schande der Verhaftung nicht auf mir sitzenlassen und zumindest Tibets Mitte, diese karge und bergige Region, auf weiteren zweihundert Kilometern durchqueren.

Der Yakpfad schlängelte sich aufwärts in einem Tal voller Felsbrocken und rutschigem Geröll, aus dessen Ritzen harte Gräser spickten. Die Pferde trotteten Stunde um Stunde und stutzten erst, als eine nackte Schotterhalde vom Ende der Welt kündete. An solchen Barrieren will man verzweifeln. Die zurückliegende Gegend ist plötzlich versöhnlich sanft. Doch wer umkehrt, lässt sich nur täuschen. Wer vorwärtsstrebt, erlebt die Zauberkräfte einer sich stets wandelnden Natur.

Kaum hatten sich die Pferde nämlich die Schotterrampe in einer Schlangenlinie hinaufgearbeitet, öffnete sich ein Tal. Wie an der Mutterbrust lag es an einem Bergring. Im Talauge träumte ein winziger See. Das Grün an seinen Ufern gehörte einer Herde Yaks, die sich an den jungen Gräsern gütlich taten. Dafür gehörte der freie Raum über dem türkisblauen Wasser einem Adlerpaar, das im Spiralenspiel die blaue Sphäre teilte. Der Frieden, der über diesem Bergtal lag, weckte erneut die Sehnsucht in meinem Herzen, in Tibet zu verweilen. Nicht Tage, nicht Wochen, sondern Monate, Jahreszeiten lang. Was bedeutete schon Zeit in dieser zurückgenommenen Welt, der wucherndes Grün und überschüssige Pfunde fehlten? Kannte diese Welt überhaupt die Dimension der Zeit, wie wir Menschen sie definieren?

Vielleicht hatte der Engländer James Hilton doch recht mit seiner phantastischen Behauptung, dass im Hochtal von Shangri-La die Zeit nicht schwerer wiegt als eine Flaumfeder und viel langsamer als in der alltäglichen Menschenwelt vergeht. Und dass im himmelsnahen Shangri-La die Lebewesen viel langsamer altern. Dass hier ein weiser Mann zu einem Methusalem von über zweihundert Jahren werden kann. Einmal hatte ich das schon erlebt. Auf dem dalmatinischen Meer, weit entfernt von der Insel, auf der ich jedes Jahr viel Zeit verbringe, war mir auf offener See bei Windstille das Stillstehen oder gar das Fehlen der Zeit begegnet.

Nachdenklich saß ich ab und hockte mich auf die Erde. Indem ich die Zeit vermisst hatte, war sie mir plötzlich überdeutlich ins Bewusstsein gerückt, und ich fing an, sie ganz besonders zu schätzen.

Wenig später trafen meine Begleiter ein, und zu dritt kehrten wir im Haarzelt der Yaknomaden ein. Großzügig bewirteten sie uns mit Tsampa und Buttertee, und die Pferde konnten wie die Yaks in zartesten Ufergräsern weiden.

Nüchtern betrachtet, mussten wir uns natürlich Zwängen beugen. Die Zeit schwebte wie ein Richtschwert über uns. Das PSB mit seinem Permit diktierte den Reisetakt und auch die Route. Als Etappenziel stand in den amtlichen Papieren, die Sonam in der Gesäßtasche seiner Jeans verwahrte, die Stadt Nyemo. Um dorthin zu gelangen, mussten wir als Nächstes zu einer Wasserscheide auf fünftausenddreißig Meter Höhe hinauf. Aus Angst vor Erschöpfung ritt ich andauernd, ohne ein einziges Mal abzusitzen, durch einen zerklüfteten Canyon aus schiefrigem Bruchstein, während sich meine Guides in die Höhe arbeiteten. Ihnen als Tibetern fiel das Aufwärtsgehen nicht allzu schwer. Für die Mühe bekamen wir auf der Passhöhe ein Prachtexemplar von Himmel geschenkt. Die Wolkendecke riss auf, und in der Kompassrichtung Westen erhob sich über den Schultern und dem Nacken der hingestreckten Landschaft das eisgraue Haupt eines Königs. Die vergletscherte Pyramide des Siebentausenders Jomo Gangtse. Allein der freie Blick auf solch einen Aristokraten verspricht Segen und Glück. Dem Tibeter genügt der Blick. Einen hohen Berg zu ersteigen, ihn in

Besitz zu nehmen, braucht er nicht. Ja, das wäre für ihn sogar ein Frevel.

Die Pferde trotteten gemächlich abwärts, als wäre das Tagwerk bereits vollbracht. Die tief stehende Sonne beleuchtete in südlicher Richtung eine Ansammlung heller Striche. Unsere Herbergssiedlung musste das sein. Hier erwartete uns bei Lobsangs Verwandten ein Nachtquartier. Zwischen Siedlung und Hang bauschte sich weißer Rauch und stieg in den Himmel. Aus der Ferne sah es aus, als würde es brennen. Ich zeigte nach vorn, und der Pferdemann begriff sofort. *«Tschutsen»*, sagte er, und Sonam übersetzte: «Heiße Quelle.»

Die Rückkehr der Yaks und Dris von den Weiden erlebten wir wie die Rückkehr eines stampfenden Heeres. Weit über hundert Ochsen und Rinder mit pechschwarzem Haar, das wie eine zottelige Schürze unter dem Bauch und wie Pumphosen an den Beinen hing, strebten den Gehöften bei den heißen Quellen zu. Der Boden bebte unter ihren gespaltenen Hufen, und über ihren Rücken vernebelten Staubschwaden die Luft, staubig auch das Fell der Tiere, von den Säbelhörnern bis zu den schwingenden Schweifen. An uns zog die Herde vorüber zu ihren Lagerplätzen, als wären wir nicht vorhanden. Auch wir kamen voran, allerdings nicht so zügig. Die Striche in der Ebene wurden zu weißgekalkten fensterlosen Klötzen oder Barren. Befremdlich nur, dass an den erhöhten Ecken ihrer flachen Dächer dürre Reisigbesen mit roten, grünen und gelben Bändern in den Himmel ragten. Mit unseren Pferden schlossen wir uns den Nachzüglern der Herde an und wurden Zeugen, wie die Frauen der Viehzüchter die folgsamen Tiere in Gruppen an langen Stricken, deren Enden an Eisennägeln im Boden steckten, anpflockten. Entweder am hölzernen Nasenring oder an einem Gurgelstrick. Die Kälbchen wurden von ihren Müttern, die alle zwei Jahre niederkamen, getrennt und für die Nacht zu den Ziegen in ummauerte Pferche gesteckt. Erst wieder bei Sonnenaufgang würden sie zu ihren Müttern gelassen. Dann gingen die Frauen ans Melken. Aus dem kleinen Euter einer Dri zuzelten sie nicht mehr als einige Schlucke. Eine mühsame Arbeit. Ich trat dazu und stippte einen Finger in einen der Eimer. Das Gemolkene schmeckte erdig, ein bisschen wie Büffelmilch. Verhüllt in Kleiderschichten, bis auf die Augenschlitze verhüllt auch das Gesicht, arbeiteten die Frauen ohne Schemel. Im Stehen, den Rücken gebeugt. Der Tag, die Nacht, der gesamte Lebensrhythmus der acht Großfamilien im Flecken bei der heißen Quelle wurde wie in alter Zeit vom Lebensrhythmus ihrer Haustiere bestimmt.

Vor einem kleineren Gehöft kamen die Pferde zum Stehen. Sie kannten wohl diese Unterkunft, die nicht einsehbar hinter einer Mauer lag. Als wir sie an der Pforte von ihren Lasten befreiten, entdeckte ich am Querbalken über dem Eingang ein Frettchen. Mir tat der kleine Nager leid, wie er in seinem nerzbraunen Pelzchen kopfabwärts über der Schwelle hing, um als Totem Unheil vom Haus fernzuhalten. Immerhin, wer sein Haupt tief genug beugte, gelangte anstandslos unter dem toten Tier hindurch in den Innenhof. Als ich die Haustür aufstieß, stieg mir Qualm in die Augen. Aus der offenen Ofenklappe rauchte es wie aus einem Meiler. Der beizende Qualm ließ sich nicht vermeiden, denn getrockneter Dung ist das einzige Brennmaterial auf dieser Höhe, wo nicht einmal mehr dorniges Gestrüpp wächst. Geschweige denn Sträucher oder Bäume mit Ästen.

Während draußen der Wind zum Orkan anschwoll, warteten wir hungrig darauf, dass der Drucktopf endlich zischte und das Öl im Wok rauchte, damit der Hausherr den lockeren Berg gehackten Chinakohls hineingeben könnte. Spät bekamen wir zu essen, dafür aber viel. Gekochten Reis und eine gehörige Portion von pfannengerührtem, mit Chili gewürztem Kohl. Nach dem köstlichen Nachtessen, auf das wir so lange gewartet hatten, ging alles ruck, zuck. Kaum waren die Holzstäbchen am Hosenbein abgewischt und zusammen mit den saubergeleckten Essschalen in einer Schublade verstaut, lagen wir auch schon Kopf an Kopf auf den Podestbetten entlang der Wand. Ich, in voller Montur, in meinen müffelnden Daunen. Sonam und Lobsang, ebenfalls in Anorak, Hemd und Jeans, unter Schaffellen. Nur von den Schuhen hatten wir uns getrennt. Die standen auf dem gestampften Boden. Der Hausherr klapperte noch eine Weile mit den Töpfen, rülpste mehrmals genüsslich, dann knipste er die nackte, solarbetriebene Elektrobirne unter der Holzbalkendecke aus und legte sich nebenan im Altarraum schlafen. Auch wenn mir trotz Salbung der Hintern brannte und der Höhenmesser die Zahl 4412 zeigte, rang mich der Schlaf augenblicklich nieder.

Mitten in der Nacht werde ich wach. Zu viel Buttertee. Schlaftrunken mühe ich mich ab, um in die Bergschuhe zu kommen. Heftig nimmt der Pinkeldrang durch die Kälte in den Schuhen zu. Überstürzt und nachlässig schlinge ich mir die Schnürsenkel um die Fesseln und stolpere ins Freie. Nachtschwarz liegt der leere Hof vor mir. Ich haste in eine entfernte Ecke, wo ich an der Lehmwand mein kleines Geschäft erledige. Inzwischen hat der Mond von Saga Dawa seine Vollkommenheit eingebüßt. Schmal ist er geworden, und verwandelt hat er sich, verwandelt in das Schlüsselloch zu hellen Sphären. Kein Hof, kein Schleierwölkchen trübt seine Strahlkraft. Die Luft steht über der Ebene wie festgefroren. Nicht den leisesten Windhauch verspüre ich. Aber Neugierde. Ich will wissen, was aus den Yaks und Dris geworden ist. Der Holzriegel lässt sich mühelos öffnen, er quietscht nicht einmal. Den Kopf gebeugt, trete ich durch die Pforte, damit das Frettchen mir nicht den Scheitel streift. Außerhalb der Mauer schlägt das dunkle Nichts über mir zusammen. Immer zögerlicher setze ich meine Schritte. Je tiefer ich in die Schwärze hineingelange, desto unguter das Gefühl. Vor mir gähnt das Nichts, hinter mir vermute ich Schatten, die mich hineinstoßen wollen. Als meine Sohlen auf dem Sand knirschen, kommt Leben in die Haufen, die sich keine zehn Meter vor mir gegen den Nachthimmel abzeichnen. Längst haben mich die liegenden Tiere gewittert. Wie um mich zu erschrecken, fährt ein Hörnerkopf blitzartig empor. Wenn jetzt das Leittier aufspringt, tun es ihm alle gleich. Damit die Herde liegen bleibt und nicht die anderen Herden oder gar deren Besitzer alarmiert, gehe ich nicht näher. Sie sollen schlafen!

Dank unserer Rund-um-die-Uhr-Kleidung und des wenigen Gepäcks sind wir nach dem ersten Buttertee mit Tsampa und Dörrfleisch im Nu reisefertig. Doch mein brauner Wallach, den ich Tabak getauft habe, macht Mätzchen. Als ich den Fuß in den Steigbügel heben will, protestiert er tierisch: Ruckartig zieht er die Vorderhand nach oben, winkelt das Wurzelgelenk an und startet aus dem Buggelenk heraus eine Rotation. Mit diesem ausladenden, von vorn nach hinten geführten Tritt trifft er mich hart. Ein stechender Schmerz fährt mir ins Knie und abwärts ins Schienbein, laut schreie ich auf. Nie hätte ich geglaubt, dass ein so harmlos aussehender, so gütig dreinblickender Kastrat geradezu artistisch ausschlagen kann. Ich rufe unseren Pferdeknecht und mache mit der Hand eine Schaufelbewegung, um ihm zu demonstrieren, was soeben hinter seinem Rücken geschah. Er lacht über das ganze Gesicht und zeigt mir dann, wie ich von vorn, dicht am Bug, aufsitzen müsse. Mit der Morgenkippe zwischen den Zähnen fasst er meinen Tabak am Zügel, und anstandslos kann ich mich in den Sattel schwingen. Mit einem *demo* auf den Lippen drehe ich mich nochmals um und winke unserer Gastfamilie zum Abschied. Dann zieht unser kleiner Trupp weiter gen Süden, weiter auf den Himalaya zu.

Bereits zur Essenszeit gelangten wir in die nächste Siedlung, wo wir frisches Fladenbrot und Buttertee erhielten. Mit dem Hausherrn, einem Mittfünfziger, war unser Lobsang über drei Ecken verwandt. Zum Zeichen seines Reichtums trug der stolze Vater einer Kinderschar und Ehemann verschiedener Frauen in der Brusttasche seines Hemdes zehntausend Yuan so locker spazieren, als wären die roten Scheine ein Einstecktuch, das zum roten Oberhemd gehörte. Unter der Krempe eines braunen Huts hervor musterte er mich lauernd, wie ich das protzige Bündel in Augenschein nahm. Doch meine Gedanken erriet er nicht. Womit waren in dieser Entrücktheit von der Zivilisation, in dieser entbehrungsreichen Eintönigkeit Millionen von Yuan zu verdienen?, fragte ich mich und ließ später meinen Guide das Vetterchen des Reichen fragen.

Mit einem Kleinlaster habe sein Onkel dritten Grades angefangen. Am Bauboom der letzten Jahre habe er schwer verdient. Heute besitze er vier große Laster. Der Onkel habe auch vom Wegzug der Leute profitiert. Eine ganze Reihe von Viehzüchtern sei nach Lhasa gezogen. Sie hätten ihm ihre Häuser günstig verkauft. Heute besitze er um die dreißig Höfe in der Gegend und noch eine große Herde von Yaks und Dris. Laster und Häuser interessierten mich nicht. Aber die Yaks, über die wollte ich mehr wissen. Wie viel kostet denn ein ausgewachsenes Tier?, ließ ich Sonam fragen. Ohne die Zigarette aus dem Mund zu nehmen, antwortete unser Pferdemann: «Dieser Tage ungefähr dreitausend Yuan. Beim nächsten Yakmarkt im November vermutlich ein paar hundert mehr.»

«So viel wie ein Pferd! Das hätte ich nicht gedacht. Gibt es denn weniger Tiere als früher, dass sie so teuer sind?» – «Nein, in dieser Gegend gibt es genug Yaks und Dris. Sogar viel mehr als früher. Jetzt verhungern weniger Tiere, weil die Winter kürzer und milder werden ...» – «Und trotzdem teurer? Das verstehe ich nicht!» Lobsang erklärte: «Das Geld ist nicht mehr so viel wert wie noch vor ein paar Jahren. Ja, vor drei Jahren hat man für einen Yak nur tausendfünfhundert Yuan verlangt.»

Obwohl Sonam gern an seinem Englisch feilte und keine Gelegenheit zum Übersetzen ausließ, erstarb die Unterhaltung im Marschieren hügelan. Allmählich vergrößerte sich die

Distanz zwischen mir und den beiden Fußgängern mit dem Packpferd. Lange schon war ich mutterseelenallein über die versteppten Yakgründe geritten. Und nur ab und zu zwecks Schonung meines Allerwertesten abgesessen und mit Tabak am Zügel marschiert. Irgendwann fing ich an, mich über meinen Pfadfinder von Pferd zu wundern. Unbeirrt lief es geradeaus, ohne die geringste Spur unter den Hufen zu haben. Es lief der mittäglichen Sonne entgegen. Erst als diese tiefer sank, entdeckte ich in der Ferne helle Sprenkel am dunklen Hang. Eine Ansammlung von Häusern musste dort erhöht über der Senke liegen. Da das Pferd die ganze Zeit darauf zugehalten hatte, ahnte ich, dass uns dort Futter und Wasser erwarteten. Gespannt stülpte ich den Jackenärmel zurück und schaute auf den Höhenmesser: 4528 Meter zeigte das Zifferblatt. Alle Achtung, auf solch einer Höhe hatten wir nur einmal genächtigt. Mit Grauen erinnerte ich mich an die eisige Nacht im verschneiten Schafpferch, als sich Yama die Haare versengt hatte. Wo steckte wohl mein eitler Mosi? Schon wieder daheim? In Kangding? Dann wäre er jetzt tausendsiebenhundert Kilometer westlich von mir und zweitausend Meter tiefer. Kaum fassbar, was für Entfernungen man meistern kann. Alles bringt einen voran, selbst der zögerlichste Trippelschritt. Nur nicht das Stehenbleiben.

Noch lange vor der Siedlung ließ ich die Zügel schießen und lehnte mich mit verschränkten Armen im Sattel zurück. Ohne mein Zutun ritt Tabak in das Dorf hinein und blieb vor einem Bauernhaus aus Lehm, Holz und Stein stehen. Mich kannten die Bewohner natürlich nicht, dafür aber das Pferd, das sie alsbald umringten, absattelten und im Innenhof versorgten. Den Fremden baten sie in die rauchschwarze Küche, wo auf dem gestampften Lehmboden auf Bretterdielen speckige Polster zum Sitzen einluden. Acht Schalen salzig geschäumten Buttertees trank ich aus, bevor Sonam und Lobsang eintrafen und sich erschöpft neben mich auf die Polster fallen ließen. Lobsang, der nur zum Schlafen seinen Hut absetzte, wurde mit wärmster Herzlichkeit empfangen und wie ein verlorener Sohn bei den Schultern gefasst, und sofort drängte ihm der Hausherr eine Freundschaftszigarette auf. Die jungen Frauen wetteiferten, ihm frischen Tee nachschenken zu dürfen. Sobald er zu erzählen anfing, wurde es still am Herd, und auch die Älteren liehen ihm ihr Ohr. Für mich war er ein Glücksfall, denn in seiner Anwesenheit erzählte die Familie freimütig, was sie bewegte. So nutzte ich das Beisammensitzen bis zum Abendessen, um endlich mehr über Politik zu erfahren. «Kontrollieren die Chinesen das Dorf?», wollte ich wissen. Der Gastgeber, ein hochgewachsener Tibeter mit einem Holzschnittgesicht voller Risse und Kerben und einer Knochenkette um den Hals, sprach für alle. «Bei uns in der Siedlung wohnen nur Tibeter. Aber alle paar Monate kommt der Jeep mit dem chinesischen Inspektor. Der Inspektor geht selten in die Häuser, eigentlich trifft er sich nur mit dem Dorfvorsteher, der ihm erzählt, was in der Zwischenzeit passiert ist ...» – «Was hat er denn so zu erzählen?» – «Na ja, welche Frau in anderen Umständen ist oder welche ein Kind bekommen hat», sagte er und nickte voller Stolz in Richtung seiner Tochter, die ihm vor wenigen Tagen ein gesundes Enkelchen geboren hatte. «Oder wie viele Rinder gekalbt haben. Oder wer gestorben ist. Wer ein neues Haus baut. Natürlich ist der Vorsteher auch verpflichtet, Streitigkeiten zu melden. Aber wir sind friedliche Menschen, hier geht es anders zu als in Lhasa.» – «Wie viele Kinder erlauben die Chinesen denn?» – «Nur drei.» – «Nur?» – «Ich stamme aus einer Familie mit elf Kindern.» – «Gibt es Strafen beim vierten Kind?» – «O ja, ein unerlaubtes bekommt keine Papiere. Das ist schlimm. Für die Behörden existiert es nicht.» – «Und wie ist es mit dem Dorfvorsteher, wird der gewählt oder von den Chinesen eingesetzt?» – «Bei uns wird alle drei Jahre eine öffentliche Versammlung abgehalten, bei der die chinesischen Funktionäre aus der Kreisstadt anwesend sind. Da die Wahl öffentlich ist, wagt niemand, sich gegen deren Empfehlung zu stellen. Alle haben Angst ...» Weil diese guten Menschen so offen und freimütig waren, wagte ich die große Frage zu stellen: «Wie wäre es ohne die Chinesen?» Nach einem unerbittlichen Zug an der Zigarette antwortete der Patriarch, dessen Züge von Entbehrung geprägt waren: «Dann wären der Dalai Lama und der Karmapa hier.» So einfach ist das also und so schwierig. Personen sind entscheidend für richtig oder falsch eines politischen Systems. Reicht das wirklich aus? Vermutlich nicht, aber wer weiß?

In den Stunden des schweigsamen Reitens habe ich lange über die Zustände nachgedacht. Wäre der Dalai Lama hier, dann wären die Tempel keine Touristenfallen mit Ticketzwang, dann wehte nicht die chinesische Fahne, sondern das alte tibetische Schneelöwenbanner über den Dorfschulen und Internaten sowie auf dem Platz vor dem Potala. Die erste Sprache im Land wäre Tibetisch, und an den Schulen wäre nicht ein ideologisch verschlankter Rationalismus Pflicht. Verschüttete ethische Werte und spirituelles Wissen würden neu belebt. Endlich hätten die tibetischen Bewohner wieder die Gewissheit, dass ihr Anführer einer der Ihren ist. Die Lähmung und die Tagträumerei, die mir so oft begegnet sind, würden der Vergangenheit angehören.

«Wenn unser Land von uns selbst regiert würde, gäbe es viel weniger Verzweiflung und viel mehr Freude und Zuversicht unter den Tibetern», unterbrach Sonam meine Gedanken. Ich nickte, hatte ich doch unterwegs denselben Eindruck gewonnen.

Unsere Unterhaltung war ins Stocken geraten, weil immer neue Nachbarn hereinschauten, um mich Langnase zu beschnuppern. Noch nie sei hier ein Weißer durchgekommen, wurde mir erzählt. Ich bedankte mich für die Ehre ihrer Gastfreundschaft, und sofort wurde mir von der jungen Mutter, die

Kinn, Mund und Nase hinter einem giftgrünen Tuch mit pinken Streifen verbarg, vom salzigen Buttertee nachgeschenkt. Grellbunte Stoffe sind bei jüngeren und jungen Frauen sehr beliebt. Und gerade hier, in dieser abgelegenen Gegend, verdeutlichte der Kontrast zwischen greller Kleidung und dem vergilbten Weiß der heiligen Butterornamente an den rußigen Wänden, wie weit der chinesische Konsumanreiz bereits vorgedrungen ist.

Die modisch verhüllte Mutter und eine zweite Tibeterin waren jung, nicht älter als achtzehn. Artig ordneten sie sich unter und bedienten die Männerrunde, zu der auch ich mich zählte, mit gesenktem Blick. Während die junge Mutter ihr Haar und das halbe Gesicht hinter dem Neontuch verbarg, erlaubte mir das andere Mädchen einen Blick in sein ovales Gesicht. Auf den Wangen leuchteten violettrote, talergroße Flecken, die von der vielen Arbeit unter Hochlandsonne und einer altertümlichen Hautpflege mit Yakbutter herrührten. Bereits im Kindesalter kommt es zu solchen Schuppungen und Gerbungen der Wangenhaut, die erst wieder mit den Altersfalten verschwinden. Die Farbe ihrer geschlitzten Augen vermochte ich nicht zu erraten. Kaum sah ich ihr ins Gesicht, schlug sie die Augen nieder. Die junge Frau musste noch ledig sein, denn über ihren knöchellangen Röcken fehlte die Schürze. Die Röcke schmiegten sich zwar an ihre starken Hüften, fielen dann aber glockig, ich konnte ihre Beine nicht sehen. Die weite Überjacke hatte sie abgelegt, da sie in der Hitze des Ofens hantierte. Der taillierte Schnitt der Bluse ließ kleine Brüste vermuten. Von kräftig und breit konnte bei den Schultern, überhaupt beim Oberkörper, keine Rede sein. Eher von knabenhaft und zart. Ich ertappte mich bei Gedanken, die ich besser in meinem Herzen verschloss.

Die Runde aus fünf Männern und zwei Frauen umringte mich, und alle aßen tief gebeugt und genussvoll schmatzend. Worte fielen während des Essens nicht. Erst als die Zigaretten der Männer glommen, kam eine Unterhaltung in Gang. Satt und behäbig lauschte ich dem Wortgesang. Innerlich lächelnd genoss ich dieses Dessert aus Trällern und Brummen, aus Lachen und erstaunten Rufen. Wie die Runde so lebhaft Silben um Silben sang, kam sie zwar nicht ohne Zigaretten, dafür aber ohne einen Tropfen Alkohol aus. Bevor mir die Augen zufielen, räumte ich das Feld und schlich mich in die Altarstube, wo ich im Dunkeln meinen Daunensack fand. Da diese Nacht ausschließlich dem Schlaf dienen sollte, stellte ich sicherheitshalber ein Urinal neben dem Schlafpodest bereit. Zu welcher Nachtstunde sich Sonam und Lobsang an meinem Fußende unter Fellen zusammenrollten, hörte ich längst nicht mehr.

Die Morgensonne schien durch die dottergelb gestrichenen Kassetten des Fensterbands herein und scheuchte mich von den Teppichen. Heute würden wir die Kreisstadt erreichen können und vielleicht sogar den Yarlung Tsangpo überqueren. Doch wir kamen viel zu spät weg, weil sich meine Begleiter beharrlich in der Lage des Ruhenden Löwen verschanzten. Also erreichten wir das Ziel unserer Tagesetappe, die Kreisstadt Nyemo, erst gegen Abend. Der Pferdeherr wurde nach langem Feilschen mit sechshundert Yuan entlohnt und ritt sofort, das Packpferd am Strick führend, auf derselben Route zurück.

Die chinesisch geprägte Kleinstadt verfügte über drei Minimärkte, zwei tibetische Trinkstuben, eine Videothek, jede Menge Motorradrikschas und allerhand Uniformträger, die allesamt dem Müßiggang frönten. Nach Suchen und Feilschen und Vorzeigen der Amtspapiere erlaubte man uns, im Gästehaus der chinesischen Landwirtschaftsbank zu nächtigen. Und zwar in der Belle Etage, in einem Vierbettzimmer mit einem Serviceangebot der besonderen Art. Vermutlich aus Gründen der Hygiene waren die Betten vor einem halben Jahr frisch bezogen worden. Und gewiss wegen der strikten Anordnung, im

Bett nicht zu rauchen, waren die Schubladen der Nachtkästchen von früheren Gästen als Aschenbecher benutzt worden. Da wusste ich doch schon, wie das Klo aussehen würde ... Zur Krönung sorgte das Personal auch noch auf das Beste für unsere Sicherheit. Für die Nacht wurden wir und der ganze leer stehende Beton hinter einem Rollgitter eingeschlossen.

Der erste Lichtblick des neuen Tages war, zumindest für mich, das Frühstück im muslimischen Imbiss an der Hauptstraße. Ein Hui mit einem schwarzen Samtkäppi auf dem Scheitel servierte uns einen Nudeltopf mit scharf gebratenen Lammspießen. Sonam, der mir gegenübersaß, knabberte aus Höflichkeit am aufgespießten Fleisch. Wie er mir später verriet, essen Tibeter gerne Fleisch, aber viel lieber gekocht als gebraten.

Der zweite Lichtblick grenzte an eine Fügung: Als wir mit einem frisch angeheuerten Lastpferd samt Besitzer die Felsenschlucht des schäumenden und drängenden Yarlung Tsangpo erreichten, erblickten wir vor uns eine Brücke, deren Brettersteg an rostigen Seilen hing und leicht schwingend über das grüne Wasser führte. Doch damit nicht genug. Am anderen Ufer lagerte eine kleine Karawane. Immerhin eine Karawane aus drei gesattelten Pferden und fünf Eseln mit Tragegestellen. Wären wir nur eine halbe Stunde später aus der Kreisstadt eingetroffen, hätten wir vermutlich ihren Aufbruch verpasst. Die Tiere und ihre drei Besitzer waren am frühen Morgen von der Hochebene mit Ballen von Yakwolle herabgekommen. Dort wollten sie nun wieder hinauf. Und auch wir wollten dort hinauf und weiter nach Süden. Vielleicht war das Zusammentreffen mit der Karawane auch keine Fügung. Vielleicht hätten wir den Trupp auch noch am Abend oder am nächsten Morgen an der Hängebrücke angetroffen; trinkend, singend und kartenspielend. Bei den drei Tibetern handelte es sich nämlich um Männer, die ihre Seele an den Chang verkauft hatten. Bereits als Sonam mit ihnen ins Gespräch kam, hatten sie einiges intus. Mit ausgestreckten Beinen lagerten sie im Staub, und ihre Arme hingen schlaff über den Bäuchen. In Griffnähe standen Plastikflaschen, noch voller Saft aus vergorener Gerste. Mit lallender Zunge willigte ihr Anführer ein, uns gegen Bezahlung mitzunehmen.

Letztendlich bestimmte ich den Zeitpunkt des Aufbruchs. Nach zwei schläfrigen Stunden unter stechender Sonne drohte ich mit Geldentzug, wenn sie nicht endlich auf die Beine kämen. Gutes Zureden half letztendlich mehr. Schwankend machten sie sich bereit zum Aufbruch und überließen mir immerhin das beste Reittier. Der Yarlung Tsangpo blieb zurück, der Himalaya rückte näher heran. Kaum dass die Chang-Teufel einen Anflug von Nüchternheit verspürten, setzten sie sich mit untergeschlagenen Beinen in den Staub, um wieder zu trinken, zu lachen und über die Entschlossenheit des weißen Mannes zu frotzeln. Die drei mittelalten Gesellen gefielen mir, weil sie mich an meine Jugend erinnerten. Einmal hatte ich eine Woche im Hafen von Almeria unter Branntweinbrüdern gelebt, weil auf der Fahrt nach Marokko der Gummischlauch im Hinterreifen meiner Zündapp aufgerissen und nicht mehr zu flicken war. In der Not musste ich meinen Vater telefonisch beauftragen, einen neuen bei Gummi-Mayer zu kaufen und mir poste restante nach Spanien zu schicken. Eine Woche des Wartens verbrachte ich unter den bärtigen Brüdern. Im Hafen briet unser struppiges Grüppchen fangfrische Sardinen, die uns jemand geschenkt hatte, und trank dazu kratzigen Rotwein aus unversiegbaren Quellen. Obwohl diese Geschichte mehr als vierzig Jahre zurücklag, fiel sie mir ein, wie ich so bei den drei Tibetern saß und gemäßigt, altersgerecht anstieß. Mit milchig trübem, säuerlichem – gewöhnungsbedürftigem – Gerstenbier. Einer der drei trug sein borstiges Haar zum Zopf geflochten, sodass das Goldgehänge an beiden Ohrläppchen mit jeder Kopfbewegung schaukelte und der gefasste Türkis wie ein Derwisch tanzte. Der zweite Mann verbarg sein schütteres Haar unter einem schmalkrempigen Tirolerhut, von dem er sich nur zum Trinken trennte. Den dritten musste ich immerzu anschauen. Nicht wegen seines lustigen Huts, sondern weil er mir vorkam wie der Doppelgänger von Carlos Santana. Nein, wie die geklonte Ausgabe.

Als wir mit Einbruch der Dämmerung im Bergdorf anlangten, waren alle drei derart blau, dass sie nicht mehr die Kraft aufbrachten, einen Esel zu bändigen. Nachdem der Esel eine bepackte Eselin so heftig besprungen hatte, dass diese zusammenbrach, wollten sie ihn von seiner Geilheit befreien. Schwankend, kreiselnd und sturzgefährdet schlugen sie dem Tier derart lasch gegen den Hals und auch noch gegen den schwarzen Kolben von Glied, dass der Esel nur noch liebestoller schnaufte und schäumte. Ganz offenkundig tranken sich die drei Freunde in den Ruin. Mit einem Anflug von Trauer entlohnte ich sie und machte mich mit Sonam auf Quartiersuche in einem Dorf, das ich das Dorf der Verschwörung nennen will.

Gleich nach der Ankunft hatte Sonam dem Dorfvorsteher, einem älteren, massigen Tibeter, die PSB-Papiere vorzulegen. Mürrisch studierte der Mann, dessen nahezu schwarzes Gesicht von Warzen zerklüftet war, die roten Stempel und die gekritzelten Vermerke im Wirrwarr loser Blätter. Schon umwölkten Ärger und Unverständnis seine Stirn. Sonam nahm ihm rasch unsere Legitimation aus der Hand. Ob er als Dorfvorsteher uns helfen könne, Pferde zu finden, ließ ich Sonam fragen. Nein, das könne er nicht. Ob er uns Logis besorgen könne? Nein, das könne er auch nicht. Wir belästigten ihn nicht länger und machten uns auf eigene Faust auf die Suche.

Rund um die öffentliche Tsampa-Mühle drängten sich die Lehmhütten einer Ladenzeile. In den muffigen, vergitterten Verschlägen stapelten sich auf grobgezimmerten Regalen Artikel für den täglichen Bedarf. Säcke, gut gefüllt mit Tsampa,

Reis und trockenen Bohnen, standen neben Werkzeugen auf dem gestampften Boden. Doch in der Konsumfülle mussten wir lange nach einem Artikel namens Hilfsbereitschaft suchen. Es war, als hätte sich das ganze Dorf gegen uns verschworen. An uns konnte es nicht liegen. Im letzten Kaufladen nahe der Mühle erzählte uns ein Mann endlich flüsternd, was vorgefallen war. Am Vortag sei der Abt des hiesigen Klosters nach Indien geflohen. Landesverrat werde ihm jetzt angelastet. Endlich verstanden wir die Kälte, diese Mauer, hinter der sich alle verschanzt hielten. Jetzt erst begriffen wir, warum der Dorfvorsteher uns befohlen hatte, dem Kloster fernzubleiben und es auf keinen Fall zu fotografieren. Stündlich wurde eine Untersuchungskommission der Lhasa-Regierung erwartet, man wagte kaum zu atmen. Die Flucht eines buddhistischen Würdenträgers, der das Vertrauen der chinesischen Behörden genossen hatte, würde zu einem Politikum von nationaler Tragweite werden. Und hier im Dorf würde die Kommission zweifellos Verhöre anstellen und neues Misstrauen säen. Vielleicht sogar Verhaftungen vornehmen. Die Läden schlossen bereits ihre Brettertüren, als ein Bauer auf einem kleinen Traktor dahergerattert kam. Vor dem Holzstapel, auf dem wir saßen, bremste er jäh das Vehikel ab und nahm uns, ohne abzusteigen, in Augenschein. Kurz ruckte sein Kopf zur Seite, das hieß, wir sollten schleunigst auf die Pritsche des Anhängers steigen. Erleichtert warfen wir das Gepäck auf das verbeulte Blech und kletterten hinterher. Das geschundene Gefährt, eine Art Trabi der Landwirtschaft, wendete und stieß aus dem himmelwärts gebogenen Auspuffrohr eine Rußwolke in die kalte Luft. Im ersten Gang fuhr es hüpfend an und hoppelte im zweiten den steinigen Hangweg bergauf. Hinter dem Rücken des Dorfvorstehers hatte man dem Bauern wohl mitgeteilt, was wir suchten. Anscheinend wollte er sich so unauffällig wie möglich ein wenig Geld dazuverdienen. Das musste der Grund sein, warum alles so schnell zu gehen hatte.

In der Abgeschiedenheit seines Innenhofs nannte er uns seine Konditionen. Sein Pferd gehe als Packtier und er als Führer mit. Während wir um das gut genährte, brave Tier herumstanden, meinte er, ein zweites oder gar drittes könne er nicht besorgen. Wir müssten eben laufen. Wie lange, wollte ich wissen? An die sieben Stunden, erwiderte er. Der Aufstieg reiche bis zum Schnee hinauf. Wenn Mitte Juni noch Altschnee liegt, muss der Pass auf jeden Fall über der Fünftausendermarke liegen, das lehrte mich inzwischen die Erfahrung. «In diesen sauren Apfel müssen wir beißen», sagte ich, zu Sonam gewandt, der mich so treuherzig ansah, als wüsste er nicht, wovon ich redete.

Aber bereits im ersten Dämmerlicht des neuen Tages marschierte er vorweg, als gehörte ihm die Welt. Nach der Position des Hosenbodens seiner Jeans zu urteilen, die wie bei einem Hip-Hopper tief im Schritt hing, musste auch er abgenommen haben. Doch der Gewichtsverlust scherte ihn wenig. Nie ließ sich Sonam die Laune verderben. Schwierigkeiten schien er regelrecht zu lieben. Als wir am Kloster des Fluchtabts vorbeikamen, lag auf dem Weg ein heiliger Schal. Sonam las den Khatak auf, klopfte den Staub vom weißen Tuch und fingerte dieses durch die Gürtellaschen seiner Jeans. Nachdem er den Glücksschal vor dem Bauch verknotet hatte, stimmte er ein munteres Liedchen an und lief mit tropfnassem Borstenhaar weiter in den Nieselregen hinein.

Je höher wir vorstießen, desto dichtere Nebelschwaden klebten an den Hängen und über dem gewundenen Kieselweg. Als unser Steig an Neigung gewann, verschluckten Nebelschwaden ganze Abschnitte und machten uns blind. Ohne einen Einheimischen hätten wir uns schwergetan, diese kaum begangene Route zu finden. Zugegeben, nach der Mittagsrast kam mir der dichter werdende Nebel sogar recht, denn er raubte die Sicht auf eine giftige Steigung. Schließlich war die graue Suppe derart eingekocht, dass man nur noch den Boden vor den Schuhspitzen wahrnahm. Der Nebel hatte das Ziel ins Nichts entrückt und meinen Geist gezwungen, sich auf die nächsten Schritte, auf das Nächstliegende zu zentrieren. Genau wie in einer Anleitung zur Meditation. Der Nebel war zu meinem Guru geworden.

Zum konditionellen Schwächeln kam die Höhe, die verdammte Höhe von über 5000. Je dünner die Luft wurde, desto gallertiger fühlten sich die Knie an, desto kraftloser schlenkerten die Glieder beim Gehen. Die Schinderei hüllte mich in pappige Watte ein, von den Sohlen bis zum Gaumen. Das feuchte Grau hatte meine vorausgehenden Begleiter und das Pferd mit dem Gepäck längst verschluckt, ihre Schemen längst getilgt. Begleitet vom Spott eines heulenden Windes, stieg ich über Geröll weiter und weiter. Oft rutschte oder taumelte ich. Oft musste ich meine Hände zum Verschnaufen auf den Oberschenkeln abstützen. Der ausgemergelte Körper hätte längst schlappgemacht. Aber da war ein Wille, der ihn vorwärtspeitschte.

In totaler Erschöpfung bekommen Gedanken eine Körperlichkeit. Ein Zustand stellt sich ein, als hätten Gedanken Krallen und würden sich im Hirn, aber auch in den Lungen, den Eingeweiden und der Muskulatur festbeißen. Niemals sind es schöne und helle, sondern immer nur finstere Gedanken, geprägt von Todessehnsucht. Wie in einer Endlosschleife stellt sich immer und immer wieder die Frage: Warum fällst du nicht einfach tot um? Kollaps, Herzschlag, basta! Ende der Quälerei! Wie ich vor Erschöpfung anfing, Unsinn zu brabbeln, Gibberish zu lallen, schälten sich aus dem Grau über den weißen Firnplatten die Umrisse dreier Gestalten. Ich taumelte auf sie zu und fragte mich immer wieder: Warum drei? Erst nach einigen Dutzend Schritten erkannte ich, dass es nicht meine Begleiter, sondern Chörten mit dicken Bäuchen und schlanken Hälsen waren, die mich narrten. Zu schwach, um mich nach einem Stein zu bücken, und zu erschöpft, um *lha gyal-lo!* zu rufen, verdichtete sich hinter meiner Stirn ein stummes Danke, das meinem Willen und dem großen Ganzen galt.

Im Windschatten hinter einem Steinbrocken, wo der Abstieg begann, hockten meine Tibeter, vertieft ins Gespräch. Am Boden stand eine aufgeschraubte Plastikflasche mit milchig trübem Saft, aus der sie in durstigen Schlucken tranken. Ich fiel auf die Knie und ließ mich neben Sonam auf die Erde plumpsen. Im Liegen schnappte ich nach Luft. Luft, Luft war alles, was ich wollte. Wie waidwund lag ich neben meinem Guide und spürte nur das zuckende Pumpen in der Brust. Während ich so fertig dalag, tranken die beiden vom Chang und fühlten sich immer besser. Ihre gute Laune steckte an und half mir bald wieder auf die Beine.

Beim Abstieg sorgte ich mich um das Pferd, denn seinen Hufen fehlte der Eisenbeschlag. Ausschließlich über lockeres Geröll und Rinnen voller Steinlawinen mussten wir in einer schier endlosen Schlucht absteigen. Wieder einmal musste ich staunen, wie artistisch sich tibetische Vierbeiner bewegten und über rundgeschliffene Felsbrocken zu stelzen vermochten. Da der Einheimische die Route auch ohne Markierung fand, gewannen wir zügig an Tiefe, und schon bald sagten die letzten Nebelfetzen adieu. Die Wolkendecke riss auf. Eine gleißende Sonne putzte das Himmelsfenster über den Steinwänden der Sechstausender ringsum.

Tief unten am Hang verfing sich ihr Glanz auf einem eckigen Fleck. Mit zusammengekniffenen Augen entdeckte ich, dass es sich um ein Steindach handelte. Das Haus, womöglich ein Notquartier bei Wettersturz, klammerte sich unterhalb einer Geröllzunge an den Hang. Winzig sah es aus unserer Höhe aus. Doch es erwies sich als Obdach für Mensch und Tier. Ein Hirtenhaus aus Stein. Da es so abgeschieden am Schnittpunkt zweier Schluchten stand, musste es in der Nähe eine Wasserquelle geben.

Beim Haus wurden wir bereits erwartet. Unser Führer kannte die Hirtenfamilie, die seit Generationen im Winter wie im Sommer hier lebte. Eine Mutter mit zwei strubbelhaarigen Kindern saß, in Schaffelle gehüllt, auf der Steintreppe, während uns der Hausherr mit Holzschalen voll Buttertee entgegenkam. Zwei jüngere Männer mit tiefbraunen Gesichtern und wirrem, gelöstem Haar nahmen das Pferd in Empfang und befreiten es von Gepäck und Tragegestell. Ihre knöchellangen Fellmäntel klafften vorn auf, und ich sah am Gürtelband geflochtene Schleudern und lange Messer hängen. Diese Männer wollte ich nicht zum Feind haben. Das Gleiche dachten sie vermutlich von mir, als sie meinen Hirschfänger in Augenschein nahmen. Zum ersten Mal schienen sie einem Mann mit hellem Gesicht und blauer Regenbogenhaut gegenüberzustehen. Neugierig tasteten mich ihre Blicke ab. Sie gaben mir viel Zeit, auch in ihren Augen zu lesen.

Drei Schalen Buttertee wirkten Wunder. Da es um mich herum bereits wie auf einem Familientreffen zuging, ließ ich Sonam fragen, ob ich mir das Innere des Hauses anschauen dürfte? Gerne würde ich ein Hirtenhaus kennenlernen. Kaum dass die Männer meinen Wunsch verstanden hatten, setzte ein Tuscheln und Über-Kreuz-Reden ein. Der Hausherr knetete die Hände und schaute gequält von einem zum andern. Schließlich meinte er: «Aber das Haus ist sehr dreckig.» Das klang nach einer Entschuldigung und ermutigte mich, auf meinem Wunsch zu beharren. Hätte er nicht so schüchtern gesprochen, hätte ich gelacht und gewitzelt, dass selbst die schlimmste Kloake mich nicht mehr abschrecken könne.

Ich stand auf, stieg die Stufen zur Bohlentür hinauf und öffnete diese. Durch ein finsteres Zimmerchen gelangte ich in einen großen Raum, dessen wenige Fenster so verdreckt waren, dass das Sonnenlicht wie durch Pergament nach innen sickerte. Dieser schummrige Raum war bis auf einen Ofenherd in der Mitte leer. Dicht daneben kauerte auf einem Schemel eine anmutige junge Frau, versunken in das Feuerglimmen. Der orangerote Feuerschein ließ ihre Züge sinnlich und wild erscheinen. In dem Raum roch es bitter nach schwelendem Dungbrand. Über ihre Wangen rannen Tränen. Hatte es Streit in der Familie gegeben? War sie womöglich hier eingesperrt worden? Langsam gewöhnten sich meine Augen an die Dunkelheit, und als ich mich umsah, entdeckte ich ärmliche Möbel. Einen selbstgezimmerten Tisch, ein schiefes Wandregal, eine Steige mit trockenen Fladen und – ich erschrak zu Tode.

Auf einer Holzpritsche unter einem der verdreckten Fenster wölbte sich eine Decke, über deren Rand ein Kopf ragte. Sah ich einen Kopf? Sah ich ein Gesicht? Nahezu schwarz und runzlig wie eine abgetragene Ledertasche sah es aus. Das Gesicht eines Toten, dachte ich und schämte mich sofort. Hatte ich doch die Verlegenheit der Angehörigen übergangen. Und plötzlich, als könnte er Gedanken lesen, schlug der alte Tibeter die Augen auf und sah mich so eindringlich an, als hätte er mich seit seinem Eintritt ins Leben erwartet. Kein Toter. Nein, ein lebender Mensch, der dem Tod auf letzten Schritten entgegenging. Nichts an ihm sträubte sich, er lag und schaute friedlich zu mir her. Kurz öffneten sich die Lippen der jungen Frau zu einem harten Lachen. Erschrocken sah ich in ihr von Tränen überströmtes Gesicht. Das Lachen befreite sie von einer großen Last. Vermutlich schämte sie sich auch für den gruseligen Anblick ihres Großvaters. Doch was bedeutete schon äußerer Schein im Augenblick des Todes? Mich hatte der Anblick des schwarzen Ledergesichts ins Mark getroffen. Doch nicht, weil es in seiner schrumpeligen, bis auf den Schädelknochen reduzierten Nichtigkeit dem einer Mumie glich – der Anblick wurde mir zur Offenbarung.

Auf meiner langen Reise hatte ich mehrmals das Sterben von Tieren erlebt. Altersschwache Yaks und Hunde rollten sich zusammen und regten sich nicht mehr, bis ihnen der Atem entzogen wurde. Auch der alte Hirte war im Begriff, seine Körperlichkeit, seine Atmung zu verlieren. Reglos wie über einem Stein ruhte die Decke über seinem Körper. Beschritt er bereits den Pfad des ersten Sinnes, indem er nur noch dalag und hörte? Lauschte er einer Stimme, die rief: «O Edelgeborener, höre! Dein Bewusstsein ist leuchtend. Es ist leer. Es kennt weder Geburt noch Tod. Es ist das Licht, unveränderlich und klar.»

Als unsere Blicke sich trafen, rückte alles Materielle zurück. Ohne Scheu schlug ich die grobe Decke an seiner Schulter ein wenig zurück und griff nach seinen Händen. Ich glaubte, dürres Holz zu berühren, und scheute mich nicht. Wie von selbst griff meine Hand zu meiner Mala, streifte sie vom Hals und berührte mit den geweihten Perlen seinen Scheitel, die Krone seiner Lebenskraft. Er schloss die Augen und öffnete sie nicht mehr, solange ich neben ihm weilte. Ich wusste, dass er den Zeitpunkt, seinem Leben ein Ende zu setzen, für sich entschieden hatte.

Mir blieb nur, ihm zu danken. Dafür, dass er mir das Mysterium des Todes offenbart hatte. Ohne Worte, nur durch die Kraft eines einzigen Blicks hatte er mich berührt. In später Genugtuung bedankte ich mich für die Einladung zum Abschiednehmen. Den Tod meines Vaters hatte ich als physisches Weggehen begriffen, als Schlusspunkt unter das Leben. Wie anders erlebte ich das Weggehen des alten Hirten. Er hatte mich mit dem größten Geschenk meiner tibetischen Reise bedacht.

Danksagung

Danken möchte ich meinen beiden Begleitern Yama und Sonam sowie Lobsang Yeshi und allen Tibetern, die mir geholfen haben. Mein Dank geht auch an Jackie Blackwood, Frederic Franz, Gerhard Fromm, Dr. Rolf Lacher, Birgit und Dr. Klaus Seitz, Shi Yansheng, Wilhelm Stührk, Gerishaa Tumurbaatar, der Waldhausen GmbH für den Wintec-Sattel und Michael Zoglmann.